اجتماع خوب و زیبا

ISBN 978-1-912699-12-4

پیروی از روح‌القدس،
فیاض بودن،
محبت کردن

اجتماع خوب و زیبا

جیمز برایان اسمیت

مترجم: رامین بسطامی
ویراستار: نادر فرد
طرح جلد: اندی ساوتون

انتشارات پارس ۲۰۲۳
کلیهٔ حقوق برای ناشر محفوظ است

شابک: ۴-۱۲-۹۱۲۶۹۹-۱-۹۷۸

The Good
And
Beautiful Community

James Bryan Smith

Originally published by InterVarsity Press as The Good and Beautiful Community by James Bryan Smith. ©2010
Translated and printed by permission of InterVarsity Press, P.O. Box 1400, Downers Grove, IL 60515, USA. www.ivpress.com.

Persian translation © 2018 Pars Publications

Reprint: 2023

All rights reserved

Translated into Persian by: Ramin Bastami
Edited by: Nader Fard
Cover: Andy Southan

Persian Translation Published by:
Multimedia Theological Training Limited
P. O. Box 66099, London, W4 9FE, UK

publications@parstheology.com
www.parsonlineshop.com

ISBN 978-1-912699-12-4

برادران من، چه سود اگر کسی ادعا کند ایمان دارد، اما عمل نداشته باشد؟ آیا چنین ایمانی می‌تواند او را نجات بخشد؟ اگر برادر یا خواهری نیازمند پوشاک و خوراک روزانه باشد و کسی از شما بدیشان گوید: «بروید به سلامت، و گرم و سیر شوید»، اما برای رفع نیازهای جسمی ایشان کاری انجام ندهد، چه سود؟ پس ایمان به تنهایی و بدون عمل، مرده است.

(یعقوب ۲:۱۴-۱۷)

فهرست مطالب

پیشگفتار ۹

چگونه از این کتاب بیشترین بهره را ببریم ۲۵

فصل یکم: یک اجتماع خاص ۲۹

فصل دوم: اجتماع امیدوار ۵۵

فصل سوم: اجتماع خدمتگزار ۸۱

فصل چهارم: اجتماع مسیح-محور ۱۰۱

فصل پنجم: اجتماع صلح‌جو ۱۲۷

فصل ششم: اجتماع مشوق ۱۵۳

فصل هفتم: اجتماع سخاوتمند ۱۷۷

فصل هشتم: اجتماع پرستنده ۲۰۳

فصل نهم: برنامه‌نویسی برای پرورش روح ۲۲۷

پیوست ۲۴۵

راهنمای بحث در گروه‌های کوچک ۲۴۵

پیشگفتار

مجموعه کتاب‌های شاگردی به منظور کمک به افرادی طراحی شده است که می‌کوشند در شبیه شدن به مسیح رشد کنند. این مجموعه بر یک قاعدهٔ زیربنایی برای دگرگونی بنا شده که دربرگیرندهٔ جنبه‌های روانی (تغییر روایت‌ها)، جسمانی (انجام تمرین‌های روحانی)، اجتماعی (به‌کار بستنِ دو مورد اول در یک بافت جمعی) و روحانی (کار روح‌القدس) است. من به این باور رسیده‌ام که دگرگونی واقعی باید جامع باشد و ابعاد زیادی از زندگی بشر را در بر بگیرد.

پنج سال تحقیق زمینه‌مند روی این موضوع خیلی چیزها در مورد نحوهٔ تغییر انسان و اینکه چه چیزهایی مانع این تغییر می‌شوند، به من آموخته است. آنچه کشف کردم این است که وقتی مردم- تحت هدایت روح‌القدس- مشغول این سه فعالیت می‌شوند، دگرگونی نه تنها امکان‌پذیر بلکه عملاً اجتناب‌ناپذیر می‌شود. هر که واقعاً این برنامهٔ درسی را در مورد خود به‌کار برده، تغییر قابل توجهی را تجربه کرده است. دوستان و همسران آنها متوجه این تغییر شده، خودشان نیز برای برنامه نام‌نویسی کرده‌اند تا شخصاً آن را تجربه کنند.

دو کتاب اول

این سه کتاب اصلی از "مجموعهٔ شاگردی" از یک روال منطقی تبعیت می‌کنند. کتاب اول، *خدای خوب و زیبا*، به «روایت‌های ما در مورد خدا» یا «افکار ما دربارهٔ خدا» می‌پردازد. قضیه بر سر اثبات این موضوع است که افکار ما در مورد خدا باید با افکار عیسی همراستا باشد وگرنه در مسیر اشتباهی خواهیم افتاد و زندگی‌مان با خدا، تأثیری منفی و شاید حتی سمی بیابد. وقتی انسان‌ها «عاشق خدایی شوند که عیسی می‌شناسد»، آن‌وقت حاضرند نگاهی در آینه بیندازند و خود را بیازمایند. این هدفی است که در کتاب دوم، *زندگی خوب و زیبا* دنبال می‌شود. این کتاب در وهلهٔ اول به شخصیت و فضیلت می‌پردازد. کتاب مزبور ضمن پیروی از تعلیم عیسی در موعظهٔ بالای کوه، کشمکش‌های زندگی بشری را، از قبیل خشم، شهوت، دروغگویی ، نگرانی و داوری کردن دیگران برمی‌شمارد.

همهٔ فصل‌های این کتاب‌ها از الگویی مشابه تبعیت می‌کنند. نویسنده از طریق داستان‌هایی واقعی خواننده را فرامی‌خواند تا ایده‌ها و روایت‌های نادرست را که برای زندگی ما مانع ایجاد کرده‌اند بازنگری کنند و سپس روایت‌های درست را که در تعالیم عیسی و کل کتاب‌مقدس یافت می‌شوند، جایگزین آنها نمایند. همچنین هر فصل شامل یک تمرین برای پرورش روحانی می‌شود که به‌طور خاص برای کمک به تغییر روایت انتخاب شده است. شما می‌توانید فقط کتاب را بخوانید و پس از آن احتمالاً چیزی را تجربه کنید. یا می‌توانید یک فصل را بخوانید و تمرین مربوطه را انجام بدهید و تغییری بیشتر را تجربه کنید. با این‌حال، بهتر آن است که فصل را توأم با تفکر و تعمق بخوانید و با تمام وجود خود را درگیر تمرین آن بکنید، و تجربه‌ها و برداشت‌های خود را با گروهی از همسفران در این سفر شاگردی در میان بگذارید. ثابت شده که این شیوه، مؤثرترین است.

قلب، فیض و عمل

این برنامهٔ درسیِ سه‌کتابه علاوه بر قاعدهٔ اصلی (روایت، تمرین، اجتماع-روح‌القدس)، چند اصل بنیادین دیگر را هم تعلیم می‌دهد که جنبه‌هایی حیاتی از شکل‌گیریِ روحانی مسیحی به حساب می‌آیند. اینها در دو کتاب اول از اهمیت برخوردار بوده‌اند، ولی در این کتاب اهمیتی بیشتر می‌یابند، زیرا کتاب سوم نه فقط به محبت ما نسبت به خدا (کتاب اول) یا علاج روح وجان‌مان (کتاب دوم)، بلکه صریحاً به نحوهٔ زندگی کردن ما می‌پردازد. در *اجتماع خوب و زیبا* ما قرار است قسمت دوم فرمان بزرگ را تمرین کنیم: همسایه‌ات را همچون خویشتن محبت نما.

وقتی وارد این وادی می‌شویم، ممکن است تمرکز اصلی (قلب) را از دست بدهیم و همهٔ تأکید را بر چیزی اشتباه (خودِ فعالیت) بگذاریم. پولس این نکته را خیلی خوب فهمیده بود، از این‌رو بود که خطاب به قرنتیان نوشت: «اگر همهٔ دارایی خود را بین فقیران تقسیم کنم و تن خویش به شعله‌های آتش بسپارم، اما محبت نداشته باشم، هیچ سود نمی‌برم.» (اول قرنتیان ۱۳:۳)

ما می‌توانیم در بالاترین کارهای خدمتی دخیل شویم و حتی به شهادت برسیم، اما اگر این کارها را با روح محبت انجام ندهیم، هیچ ارزشی نخواهند داشت. در خصوص عدالت اجتماعی، اعمالی از سر رحم و شفقت، یا خدمت به دیگران، همیشه این تمایل وجود دارد که دلباختهٔ خودِ اعمال شویم. در دنیای خودشیفتهٔ امروزی، دنیایی که در آن مردم دور خود پیله‌ای از انزوا می‌تنند و خویشتن را از بقیه جدا می‌کنند، خدمت کردن به دیگران عملی کمیاب و تأثیرگذار است. وقتی می‌بینیم مردم وقت یا پول‌شان را در خدمت به دیگران صرف می‌کنند، توجه‌مان جلب می‌شود. این هیچ اشکالی ندارد. ما نباید- و نمی‌توانیم- چراغ‌مان را زیر پیمانه مخفی سازیم. اما باید هوشیار باشیم؛ کارهای نیک ما می‌توانند به خودستایی نیز منجر شوند (که در کتاب دوم دربارهٔاش

بحث کردیم). یعنی کارهای ما به‌جای اینکه پدرمان را که در آسمان است جلال دهند، مایهٔ جلال خودمان بر زمین می‌شوند.

همین سخن را می‌توان در مورد پرهیزکاری فردی به زبان آورد. دعا یا مطالعهٔ کتاب‌مقدس می‌تواند به‌وسیله‌ای برای اثبات لیاقت ما به خدا یا دیگران تبدیل شود. عیسی فریسیان را به باد انتقاد گرفت، اما نه به این خاطر که دعا می‌کردند یا روزه می‌گرفتند و صدقه می‌دادند، بلکه چون این کارها را می‌کردند تا «مردم آنها را ببینند» (متی ۶:۵). یکی از عبارات مورد علاقهٔ من که آن را زیاد به‌کار می‌برم، این است: «قلب مسئله همان مسئله قلب است.»[1]

با توجه به این هشدار، اجازه بدهید با صراحت عرض کنم که هرچند این یک معضل است، اما معضل اصلی و اولیه نیست. عیب اصلی ما مسیحیان در زندگی، فقدان نسبی اعمال نیک است. خیلی‌ها- و از جمله خودم در گذشته- به این باور رسیده‌اند که ما فقط محض ایمان نجات یافته‌ایم نه با اعمال، چنان که گویی اعمال ما هیچ ضرورتی ندارند. بسیاری از مسیحیان عاشق نقل‌قول کردن از افسسیان ۲:۸-۹ هستند که حاوی همین نکته است. درست است که اعمال ما نمی‌توانند ما را نجات دهند، اما این هم درست است که ما به منظور انجام دادن اعمال نیک آفریده شده‌ایم. لازم است همهٔ ما آیه ۱۰ را هم بخوانیم. بگذارید به هر سه آیه نگاهی بیندازیم:

> زیرا به فیض و از راه ایمان نجات یافته‌اید- و این از خودتان نیست، بلکه عطای خداست- و نه از اعمال، تا هیچ‌کس نتواند به خود ببالد. زیرا ساختهٔ دست خداییم، و در مسیح عیسی آفریده شده‌ایم تا کارهای نیک انجام دهیم، کارهایی که خدا از پیش مهیا کرد تا در آنها گام برداریم. (افسسیان ۲:۸-۱۰)

اگر هر سه آیهٔ را با هم بخوانیم، به یک تعادل درست می‌رسیم: فیض (عمل خدا در زندگی ما) با ایمان (اعتماد و توکل) قابل دستیابی است،

1. The heart of the matter is the matter of the heart

و ما به‌وسیلهٔ آن وارد یک رابطهٔ محبت‌آمیز می‌شویم. ما می‌دانیم که خدا ما را محبت می‌کند، و ما هم به‌طور متقابل خدا را محبت می‌کنیم (اول یوحنا ۴:۱۰).

این پایان داستان نیست، بلکه سرآغاز روشی نوین برای زندگی است. این محبت می‌تواند، و باید، به‌واسطهٔ اعمال ما گسترش یابد، و از طریق محبت ما به دیگران ابراز شود. ما برای مقصودی خاص آفریده شده‌ایم. نه صرفاً برای اینکه در انتظار مرگ و رفتن به آسمان بنشینیم، بلکه «در مسیح عیسی آفریده شده‌ایم تا کارهای نیک انجام دهیم». ایمان و عمل مخالف یکدیگر نیستند؛ ایمان باید به عمل منجر شود، و در حقیقت عمل ثمرهٔ طبیعی ایمان است. یعقوب این نکته را به‌روشنی بیان می‌کند:

> برادران من، چه سود اگر کسی ادعا کند ایمان دارد، اما عمل نداشته باشد؟ آیا چنین ایمانی می‌تواند او را نجات بخشد؟ اگر برادر یا خواهری نیازمند پوشاک و خوراک روزانه باشد و کسی از شما بدیشان گوید: «بروید به سلامت، و گرم و سیر شوید»، اما برای رفع نیازهای جسمی ایشان کاری انجام ندهد، چه سود؟ پس ایمان به تنهایی و بدون عمل، مرده است. (یعقوب ۲:۱۴-۱۷)

اما یعقوب از چه نوع ایمانی سخن می‌گوید؟

پرهیزکاری فردی و فعالیت اجتماعی

ما دو نوع ایمان داریم: ایمان مرده و ایمان زنده. ایمان مرده یعنی پرهیزکاری فردی یا راستدینیِ آموزه‌ای.[1] قطعاً ایمانی وجود دارد؛ ایمان به اعمال و اصول اعتقادی[2] خودِ فرد. ولی این ایمان مرده و منفعل است. هیچ حیاتی به بار نمی‌آورد. درست مثل دریای مرده است که از آن هیچ رودی جاری نیست، و از این‌رو منشأ هیچ حیاتی نمی‌باشد. ایمان زنده

1. Doctrinal Orthodoxy; 2. Dogma

ایمانی اســـت که از طریق محبت عمل می‌کند. به قول پولس رسول، این تنها چیزی است که اهمیت دارد: «مهم ایمانی است که از راه محبت عمل می‌کند» (غلاطیان ۶:۵). ایمان زنده توکل و اعتماد به خدا اســـت که در اعمال محبت‌آمیز در روابط انسانی ابراز می‌شود.

تا اینجا من سعی کرده‌ام دو اشتباه مصطلح را تصحیح کنم: ۱) تمرکز بر خودِ عمل، و ۲) تمرکز بر ایمانِ شخصی. اولی در محافلی رواج دارد که کنش اجتماعی دغدغهٔ اصلیِ آنها به‌شـــمار می‌رود. دومی هم در میان کسانی متداول است که بر ایمان یا پرهیزکاری فردی پای می‌فشارند. من متوجه شده‌ام که این دو جنبه اغلب به‌طور کامل از یکدیگر جدا هستند. کســـانی که بر عدالت اجتماعی تأکید می‌ورزند، بـــر پرهیزکاری فردی پافشـــاری نمی‌کنند؛ آنانی که بر پرهیزکاری فردی تأکید دارند، اغلب از اِعمال عدالت اجتماعی به‌طور مستمر و مرتب، غافل می‌مانند. خواست من در کتاب حاضر این است که هر دو جنبهٔ اساسی از شاگردی مسیحی را با هم پیوند بدهم.

فعالیت اجتماعی بدون پرهیزکاری فردی می‌تواند به پارســـانمایی و بی‌ملاحظگی تبدیل شود و نهایتاً فرد را از پا بیندازد. پرهیزکاری شخصی بـــدون فعالیت اجتماعی هـــم می‌تواند به پارســـانمایی و بی‌ملاحظگی تبدیل شـــود و نهایتاً فرد را مســـتأصل کند. در کمال شگفتی می‌بینید که در هر دو مورد، مشـــکل یکی است. هر دو گروه دوست دارند به اعمال خود (خدمت یا دعا) به‌عنوان روشـــی برای جلـــب توجه و لطف خدا و خلق نگاه کنند. هر دو می‌توانند نســـبت به دیگری بی‌ملاحظه باشـــند (کنشگرانی که به‌زور لطف‌شان را به مردمی که پذیرای آن نیستند تحمیل می‌کنند؛ زاهدانی که نســـبت به نیازهای دیگران بی‌اعتنا هســـتند). و هر دو به استیصال و فرســـودگی می‌انجامد، چون آنها از روح‌القدس قوت نمی‌گیرند، بلکه با توان جسمانی پیش می‌روند.

پس در اینجا هدف به‌وجود آوردنِ یک پیوند فرخنده میان اندیشه و عمل، زهد و رحمت، نیایش فردی و خدمت اجتماعی است. همان‌طور که گفتیم، این امر رایج نیست، اما در همهٔ جنبش‌های بزرگ تاریخ مسیحی

مواردی از آن مشاهده شده است. سَنت فرانسیس زمان بسیاری را صرف تعمق و ژرف‌اندیشی می‌کرد، اما در عین حال مراقب فقیران، بیماران و رانده‌شدگان هم بود. جان وسلی به متدیست‌ها گفت که: «اعمال پارسایی و اعمال رحمت» دو روی واقعیِ یک سکه‌اند. متدیست‌های اولیه هم به‌خاطر تقدس فردی و هم به‌خاطر تقدس اجتماعی زبانزد بودند. وسلی اجازه نمی‌داد که یکی از دو جنبه نادیده گرفته شود.

کنشگر اجتماعیِ[1] واقعی

یک بار من و دالاس ویلارد[2] داشتیم دربارهٔ عدالت اجتماعی و خدمت عمومی صحبت می‌کردیم. او از من پرسید: «جیم، یک کنشگر اجتماعیِ واقعی چه کسی است؟» من به یاد کسانی همچون مادر ترزا، که ایثارگرانه و عاری از هر خودخواهی در میان محرومان کلکته خدمت می‌کرد، یا مارتین لوتر کینگ، که به شیوه‌ای محبت‌آمیز علیه بی‌عدالتی جنگید، افتادم. با تردید گفتم: «نمی‌دانم. چه کسی است؟» پاسخ او غافلگیرکننده بود: «یک کنشگر اجتماعیِ واقعی کسی است که در روابط عادی خود همچون شاگرد عیسی زندگی می‌کند.» او در ادامه توضیح داد که کنشگری اجتماعی یک کنش یا عمل نیست، بلکه یک شیوهٔ وجودی است. او گفت که ما تمایل داریم تأکید را بر کنش- اعم از خدمت، اعتراض، سرپیچی از فرمان- بگذاریم، اما در واقع، باید اول تأکید را بر قلب یا سیرت گذاشت.

سپس دکتر ویلارد رشتهٔ سخن را پی گرفت و گفت که هر رابطه‌ای و هر عملی باید متأثر از شاگردی ما باشد. این‌گونه نیست که ما اینجا و آنجا کارهای خوبی انجام بدهیم، بلکه خودِ زندگی‌مان باید کارهای خوب باشد. سیرت مسیح که در ما دمیده شده، جزئی از هر برخورد یا رویارویی ما با دیگران خواهد بود. این واقعیت که شاگرد مسیح راست می‌گوید، بر کل محیط کار او اثر می‌گذارد. این واقعیت که شاگرد مسیح

---

1. Social Activist; 2. Dallas Willard

مقهور ترس یا طمع نمی‌شـــود، در خانـــه و در اجتماعی که حضور دارد تفاوت فاحشی میان او و دیگران ایجاد می‌کند. من از اینکه دالاس از عمل به قلب، یعنی از بیرون به درون تغییر جهت داد، خوشـــم آمد. مردم اغلب به‌صورت پاره‌وقت درگیر فعالیت‌های اجتماعی هستند- کمک کردن به سازمان‌های خیریه، یک مأموریت بشـــارتیِ[1] کوتاه- و احساس می‌کنند بیش از سهمی که در حیطهٔ خدمت بر گردن‌شان است، انجام داده‌اند.

اگرچه این فعالیت‌ها خوب هستند، اما اگر از بطن سیرتی مسیح‌گونه جاری نشده باشـــند، صرفاً اعمال مهربانانهٔ زودگذرند. شاگردان عیسی نیکوکاران پاره‌وقت نیســـتند. آنها در ارتباط دائم با پادشـــاهی خدا به‌سر می‌برند و پیوسته مردان و زنانی هستند که مسیح در آنها مسکن دارد. آنان فقط گاهی راســـت نمی‌گویند، گاهی ایثارگرانه زندگی نمی‌کنند و گاهی نمی‌بخشـــند. برای ما هزاران فرصت وجـــود دارد که می‌توانیم بر جهان پیرامون‌مان، اثر بگذاریم. به همین خاطر اســـت کـــه این کتاب راه‌های ارتباط ما با دیگران را مورد آزمایش قرار می‌دهد تا نشان دهد که زندگی کردن با مسیح در پادشاهیِ ملموس او چه مفهومی می‌تواند داشته باشد.

کسی که مسیح در وجودش مسکن دارد

همچنان که در دو کتاب قبـــل دیدیم، هویت و موقعیت روایت‌های (نگرش) حیاتی برای شاگرد مسیح، محسوب می‌شوند. ما پیروان مسیح، مردمی هستیم که مسیح در وجودشـــان مسکن گزیده است. این هویت بنیادی ما را تشکیل می‌دهد. این چیزی نیست که کسی آن را از ما بگیرد؛ و چیزی نیست که بسته به رفتار ما تغییر کند. موضوع اساسی آن است که هویت ما باید شـــکل‌دهندهٔ رفتارمان باشد، ولی در این دنیا وضع وارونه اســـت، یعنی رفتار اســـت که هویت را تعیین می‌کند. ولی ما به این دنیا تعلق نداریم. اینجا خانهٔ ما نیســـت. ما ذهـــن و دل‌مان را به دنیایی دیگر بسته‌ایم (کولســـیان ۳:۱-۲). من اخیراً جمله‌ای زیبا خواندم که وصف

1. Mission Trip

حال حقیقی‌ترین هویت ما است. این جمله از یوجین پیترسن[1] است که می‌گوید: ما «داستان باشکوه و تکرارناشدنیِ فیض هستیم.»

من به‌عنوان شخصی که مسیح در وجودش مسکن گزیده است، و همچون داستان باشکوه و تکرارناشدنیِ فیض، موجودی مقدس، جدا شده برای خدا و خاص هستم، و با همان قوتی که مسیح را از مردگان برخیزانید، تقویت می‌شوم (رومیان ۶:۳-۴). من هم مقدس هستم و هم نیرومند، و همهٔ کارها را به‌واسطهٔ مسیح می‌توانم انجام دهم، که او مرا نیرو می‌بخشد (فیلیپیان ۴:۱۳). آنکه در من است، از آنکه در دنیاست، قوی‌تر است (اول یوحنا ۴:۴). آگاهی از این حقایق برای کسانی که می‌کوشند به‌عنوان شاگردان عیسی در دنیایی زندگی کنند که عیسی و ارزش‌های او را رد کرده است، اهمیت دارد. اما خبر خوش دیگری هم هست. حتی با وجودی که من در دنیایی سقوط‌کرده و درهم‌شکسته زندگی می‌کنم، اما زیر قوت، حفاظت و مشیتِ پادشاهی خدا به‌سر می‌برم. این اکنون و برای همیشه قابل دسترس است.

این برای زندگی اجتماعی ما چه معنایی می‌تواند داشته باشد؟ بر توانایی ما برای محبت کردن، بخشودن و خدمت کردن به دیگران چه تأثیری می‌تواند بگذارد؟ نهایت تأثیر! ما فقط بدین‌خاطر می‌توانیم محبت کنیم، ببخشاییم، خدمت کنیم، برکت بدهیم، ببخشیم، تشویق کنیم، متحد سازیم و صبور باشیم که می‌دانیم کِه هستیم و در کجا زندگی می‌کنیم. ما بدین‌سبب می‌توانیم این کارها را انجام دهیم که عیسایِ ماشیح آنها را انجام داده است. ما نه تنها با نمونهٔ او، بلکه با زندگی و قوت او نیرو می‌گیریم. آنچه او کرد ما نیز می‌کنیم، زیرا می‌آموزیم که چطور با او باشیم تا شبیه او شویم- و همهٔ اینها به‌واسطهٔ نیرویی که او به ما می‌بخشد انجام‌پذیر است. آیه‌های زیر (چنانکه هنگام مطالعهٔ این کتاب خواهید دید) تنها بخش کوچکی هستند از عبارات بسیاری در عهدجدید که بیان می‌کنند "مسیح در ما" چگونه دنیا را دگرگون می‌سازد.

1. Eugene Peterson

> با یکدیگر مهربان و دلسوز باشید و همان‌گونه که خدا شما را در مسیح بخشوده است، شما نیز یکدیگر را ببخشایید. (افسسیان ۳۲:۴)
>
> نسبت به یکدیگر بردبار باشید و چنانچه کسی نسبت به دیگری کدورتی دارد، او را ببخشاید. چنانکه خداوند شما را بخشود، شما نیز یکدیگر را ببخشایید. (کولسیان ۱۳:۳)
>
> پس همان‌گونه که مسیح شما را پذیرفت، شما نیز یکدیگر را بپذیرید تا خدا جلال یابد. (رومیان ۷:۱۵)
>
> ای شوهران، زنان خود را محبت کنید، آن‌گونه که مسیح نیز کلیسا را محبت کرد و جان خویش را فدای آن نمود. (افسسیان ۲۵:۵)

پس عیسی هم مدل و هم عامل مهربانی است. من از این‌رو می‌توانم با دیگران زندگی، و ایشان را محبت و خدمت کنم و بپذیرم، که عیسی همهٔ اینها را در حق من کرده است. من آنچه را که دارم می‌دهم، نه آنچه را که ندارم.

در بحث شکل‌گیری سیرت روحانی و خدمت اجتماعی این از اهمیت حیاتی برخوردار است. از این طریق است که زهد و عمل با هم یکی می‌شوند. "مسیح در من" باید از طریق تمرین‌های شخصی همچون خلوت‌گزینی، *مطالعهٔ روحانی*،[1] دعا، کاستن از شتاب زندگی و غیره پرورش یابد. اما همان "مسیح در من" مرا به سمت محبت کردنِ دیگران، پذیرفتن ایشان و فدا کردن خودم برای آنها سوق می‌دهد. وگرنه، این خطر وجود دارد که اعمال و خدمات ما خود-محورانه و در نهایت ریاکارانه شوند. ما دیگران را محبت و خدمت می‌کنیم، می‌بخشیم و مراقبت می‌کنیم، چون خدا بود که اول ما را محبت و خدمت کرد، بخشود و مراقبت نمود. اکنون زندگی ما با خدا، به روابط‌مان با دیگران سرایت می‌کند.

---

۱. lectio divina- مطالعهٔ روحانی- شیوه‌ای قدیمی در خواندن و مطالعهٔ کلام خدا، همراه با تعمق و ژرف‌اندیشی. م.

تونی کمپولو، نویسنده و واعظ دلیل اینکه خود را وقف مراقبت از بینوایان کرده، با من در میان گذاشت. او به من گفت که هر روز زمانی را برای «متمرکز کردن حواسش» بر عیسی صرف می‌کند، تا دریابد که مسیح با اوست، یا در حقیقت، مسیح در اوست (غلاطیان ۲:۲۰؛ کولسیان ۱:۲۷).

> آگاهی از رابطه‌ام با عیسی، که در من و از طریق من عمل می‌کند، همان چیزی است که مرا به‌سوی مراقبت از نیازمندان سوق می‌دهد. من در وجود نیازمندان عیسی را می‌بینم. اگر من چنین شالوده‌ای نداشتم، مراقبتم از ایشان هیچ ارزشی نداشت. در آن صورت کار من ترحم جلوه می‌کرد؛ و هیچ‌کس دوست ندارد مورد ترحم واقع شود. من مسیح را در آنها می‌بینم، و محبت‌شان می‌کنم. به همین علت است که این کار را می‌کنم.

او توصیفی شایسته از رابطهٔ میان پرهیزکاری فردی و فعالیت اجتماعی ارائه می‌دهد، که به ما نشان می‌دهد چرا شفقت به خرج می‌دهیم، و در عین حال اجازه نمی‌دهد این کار را به دلایل غلط انجام دهیم.

زندگی کردن در میان دیگران

من معمولاً صبح از خواب بیدار می‌شوم، به همسر و فرزندانم صبح‌بخیر می‌گویم، به دخترم کمک می‌کنم برای رفتن به مدرسه آماده شود، از مکدونالد سفارش غذا می‌دهم (بسیار خوب، من پدر کاملی نیستم که خودم صبحانه درست کنم؛ همسرم نیز پیش از طلوع آفتاب سر کار می‌رود، پس زیاد به من سخت نگیرید)، در راهبندان دیگران را می‌بینم، برای والدینی که فرزندان‌شان را به مدرسه آورده‌اند دست تکان می‌دهم، سر کار با همکارانم سلام و احوال پرسی می‌کنم، در کلاس به دانشجویان درس می‌دهم، در وقت ناهار دوستانم را می‌بینم، در جلساتی که برپا می‌شود با همکاران و ناظران ملاقات و گفتگو می‌کنم، بر نحوهٔ کار

دستیارم نظارت می‌کنم، در سالن ورزش در کنار پنجاه نفر دیگر نرمش می‌کنم، به خانه برمی‌گردم و با خانواده یا دوستان شام می‌خورم، در انجام تکالیف به فرزندانم کمک می‌کنم، می‌نویسم؛ به همسر و فرزندانم شب‌بخیر می‌گویم و آنها را می‌بوسم، و می‌خوابم. باز فردا بیدار می‌شوم و همه چیز، با اندکی تفاوت، از نو تکرار می‌شود.

بنابراین، در یک روز معمولی، پادشاهیِ شخصیِ من با پادشاهیِ صدها نفر دیگر ارتباط می‌یابد، ارتباطی که با برخی از آنها عمیق و با اکثرشان سطحی است. من و همسر و فرزندانم یکدیگر را در عمیق‌ترین سطح رابطه- یعنی خانواده- می‌شناسیم. خانمی که در رستوران از من پول می‌گیرد تا غذا را تحویل دهد، حتی اسمم را هم نمی‌داند، من هم اسم او را نمی‌دانم، ولی هنوز با هم تعامل داریم. پادشاهی من و پادشاهی او (یعنی آنچه که هر یک بر آن اختیار داریم)، تماسی مختصر دارند. در مورد سایر کسانی که در طول روز می‌بینم- همکاران، دانشجویان، هم‌باشگاهی‌های عرق‌کرده و دیگر رانندگانی که با من در راهبندان گیر کرده‌اند- نیز وضع به همین منوال است. من شاید آنها را خوب نشناسم، اما در میان‌شان زندگی می‌کنم.

حال به‌عنوان شاگرد عیسی این پرسش برایم مطرح می‌شود که من- کسی که مسیح در وجودش مسکن گزیده است و در پادشاهی خدا زندگی می‌کند- چگونه باید در میان آنها زندگی کنم؟ خانواده اولین جایی است که ما در آن در کسوت شاگردان عیسی زندگی می‌کنیم. همچنین آنجا معمولاً دشوارترین مکان برای مسیحی زندگی کردن است. این به‌خاطر عمق و مسئولیت روابط حاکم بر اعضای خانواده است. خانواده اولین قلمرویی است که ما زندگی در پادشاهی خدا را در آن تمرین می‌کنیم، اما برای خیلی‌ها قلمرو دوم، محل کار است. هر شخص به‌طور میانگین ۷/۶ ساعت از روز خود را در محل کار سپری می‌کند، که طولانی‌ترین زمان روزانه‌ای است که ما در یک مکان می‌گذرانیم. طبیعتاً، ما در محل کار فرصت فراوانی برای زندگی کردن بر پایهٔ شاگردی عیسی در اختیار داریم.

با توجه به مدت زمانی که صرف می‌کنیم، مکان بعدی باشگاه یا اجتماعاتی (نظیر کلیسا، کلاس ایروبیک و غیره) هستند که ما زمان زیادی را در آنها به تعامل با دیگران می‌پردازیم. در ضمن نمی‌توانیم اهمیت اوقاتی را که در مکان‌های عمومی- همچون مرکز خرید، سوپر مارکت، سالن سینما، پستخانه و غیره- به تعامل با دیگران می‌پردازیم، نادیده بگیریم. ما در این مکان‌ها در مجاورت سایرین قرار می‌گیریم و از این‌رو رفتار ما و آنها اهمیت پیدا می‌کند.

برخورد یا ارتباط

با وجودی که این مردم همگی متفاوت هستند، اما در یک چیز اشتراک دارند: آنها کسانی هستند که قلمروشان در تعامل با قلمرو من قرار گرفته است. این تعامل گاهی به‌صورت برخورد جزیی نمود پیدا می‌کند و گاه به‌صورت ارتباطی آرام («من رادنی هستم، و قرار است به میز شما سرویس بدهم، نوشیدنی چی میل دارید، قربان؟»). گاهی اوقات رشتهٔ این ارتباط‌ها پاره می‌شود («دیگر نمی‌خواهم دوست تو باشم») و گاه عمیق می‌گردد («دوستت دارم»). تعامل قلمروها جنبه‌ای اساسی از زندگی بشر را تشکیل می‌دهند. هم می‌توانند آسیب بزنند و هم می‌توانند یاری برسانند؛ می‌توانند باعث لعنت شوند و می‌توانند منشأ برکت گردند.

کسب موفقیت در روابط تا حد زیادی به شرایط درونی بستگی دارد. به همین دلیل کتاب حاضر، کتاب سوم از این مجموعه است، نه اولی. اگر ما در صمیمیت با خدایی که عیسی بر ما مکشوف می‌سازد رشد کنیم، زندگی‌مان شروع به تغییر می‌کند و خوب می‌شود (*خدای خوب و زیبا*). اگر برای رویارویی با کشمکش‌هایی که با دروغگویی یا خشم یا نگرانی داریم گام برداریم، درخواهیم یافت که توانایی‌مان در رابطه با دیگران بهبود خواهد یافت (*زندگی خوب و زیبا*). اما برعکس آن هم صدق پیدا می‌کند: برای مثال، اگر هنوز زیر سلطهٔ خشم به‌سر می‌بریم، آموختنِ محبت کردن، بخشیدن و خدمت کردن به دیگران چالش‌انگیز خواهد شد. من نمی‌گویم که تا در دو کتاب قبلی استاد نشده‌اید، نباید روی این

یکی کار کنید. گاهی ما از طریق محبت کردن به دیگران محبت کردن را می‌آموزیم؛ و همچنین از طریق بخشیدن و خدمت کردن به آنها، بخشیدن و خدمت کردن را می‌آموزیم. با این‌حال، من می‌خواهم روی حقیقتی که عیسی فرمود، انگشت بگذارم: درخت نیکو میوهٔ نیکو می‌دهد، یا به قول معروف از کوزه همان برون تراود که در اوست (متی ۷:‏۱۶-۲۰).

برخوردهای روزانهٔ ما با دیگران حیطه‌هایی هستند که در آنها رابطهٔ ما با خدا جسم می‌پوشد. اکثر ما در این زمینه به کمک چندانی نیاز نداریم. در مورد خودم می‌دانم که نیازمند کمک هستم. به همین‌خاطر است که این کتاب را می‌نویسم- من به راهنمایی احتیاج دارم. شما نوشتهٔ یک متخصص در رشتهٔ روابط انسانی را نمی‌خوانید. اینها روزنگارهای کسی است که مشکلات و نظرات خودش را در مورد نحوهٔ زندگی کردن به‌عنوان شاگردانِ عیسی در روابط معمول، با خوانندگان در میان گذاشته است. خوشبختانه، افراد زیادی پیرامون من هستند که در مورد اهمیت این حیطه به من می‌آموزند. این کتاب هم مانند دو کتاب قبلی در اجتماع متولد می‌شود، جایی که تجربیات دیگران، آموزگاری بسیار ارزشمند به‌شمار می‌رود.

من باید به خودم یادآوری کنم که به‌عنوان پیرو عیسی، موجودی خاص، در بهترین معنای لغوی‌اش هستم؛ به این معنا که نسبت به دنیای پیرامونم که بر اساس تعالیم عیسی زندگی نمی‌کند، خاص هستم. زندگی من در پادشاهی ابدی و نیرومند خدا ریشه دارد؛ ریشه‌های زندگی من در آیندهٔ امن و ایمن جای دارد، که به من قدرت می‌دهد تا به دور از خودخواهی زندگی کنم؛ در میان افتراق در جهت اتحاد بکوشم، ببخشم حتی وقتی دشوار است، معیارهایم را بالا ببرم، سخاوتمندانه زندگی کنم، مشتاق پرستش در خانهٔ خداوند باشم و به دنیای در حال مرگ بر زندگی جدید شهادت بدهم. من به یادآوری نیازمندم، و به اجتماعی که کمک کند به خاطر بیاورم کیستم و این کیستی در زندگی روزمرهٔ من چه معنایی دارد.

این کتاب می‌کوشد طرقی را به خوانندگان پیشنهاد کند که به‌وسیلهٔ آنها می‌توانیم دنیای اطراف‌مان را برکت بدهیم. برای این کار باید به

دلایلی که موجب می‌شوند اغلب نتوانیم چنین کنیم، یا اینکه چرا داشتن روابط سالم با افرادی که طی روز با آنها ملاقات می‌کنیم این‌قدر سخت است، نگاهی بیندازیم. همچون روال معمول در دو کتاب پیشین، عمدهٔ ناکامی‌ها در این حیطه به روایت‌های (نگرش) نادرست برمی‌گردد. و باز مانند دو کتاب قبل، راه‌حل ارائه‌شده، تصحیح روایت‌های نادرست و اقتباس روایت‌های درست (که می‌توان در کتاب‌مقدس یافت) و نیز انجام تمرین‌های روحانی با هدف جسم پوشاندن به روایت‌های درست در زندگی خوانندگان، معرفی می‌شود.

اعترافات یک متفکر درونگرا

امیدوارم این کتاب بتواند میان شکل‌گیری روحانی فردی و مشارکت اجتماعی تعادل ایجاد کند (که به این تعادل نیاز مبرمی هم وجود دارد). خود من به‌عنوان انسانی درونگرا و اهل تفکر از نگارش کتابی که به اجتماع و خدمت بپردازد، دست‌مایهٔ چندانی برای نگارش ندارم. با وجود این، برای این مطالب سال‌ها، و تحت هدایت روح‌القدس، زحمت کشیده‌ام و در این حیطه رشد کرده‌ام. دوست و همکارم، مت جانسن[1] که هم در زمینهٔ روابط اجتماعی و هم خدمت ید طولایی دارد، به من گفت: «جیم، من فکر می‌کنم که تو برای نگارش این کتاب واقعاً شخص باصلاحیتی هستی. متخصص نیستی، ولی خودت در حال فراگیری هستی. تو خوب می‌دانی که وارد شدن به اجتماع و درگیر خدمت شدن چقدر دشوار است، در حالی که برخی از ما این را فراموش می‌کنیم، چون برای‌مان آسان‌تر است. همچنین، تو طی سالیان قدم‌های کوچکی برداشته‌ای و تجربه‌ات با افراد بیشتری ارتباط برقرار می‌کند، چون بیشتر کسانی که در زمینهٔ فعالیت اجتماعی مطلب می‌نویسند با مردم فاصلهٔ زیادی دارند.»

شاید معنای خودمانی سخنان مت این باشد که: «بی‌مهارتی و بی‌تخصصی تو چیز چندان بدی هم نیست!» اما من این گفته را به‌عنوان

1. Matt Johnson

تأیید می‌گیرم. شما در این کتاب با نوشتهٔ قدیسی برنمی‌خورید که شما را به بالاترین سطح فداکاری فرامی‌خواند. (می‌توانید از آن دسته کتاب‌ها هم بخوانید، و شاید اصلاً برای خواندن آن قبیل کتاب‌ها آمادگی داشته باشید). در عوض، با کلمات انسانی سرگردان و پرتکاپو روبه‌رو می‌شوید که افتان و خیزان به‌سوی نور پیش می‌رود. من شکست‌ها و گاه موفقیت‌های خودم را در این کتاب ارائه کرده‌ام تا خواننده هنگام تلاش برای محبت کردن همسایه‌اش با خواندن آنها تشویق و دلگرم شود. معلم غایی همهٔ ما روح‌القدس است، که من اطمینان دارم ما را به جمیع راستی هدایت خواهد فرمود، و هر زمان از خط خارج شویم اصلاح‌مان خواهد کرد، و در مسابقه‌ای که پیش رو داریم انرژی و دلگرمی لازم برای دویدن را به ما خواهد بخشید (عبرانیان ۱۲:۱-۲). باشد که هنگام زحمات برای داشتن زندگی خوب و زیبا، در اجتماعی خوب و زیبا، برکات خدای پدر، پسر و روح‌القدس بر شما قرار بگیرد.

چگونه از این کتاب بیشترین بهره را ببریم

هدف از نگارش کتاب حاضر این است که در متن یک جمع- مثلاً یک گروه کوچک، کلاس کانون شادی یا عده‌ای از دوستان که در خانه گرد هم آمده‌اند- مورد استفاده قرار بگیرد. به‌کار بردن این کتاب به همراه دیگران، تأثیرش را چند برابر می‌سازد. اگر قرار است به تنهایی آن را به‌کار ببرید، چهار پیشنهاد اول از پیشنهادهای زیر به کارتان خواهند آمد. مهم نیست که چگونه از آن استفاده می‌کنید، در هر صورت من اطمینان دارم که خدا می‌تواند و می‌خواهد که کاری نیکو را در شما به انجام برساند.

۱. آماده شوید. یک دفتر یادداشت‌های روزانه یا دفتر یادداشت معمولی تهیه کنید.

شما قرار است از این دفتر یادداشت‌های روزانه برای پاسخ دادن به پرسش‌هایی که طی مطالعهٔ هر فصل به ذهن‌تان خطور می‌کند، و نیز تأملاتی که در زمینهٔ شکل‌گیریِ روحانی در انتهای هر فصل آمده، به‌کار ببرید.

۲. بخوانید. هر فصل را از اول تا آخر بخوانید.

کتاب را با عجله نخوانید، و ضمناً از خواندن فصل در دقیقهٔ آخر هم خودداری کنید. از همان ابتدای هفته شروع کنید به خواندن فصل مورد نظر تا فرصت کافی برای هضم موضوع داشته باشید.

۳. انجام دهید. تمرین(های) هفتگی را به‌طور کامل انجام دهید.

مشغول شدن با تمرین‌های هر فصل، به تعمیق آنچه از کتاب فرامی‌گیرید کمک می‌کند، و شکل‌گیری و شفای روح و جان شما را آغاز می‌نماید. تکمیل بعضی از تمرین‌ها در مقایسه با تمرین‌های دیگر وقت بیشتری می‌گیرد. باید پیش از جلسهٔ بعدی گروهی، به اندازهٔ کافی برای تمرین وقت صرف کرده باشید. این وقت نه تنها برای انجام دادن تمرین‌ها است، بلکه شامل نوشتن تأملات هم می‌شود.

۴. تعمق کنید. برای تعمق روی تأملاتی که نوشته‌اید، وقت صرف کنید.

در دفتر یادداشت‌های روزانهٔ خود به همهٔ پرسش‌های هر فصل پاسخ بدهید. این کار به شما کمک می‌کند تا در افکار خود به شفافیت لازم برسید و آنچه را که خدا به شما تعلیم داده، متبلور سازید.

۵. تعامل کنید. با آمادگی برای شنیدن و در میان گذاشتن وارد گروه شوید.

اگر همه از پیش، زمان لازم را صرف نوشتن یادداشت روزانهٔ خود کرده باشند، گفتگوی گروه مؤثرتر خواهد بود. به یاد داشتن این نکته اهمیت دارد که ما باید دو برابر آنچه می‌گوییم، گوش بدهیم! اما حتماً آمادهٔ در میان گذاشتن تجربیات خود باشید. دیگر اعضای گروه از نظرات و تجربیات شما خواهند آموخت.

۶. تشویق کنید. با یکدیگر خارج از زمان جلسهٔ گروهی در تعامل باشید.

برای تماس از فناوری استفاده کنید؛ در فاصلهٔ میان دو جلسه، دستِ کم برای دو تن از اعضای گروه ای‌میل تشویق‌آمیز بفرستید. بگذارید بدانند

که شما در فکرشان هستید، و بپرسید که چگونه می‌توانید برای‌شان دعا کنید. ساختن روابط مستحکم، عاملی کلیدی در تبدیل کردن تجربه به موفقیت است.

فصل یکم

یک اجتماع خاص

من در خانواده‌ای بزرگ شدم که در کلیسای جدی، سرد و منظم متدیست شرکت می‌کرد. شبان کلیسا بیست‌وپنج سال بود که در آن کلیسا خدمت می‌کرد، و به مرور زمان کلیسا به بازتابی از شخصیت خود او تبدیل شده بود. او مرد فاضلی بود، با مهارت در سخنوری و شوخ‌طبعی صریح و بی‌پیرایه. او عاشق ظرافت و نظم بود. من سال‌ها در شگفت بودم که چرا کنار صندلی چوبیِ بزرگی که شبان در طول جلسه بر آن می‌نشست، یک تلفن - تلفن سبز زیتونی- قرار داشت. یک روز در خلال وقت سکوت برای تعمق و دعا، بچه‌ای بی‌تاب شد و شروع کرد به گریه کردن. من چشمانم را باز کردم و شبان را دیدم که گوشی تلفن را برداشت. ظرف چند ثانیه انتظامات سر رسید و سراغ کودک ناآرام رفت و بچه و مادرش را به بیرون سالن کلیسا راهنمایی کرد.

من پیام را گرفتم: بچه‌ها باید در جمع باشند، اما خاموش! این در من، که بچه بودم، تأثیر بزرگی به‌جا گذاشت. روایتی که در ذهن من جا افتاد این بود که کلیسا جایی جدی و رسمی است. طی جلسه هیچ‌کس

بـــا دیگری حرف نمی‌زد. یادم هســـت که بارها اطرافیـــان به من گفتند: «هیس». تنها پس از جلسه، و موقع صرف قهوه بود که مردم با هم گفتگو می‌کردند. والدین من برای این به کلیســـا می‌رفتند که سرود بخوانند، از نوای گروه کر لذت ببرند و موعظهٔ خوب بشنوند. اما برای من که کودکی بیش نبودم، هیچ‌یک از اینها اهمیت نداشـــت. من ســـرودها را دوســـت نداشتم. نمی‌توانستم کتاب‌مقدس را بفهمم و حتی کمتر از آن موعظه را. نیمکت‌ها سفت بودند، و همه مجبور بودند ساکت و بی‌حرکت بنشینند، که این دیگر اصلاً برای بچه‌ها طبیعی نیســـت (ممکن، اما دشوار است). تنها قســـمتی که من دوست داشتم زمانی بود که عشـــای ربانی داشتیم (چهار بار در سال)، که در آن چیزی می‌خوردم- هرچند ناچیز، یک تکه نان مکعب‌شکل و یک پیالهٔ کوچک آب انگور.

هرچه بزرگتر می‌شـــدم رفت و آمد ما با آن کلیســـا کمتر می‌شد (و من هم سپاســـگزار بودم)، و عاقبت هم به کل از رفتن به آنجا دست کشیدیم، مگر کریسمس و عید پاک. مامان اصرار داشت. خودم خبر نداشتم که یک الاهیات، یک‌جـــور درک از خدا و زندگی اجتماعـــی در وجودم در حال شکل‌گیری اســـت، اما اینچنین بود. همان تجربه‌های اولیه نحوهٔ تفکر من را در مورد خدا شـــکل دادند. خدا بر فـــراز پیروان تمیز و مرتب و محزون و غمگینش پرواز می‌کند! بی‌صبرانه برای بازگشـــت به خانه لحظه‌شماری می‌کردم، تا فوراً کراوات گیره‌ای را از گردنم باز کنم و به‌ســـوی زمین بازی بدوم و با دوستانم بیسبال بازی کنم. یکشنبهٔ هفتهٔ بعد دعا می‌کردم (جالب اســـت!) که اتفاقی بیفتد و ما مجبور نباشیم به کلیسا برویم. در ذهن جوان مـــن، وقت گذراندن با قوم گردآمدهٔ خـــدا چیز رعب‌آوری بود. با وجودی که من کوچکتر از آن بودم که متوجه شوم، اما به‌نظر می‌رسید که هیچ چیز خاصی در این گردهماییِ عده‌ای آدم وجود نداشت. اعضای کلیسا آدم‌هایی عادی بودند که هفته‌ای یک‌بار تکالیف دینی خود را انجام می‌دادند.

اولین تجربه‌های شـــما از کلیسا یا ملاقات با مسیحیان چگونه در شکل‌گیری دیدگاه‌تان در مورد اجتماع نقش داشته است؟

بعدها، وقتی هجده‌ساله شـــدم، همه چیز تغییر کرد. جان من بی‌قرار بود و دنبال معنایی می‌گشتم که نهایتاً باعث شد به عیسی فکر کنم. او هم متقابلاً دست به‌کار شد و تغییر دادنِ زندگی‌ام را آغاز کرد. ظرف چند ماه، هر روز کتاب‌مقدس می‌خواندم، بسیار دعا می‌کردم و با دو مسیحی دیگر دم‌خور شده بودم. وقتی وارد کالج شـــدم، می‌دانستم که دشوار می‌توان ایمان خود را به تنهایی حفظ کرد؛ پس برای یافتن چند حامی دعا کردم، و در همان هفتهٔ اول ورودم به کالج اولین حامی از راه رسید. مرد جوانی که در دبیرستان در تیم مقابل من بازی می‌کرد، متوجه گردنبند «ماهی» من شده بود، و از من پرسید که آیا مسیحی هستم؟ و من را به جلسهٔ مطالعهٔ کتاب‌مقدس خودشان دعوت کرد.

عصر یک چهارشـــنبه بود و من هرگـــز آن را فراموش نخواهم کرد. تا وارد یکی از اتاق‌های خوابگاه شـــدم، به چنـــد چیز غریب برخوردم. اول اینکه، اتاق پر بود از دانشـــجو. در کلیســـای ما گروه جوانان خیلی کوچک بود. دوم، در آنجا همه هیجان‌زده به‌نظر می‌رســـیدند. من هرگز کسی را ندیده بودم که برای کلیسا هیجان داشته باشد. (آیا می‌شد نامش را کلیســـا گذاشت؟) ســـوم، افرادی ناهمگون در این اتاق گرد هم آمده بودند. از ورزشـــکاران قوی‌هیکل گرفته تا دانشگاهی‌ها؛ مرد و زن، سیاه و ســـفید؛ در میان آنها دخترهای خوشگل و پسرهای خوش‌تیپ هم به چشم می‌خوردند. البته دخترها و پسرهایی هم بودند که چندان خوشگل یا خوش‌تیپ نبودند. در کلیســـایی که من در آن بزرگ شـــده بودم، همه سفیدپوست، از طبقهٔ متوسط و در محدودهٔ سنیِ چهل تا شصت بودند. و در آخر، چیزی که در ترکیب این گردهمایی بیش از همه به چشم می‌آمد، تعداد افراد معلول بود، که بیشترشان روی صندلی چرخدار نشسته بودند، اما بعضی‌ها هم از بیماری‌های روانی رنج می‌بردند.

با خودم فکر کردم: *اینجا چه خبر است؟*

چند دقیقه بعد رهبر جلســـه سرپا ایســـتاد و به همه خوشامد گفت، و فضا بســـیار گرم و دوستانه بود. احســـاس می‌کردم که حس خوبی در فضـــا موج می‌زند. بعد یک مرد و زن جـــوان، تنها با یک گیتار و صدای

خودشان، برای دقایقی ما را در عبادت و پرستش هدایت کردند. این چیزی بود که من تا آن زمان هرگز ندیـــده بودم: پنجاه نفر که در یک اتاق تنگ هم نشســـته بودند، با صدای بلند و شادمان ســـرود می‌خواندند، و بعضی از آنها هم دستان‌شان را به آسمان برافراشته بودند، گویی در خلسه‌ای قرار داشتند. بعضی‌ها بـــالا و پایین می‌پریدند، برخی کف می‌زدند، و همهٔ حضار در اتاق (به استثنای من) از خود بی‌خود بودند- البته به تعبیری خوب. پس از بیست دقیقه سرود و پرستش، رهبر جلسه که مرد سالخورده‌ای بود، از کتاب‌مقدس مطالبی را تعلیم داد. او خیلی شـــفاف ســـخن می‌گفت، انـــگار دارد دربارهٔ زندگی و مشکلات خودش حرف می‌زند، و از لحاظ شیوهٔ آموزش هم معلم بااستعدادی بود. او کاری کرد که کتاب‌مقدس برای من معنا پیدا کند و کمکم کرد تا میان این کتاب و زندگی خـــودم، و چیزهایی که برایم اهمیت دارند، چیزهایی که برای فهمیدن‌شان مشکل داشتم، ارتباطی ایجاد کنم.

من بعد از جلسه از مرد جوان تشکر کردم که مرا به چنان جایی دعوت کرده بود. او از من پرسید که آیا باز هم در جلسه شرکت خواهم کرد؟ من هم بدون ذره‌ای تردید پاسخ مثبت دادم. در آن موقع نمی‌دانستم، اما بعدها دریافتم که شاهد تجربه‌ای بودم که روح و جانم برای آن آفریده شده بود: اجتماع؟؟ خوب و زیبا. آنها کامل نبودند (سرودخوانیِ حرفه‌ای نبود، اما بـــه اندازهٔ کافی خوب بود)، و من هم قصد نداشـــتم که بلافاصله با همهٔ حاضران در جلسه دوست صمیمی بشوم (کسی که کنار من ایستاده بود، واقعاً به استحمام نیاز داشت). کمال، ظرافت، استعداد و شیوهٔ اجرا نبود که مرا جذب آن جلســـه کرد، بلکه خودِ مشارکت، باهم‌بودن، و یگانگی در عین تنوع، نظر مرا جلب کرده بود. آنها آدم‌های خیلی خاصی بودند و من این را دوست داشتم.

روایت نادرست: مسیحیان متفاوت نیستند

همچون اکثر روایت‌های نادرست دیگری که تاکنون بررسی کردیم، این یکی هم تا اندازه‌ای درســـت اســـت. طبق اکثر نظرسنجی‌ها و رأی گیری‌هایی که دیده‌ام، دستِ‌کم در ایالات متحده مسیحیان تا حد زیادی

مانند غیرمسیحیان رفتار می‌کنند. برای مثال، نرخ طلاق مسیحیان و غیرمسیحیان تقریباً برابر است. تنها نظرسنجی‌ای که دیدم در آن میان مسیحیان و غیرمسیحیان تفاوتی وجود دارد، در مورد نوجوانانی است که درگیر رابطۀ جنسی پیش از ازدواج می‌شوند. اما حتی در این مورد هم اختلاف تنها ۵ درصد است. بنابراین، از جهاتی، رفتار آنانی که ادعا می‌کنند پیرو مسیح هستند، با رفتار غیرمسیحیان، تفاوت چندانی ندارد. وقتی آمار سقوط رهبران معروف مسیحی را هم بدان بیفزاییم، تازه چنین به نظر می‌رسد که مسیحیان نه تنها بهتر نیستند، بلکه شاید بدتر هم باشند.

من می‌خواهم برای لحظه‌ای این موضوع را مورد بررسی قرار دهم. اگر مچ یک مدیرعامل یا حسابدار را در حین عمل زنا بگیرند، احتمالاً در خبرها بازتاب چندانی پیدا نمی‌کند. اما اگر دست شبانی حین داشتن رابطۀ جنسی یا اختلاس مالی رو شود، قضیه اهمیت زیادی پیدا می‌کند. و این سؤال ایجاد می‌کند. چرا لغزش اخلاقی یک شخصیت مذهبی باید خبرساز باشد؟ چون آنها نباید مرتکب لغزش بشوند. به‌عبارت دیگر، ما از آنها *انتظار داریم* متفاوت باشند. چرا؟ چون آنها *ادعا می‌کنند* که متفاوتند، و تا حد زیادی هم قصد دارند متفاوت باشند.

و اغلب هم متفاوت هستند. در شهر محل اقامت من، سه بیمارستان وجود دارد. بانی هر سه بیمارستان گروه‌های مسیحی بوده‌اند و هنوز هم مالکیت آنها با همان گروه‌های مسیحی است. اگر به پیوند کلیه نیاز داشته باشید، صرف‌نظر از اعتقاد مذهبی‌تان، این عمل توسط یکی از سه بیمارستان سنت فرانسیس، سنت جوزف یا وسلی انجام خواهد گرفت. در این شهر غذاخوری‌های خیریه، سرپناه برای افراد بی‌خانمان، میسیون‌های نجات و خانه‌هایی برای زنان آزاردیده وجود دارد و تقریباً همۀ آنها توسط مسیحیان اداره می‌شوند. طی اعصار، مسیحیان پرچمدار مراقبت و حمایت از نیازمندان بوده‌اند.

روایت درست این است: مسیحیان همیشه متفاوت نیستند، اما باید چنین باشند، و اغلب هم هستند. در این فصل، با چند مسیحی-اعم از افراد یا گروه‌ها- آشنا خواهید شد که حقیقتاً متفاوت هستند. در فصل دوم

این مسئله را بررسی خواهیم کرد که این تفاوت از کجا ناشی می‌شود و ما چگونه می‌توانیم ذهن و دل‌مان را طوری عوض کنیم که به مردمانی متمایز از سایر مردمان جهان- به تعبیری خوب- تبدیل شویم. شما حتی می‌توانیم ما را خاص بنامید.

روایت درست: مسیحیان خاص هستند

من اولین بار در کتاب‌مقدس، ترجمهٔ کینگ جیمز، بود که به موضوع خاص بودنِ قوم متشکلِ خدا برخوردم: «لکن شما قبیلهٔ برگزیده و کهانت ملوکانه و امت مقدس و *قومی که ملک خاص خدا باشد* هستید، تا فضایل او را که شما را از ظلمت به نور عجیب خود خوانده است، اعلام نمایید» (اول پطرس ۹:۲؛ حروف *ایتالیک* از نگارنده است، نقل از ترجمهٔ قدیمی فارسی).

من واژهٔ *خاص* را خیلی دوست دارم. فرهنگ‌های لغات آن را «متمایز»، «عجیب»، «غریب» و «غیرعادی» معنی کرده‌اند. در یک کلام، خاص یعنی *متفاوت*. متفاوت با چیزهای عادی و متداول، متفاوت با هر کسِ دیگر. مسیحیان از این جهت خاص هستند که با دیگران فرق دارند.

وقتی کلمهٔ "خاص" را می‌شنوید، به یاد چه چیزی می‌افتید؟

اما آیا شاگردان عیسی واقعاً با دیگران متفاوتند؟ من اعتقاد دارم که ما متفاوتیم، یا دستِ‌کم باید چنین باشیم. برای مثال، اگر من (به قدرت روح‌القدس) در زندگی خودم راستگویی را آغاز کنم، موجود عجیبی خواهم شد. اگر بتوانم یاد بگیرم کمتر عجله کنم، فارغ از تسلط خشم زندگی کنم و واقعاً برای کسانی که سعی در کوبیدنم دارند دعا کنم، غیرعادی جلوه خواهم کرد، چون این دنیا بدین‌طریق عمل نمی‌کند. تنها کسانی که به پادشاهی خدا راه یافته‌اند می‌توانند زندگی کردن بدین‌شیوه را آغاز کنند. و این افراد تعدادشان بسیار اندک است.

قطعاً برخی غیرمسیحیان نیز هستند که راست می‌گویند، عاری از خشم زندگی می‌کنند و می‌توانند با کم‌لطف‌ها با بزرگواری برخورد کنند.

پیروان مسیح از حقوق انحصاری برای داشتن فضایل اخلاقی برخوردار نیستند. تفاوت در چگونگی و چراییِ زندگی کردن ما به این شیوه است. دلیل ما مسیحیان این است که از عیسی سرمشق می‌گیریم، و راهنما و هادی ما هم کسی نیست جز تقویت‌کننده و تسلی‌دهنده‌مان، روح‌القدس. ما در پادشاهیِ نیرومند و پایدار خدا زندگی می‌کنیم. ما از همان آغاز کار چنین کرده‌ایم.

مسیحیان از چه نظر متفاوتند

در یکی از اسناد اولیهٔ مسیحی، موسوم به *نامه به دیوگنتوس*[1] (حدود ۱۲۰-۲۰۰ م.)، نویسنده پاسخ برخی از تبلیغات رایج در امپراتوری روم را می‌دهد. مردم در مورد مسیحیان شایعات نادرستی بر سر زبان‌ها انداخته بودند و می‌گفتند که آنان مردمانی خطرناک و عضو انجمنی مخفی، با رفتارهای عجیب و غریبند. مردم به مسیحیان افتراهایی می‌زدند، از قبیل اینکه آنها آدمخوارند (چون طی مراسم عشای ربانی «بدن و خون عیسی» را می‌خوردند). اعتقاد بر این است که نامهٔ مزبور را مردی به نام آتناگوراس[2] نوشته است. نویسنده در یکی از بخش‌های مهم نامه‌اش توضیح می‌دهد که مسیحیان چه جور مردمانی هستند و چه تفاوتی با سایرین دارند.

> تفاوت میان مسیحیان و باقی ابنای بشر تفاوت در ملیت، زبان یا آداب و رسوم نیست. مسیحیان در انزوا به‌سر نمی‌برند و به گویش خاصی هم تکلم نمی‌کنند. از هیچ شیوهٔ نامتعارف زندگی هم تبعیت نمی‌کنند... آنها نیز در شهرهای مختلف- یونانی یا خارجی- بسته به اینکه قرعه‌شان به کدام خطه افتاده باشد، گذران زندگی می‌کنند؛ و بسته به محل زندگی، پوشاک، خوراک و دیگر عادات محلی را دارند. با وجود این، تشکیلات اجتماع آنها واجد خصوصیاتی است برجسته

1. Epistle to Diognetus; 2. Athenagoras

و شگفت‌آور. برای نمونه، با اینکه آنان در موطن خود و در خانه زندگی می‌کنند، رفتارشان بیشتر شبیه مسافران یا ساکنان موقتی است... با اینکه سرنوشت آنها را در جسم انسانی قرار داده، اما برای جسم زندگی نمی‌کنند؛ روزهای آنان بر زمین سپری می‌شود، اما شهروندیِ آسمان را انتظار می‌کشند. ایشان از قوانین موضوعه اطاعت می‌کنند، ولی در زندگی شخصی و خصوصی خود فراتر از قوانین قدم می‌نهند. آنها نسبت به همهٔ انسان‌ها ابراز محبت می‌کنند- و همهٔ انسان‌ها هم ایشان را جفا می‌رسانند. با سوءبرداشت روبه‌رو می‌شوند و محکوم می‌گردند؛ با این‌حال، با مرگ رنج‌آور به استقبال حیات می‌شتابند. مسکینند، اما بسیاری را دولتمند می‌سازند؛ بی‌چیزند لیکن مالک همه چیزند به فراوانی... ایشان لعن‌ها را با برکات پاسخ می‌دهند، و سوءاستفاده را با احترام. کار نیک می‌کنند، اما همچون بدکاران هدف تازیانه‌ها قرار می‌گیرند.

به نظر من این متن فوق‌العاده است. آتناگوراس تشریح می‌کند که مسیحیان از چه جهاتی با همهٔ مردمان یکسان و مشابه‌اند، و نیز روشن می‌سازد که از چه جهاتی خاص می‌باشند. از لحاظ ظاهری آنان هیچ فرقی با سایر ساکنان امپراتوری روم نداشتند. آنها در خانه‌هایی مشابه زندگی می‌کردند، لباس‌هایی مشابه می‌پوشیدند و خوراکی مشابه هر شهروند عادی رومی می‌خوردند. آنها از قوانین اطاعت می‌کردند- هیچ‌کس آنان را به اتهام دزدی، نپرداختن مالیات یا صدمه زدن به دیگران مورد پیگرد قرار نداد. حرف آتناگوراس این است که: «ما هم درست مثل شما هستیم.»

آیا کلیسای امروز به آنچه که آتناگوراس توصیف می‌کند، شباهتی دارد؟ چرا؟

بـــا وجود این، آنها متفاوت بودند. از قوانین زمینی اطاعت می‌کردند، اما بر اســـاس قوانینی برتر و والاتر زندگی می‌کردند («شـــنیده‌اید که به پیشینیان گفته شده...، اما من به شما می‌گویم...» [متی ۵:۲۱-۲۲]). آنها تبعهٔ امپراتوری روم بودند، اما این جهان مسکن‌شان نبود؛ آنان شهروندان آسمان بودند (کولســـیان ۳:۱-۲؛ فیلیپیان ۳:۲۰). با وجودی که متحمل رنج می‌شـــدند، اما همچنان که آموزگارشان به آنها آموخته بود- و خود نیز چنان کرده بود- کســـانی را که لعن‌شان می‌کردند، برکت می‌دادند. به نظر من زیباترین قسمت از نوشتهٔ آتناگوراس آنجایی است که می‌گوید: «کار نیک می‌کننـــد...» این کلمات به‌خوبی حق مطلـــب را ادا می‌کنند: *کار نیک می‌کنند*. کار نیک کردن چیز کمی نیســـت. به‌ویژه در دنیایی که در آن این همه بدی انجام می‌گیرد. ممکن اســـت شما بگویید که همین نیکوکاری آنها بود که به دردسرشـــان انداخت. خاص بودن یعنی همین؛ انجام کارهای نیک، بدون دلیل موجه. مردم دچار سوءظن می‌شوند.

به‌رغـــم همهٔ اتهامات دروغین و جفاها، مســـیحیت نه تنها به حیات خود ادامه داد، بلکه عملاً شکوفا شـــد. بنا به قول رادنی ستارک[1] مورخ سکولار، مسیحیت از لحظهٔ تولد به‌صورت تصاعدی رشد کرد، آن‌هم با نرخ رشد حیرت‌آور ۴۰ درصد در هر دهه. نمودار ۱-۱ تصویری روشن از رشد سریع مسیحیت به‌دست می‌دهد:

سال	شمار مسیحیان	درصد جمعیت
۴۰ م.	۱/۰۰۰	۰/۰۰۱۷
۱۰۰ م.	۷/۵۳۰	۰/۰۱۲۶
۲۰۰ م.	۲۱۷/۱۹۵	۰/۳۶
۲۵۰ م.	۱/۱۷۱/۳۵۶	۱/۹
۳۰۰ م.	۶/۲۹۹/۸۳۲	۱۰/۵
۳۵۰ م.	۳۳/۸۸۲/۰۰۸	۵۶/۵

نمودار ۱.۱ مسیحیان به‌عنوان درصدی از جمعیت جهان

1. Rodney Stark

به‌ویژه با توجه به خطری که مسیحی شدن به دنبال داشت، این نرخ رشد را به حساب چه چیزی می‌توان گذاشت؟ من جواب‌های زیادی شنیده‌ام، اما توضیحی که بیش از همه مرا مجذوب خودش کرده این است که زندگی مسیحیان چنان پیروزمندانه بود که دیگران هم می‌خواستند از آن برخوردار باشند.

امروزه هم این امر صادق است. چند سال پیش من زن جوانی را استخدام کردم تا برای تیم تنیسمان در دانشگاه فریندز[1] بازی کند. پدرش پشت خط تلفن به من گفت: «آیا کالج شما یکی از آن جاهایی است که کتاب‌مقدس را به‌زور به مردم تحمیل می‌کنند؟ چون ما او را مذهبی بار نیاورده‌ایم، و در این مورد دلواپس هستیم.» من به او گفتم که ما هرگز چیزی را به کسی تحمیل نمی‌کنیم- کویکر و غیره هم نیستیم. اما این را هم به او گفتم که دخترش با چند مسیحی فوق‌العاده در تماس خواهد بود. او در این تماس‌ها اشکالی ندید. فقط می‌خواست که دخترش برای انتخاب آزادی داشته باشد، و من به او اطمینان خاطر دادم که آزادی انتخاب دارد.

دختر مذکور پس از چند ماه متوجه زندگی بانشاط بسیاری از دانشجویان دانشکدهٔ ما شد که همگی پیرو مسیح بودند، اما هرگز چیزی را به او تحمیل نمی‌کردند. من حتی یک‌بار هم در مورد خدا یا عیسی یا کتاب‌مقدس با او صحبت نکردم، اما او به مشارکت دانشجویی ما می‌آمد. او برای تعطیلات کریسمس به خانه رفت و زمانی که برگشت گفت: «من می‌خواستم به شما بگویم که در خلال تعطیلات کریسمس، زندگی‌ام را به عیسی سپرده‌ام.» بعد از کلی خوشحالی از او پرسیدم: «چه چیزی باعث شد این کار را بکنی؟» او گفت: «بعد از دیدن این همه آدمی که با آرامش و شادی و محبت زندگی می‌کنند، من هم دلم خواست آنچه را که آنها دارند، داشته باشم.»

پس از دو هزار سال چیز زیادی عوض نشده است.

---

1. Friends University

یک خدای خاص

چرا مسیحیان خاص هستند (یا دستِ‌کم باید باشند)؟ بدین‌خاطر که خدای ما خاص است. خدایی که ما محبت و خدمتش می‌کنیم به‌طرز فوق‌العاده‌ای با خدایان ساخت بشر فرق دارد. اله و الهه‌هایی که یونانیان و رومیان پانتئون[1] به‌وجود آوردند، به‌طرز خیره‌کننده‌ای شبیه انسان‌ها- و اغلب شبیه بدترین انسان‌ها- بودند. خدایان آنها دروغ می‌گفتند و فریب می‌دادند و می‌کشتند. آنها مرتکب زنا می‌شدند و از سر خشم و حسادت یکدیگر را مجازات می‌کردند. خواندن داستان‌های خدایان بهت‌آور است. پر است از دسیسه.

اما خدایی که عیسی مکشوف می‌کند خاص است. این خدا انسان‌ها را آن‌قدر دوست دارد که خودش یکی از آنها می‌شود و برای آنها می‌میرد. این خدا کسانی را که سزاوار بخشایش نیستند، می‌بخشاید؛ سخاوتمند است و هرگز در پی انتقام نیست. اگر خدای عیسی غضبناک شود، تنها به این دلیل است که نیکو و پرمحبت، و به‌حق مخالف گناه است، زیرا گناه به فرزندان عزیزش لطمه می‌زند. هیچ‌کس نمی‌توانست چنین داستانی سر هم کند. این هیچ شباهتی به ادبیات دینی مذاهب دیگر نداشت. به همین‌خاطر است که در همهٔ ادیان دیگر هیچ خدایی وجود ندارد که شبیه خدای عیسی باشد.

راه‌های خدا راه‌های ما نیست و نه افکار خدا، افکار ما (اشعیا ۸:۵۵). ارزش‌های خدا متفاوتند. او همچون پدری است که از سوی پسری گردنکش مورد بدرفتاری قرار می‌گیرد و در انتظار بازگشت او به خانه درد می‌کشد (لوقا ۱۵:۱۱-۳۲). این مفهوم برای مخاطبان عیسی کاملاً خاص بود. خدا مثل کارفرمایی است که حتی به کارگرانی که فقط یک ساعت کار کرده‌اند هم مزد یک روز کامل را می‌دهد (متی ۲۰:۱-۱۶). عیسی مردم را با روایت خود بهت‌زده کرد. مردم باید زیر لب گفته باشند:

---

۱. Pantheon- ایزدستان، مجموعه خدایان یک ملت. م.

«این دیگر چه‌جور خدایی است؟» عیسی خدایی را مکشوف ساخت که مثلِ هیچ خدای دیگری که دنیا به خود دیده یا شنیده، نبود. این خدا حقیقتاً خاص بود.

بنابراین، جای شگفتی نیست اگر قوم خدا هم خاص باشد. یکی از قسمت‌های مورد علاقهٔ من در کتاب‌مقدس، نامهٔ اول یوحنا است. این نامه خاستگاه عجیب و غریب بودنِ مسیحیت را نشان می‌دهد:

> ای عزیزان، یکدیگر را محبت کنیم، زیرا محبت از خداست و هر که محبت می‌کند، از خدا زاده شده است و خدا را می‌شناسد. آن که محبت نمی‌کند، خدا را نشناخته است، زیرا خدا محبت است. محبت خدا این‌چنین در میان ما آشکار شد که خدا پسر یگانهٔ خود را به جهان فرستاد تا به‌واسطهٔ او حیات یابیم. محبت همین است، نه آنکه ما خدا را محبت کردیم، بلکه او ما را محبت کرد و پسر خود را فرستاد تا کفارهٔ گناهان ما باشد. ای عزیزان، اگر خدا ما را این‌چنین محبت کرد، ما نیز باید یکدیگر را محبت کنیم. هیچ‌کس هرگز خدا را ندیده است؛ اما اگر یکدیگر را محبت کنیم، خدا در ما ساکن است و محبت او در ما به کمال رسیده است. (اول یوحنا ۴:۷-۱۲)

اصل اخلاقی ساده است: خدا هرجور که هست، قومش هم باید مثل او باشد. اگر ما محبت نمی‌کنیم، پس خدا را نمی‌شناسیم. «محبت خدا در میان ما آشکار شد» در شخص عیسی «تا ما به‌واسطهٔ او حیات یابیم».

ما آن کاری را می‌کنیم که او می‌کند، چون عیسی در ما و از طریق ما زندگی می‌کند. (غلاطیان ۲:۲۰). توجه داشته باشید که یوحنا بر این نکته تأکید می‌کند که خدا ما را محبت کرد، پیش از آنکه ما او را محبت کنیم؛ و این که خدا قومی را محبت کرد که نه او را دوست داشتند و نه خدمتش می‌کردند. به‌قول یوحنا، این همان نوع محبتی است که ما باید نثار یکدیگر کنیم. و انتهای عبارت هم حاوی نکته اصلی است: وقتی

ما محبت می‌کنیم، خدا در ما زندگی می‌کند، و محبت او در ما به کمال می‌رسد. پس خدای خاص‌مان، ما را به‌شکل قومی خاص درمی‌آورد، قومی که دیگران را محبت می‌کند، حتی اگر آنها محبت این قوم را با محبت پاسخ نگویند.

بدین‌ترتیب، صفحات تاریخ با آدم‌های عجیب منقوش شده است. شهیدانی که در حین اعدام‌شدن سرود می‌خواندند. اقدام عجیب فرانسیس آسیسی که خانه و خانوادهٔ ثروتمندش را ترک گفت، عریان از شهر خارج شد، ردای گدایی بر تن کرد و جذامیان را بوسید. به‌راستی عجیب است. کاترین اهل جنوا[1] (۱۴۴۷-۱۵۱۰) و همسر ثروتمندش که زندگی خود را که باعث شده بود احساس پوچی کنند، رها کردند و به خانهٔ محقری نقل مکان نمودند، و تصمیم گرفتند خود را وقف مراقبت از بیماران و رنج‌دیدگان کنند. کاترین چندین ساعت از روز را صرف دعا می‌کرد، و می‌گفت که در خلال دعا شعلهٔ سوزان حضور خدا را در قلبش احساس می‌کند، و دو برابر آن زمان را که به مدت چندین ساعت در روز می‌شد صرف مراقبت از نیازمندان می‌کرد، یعنی زندگی کردن با ضرباهنگی بی‌نظیر از تعمق و عمل. شگفت‌آور است.

نمونهٔ امروزی‌تر این قبیل افراد ویلیام گراهام است که کالج کتاب‌مقدس را رها کرد تا در کلیسای کوچکی در شیکاگو خدمت کند. او به دلیل تشنگی بیش از اندازه‌اش برای وعظ کردن، از مدرسهٔ الاهیات صرف‌نظر کرد، و بعدها به گروه "جوانان برای مسیح"[2] پیوست تا به جوانان خدمت کند. او بعدها وعظ در مورد اصول اخلاقی و آرامش و عدالت را آغاز کرد، اما اساساً مردم- صدها هزار نفر- را به‌سوی مسیح رهنمون می‌شد. مردم اکثرا او را با نام "بیلی" می‌شناسند، ولی برای دنیا او یک پدیدهٔ عجیب و غریب است.

در کلیسای خواهرم مجلس ترحیم مرد جوانی برگزار شد که علناً زندگی هم‌جنس‌گرا داشت. برخی از اعضای یک کلیسای دیگر با حمل

1. Catherine of Genoa; 2. Youth for Christ

پلاکاردهایی که بر رویش نوشته بود: «خدا از لواط‌کارها بیزار است» مانع از ورود مردم به درون کلیسا شده بودند. صبح یک روز سرد و بارانی بود. مردم در مقابل کلیسای خواهرم، از خشم و خروش کسانی که ادعای پیروی از عیسی می‌کردند، مبهوت مانده بودند. آنها با وجودی که مورد لعن و نفرین قرار گرفته بودند، اما تصمیم گرفتند معترضان خشمگین را برکت دهند. آنها سینی‌های پر از لیوان‌های شیر کاکائو داغ را بیرون آوردند و به معترضان تعارف کردند. چقدر عجیب.

کویکرهایی که در سدهٔ هیجدهم در ایالات متحده زندگی می‌کردند، از بی‌عدالتی برده‌داری متنفر بودند. ایشان تحت هدایت روح‌القدس و رهبری مردی به نام جان وولمن[1] در شهر نیوجرسی یک گردهمایی برپا کردند. آنها ساعت‌ها در سکوت دعا کردند. سپس تصمیم گرفتند همهٔ بردگان خود را آزاد کنند. اما قضیه به همین جا ختم نشد. آنها همچنین تصمیم گرفتند همهٔ پولی را که بابت مزد زحمت این بردگان به ایشان بدهکار بودند پرداخت کنند. این تصمیمی بنیادین بود که ممکن بود همهٔ آنها را ورشکسته کند. اما در کمال شگفتی چنین نشد. از آنجایی که همه چیز برخلاف فرهنگ رایج آن زمان پیش می‌رفت، تقریباً هیچ‌کس نمی‌توانست آن را باور کند. دیوانگی.

در زندگی خودتان یا در تاریخ کلیسا چه کسی را نمونه‌ای از یک انسان «خاص» می‌بینید؟

شین کلیبورن[2] - به خواست خود - در میان فقرای شهر فیلادلفیا زندگی می‌کند و وقتش را صرف کمک به بهبود وضع زندگی مردم می‌نماید. او اغلب مردم را فقط محبت می‌کند، مردمی که باقی دنیا نادیده‌شان می‌گیرند. زن جوانی که پیش‌تر به او اشاره کردم، که پس از مشاهدهٔ زندگی مسیحیان دانشکده، زندگی‌اش را به مسیح سپرد، اکنون به میل خود و به اتفاق شوهرش و دو زوج دیگر، در یک محلهٔ فقیرنشین زندگی

---

1. John Woolman; 2. Shane Claiborne

می‌کند؛ آنها وقت و منابع خود را صرف کمک به نزدیک کردن مردم به همدیگر می‌کنند. ساکنان محله‌شان فکر می‌کنند که آنها واقعاً عجیب و غریب هستند، و به همین‌خاطر آنها را دوست دارند. میهمانی‌های آنها امید و شادی را به کسانی که با این قبیل احساسات بیگانه‌اند، بخشیده است. آیا این خاص نیست؟

شما حتی شاید این افراد را ناسازگار بنامید. شاید هم این یک‌جور تعریف به حساب بیاید، زیرا آنها نسبت به طریق‌های این دنیا *ناسازگارند*. البته همهٔ مسیحیان ناسازگار محسوب نمی‌شوند، ولی من فکر می‌کنم که باید چنین باشند. پروفسور کورنل وست[1] به‌خوبی حق مطلب را ادا کرده است: «همواره برخی مسیحیان به‌خوبی با طمع، ترس و تعصب سازگار بوده‌اند. همواره مسیحیانی هم بوده‌اند که با طمع، ترس و تعصب بنای ناسازگاری را گذاشته‌اند.»

همهٔ مسیحیان نسبت به چیزهایی از قبیل بی‌عدالتی، طمع، مادی‌گرایی و نژادپرستی ناسازگار نیستند، ولی همهٔ مسیحیان *باید* چنین باشند. ما اغلب به آسانی خودمان را با این چیزها سازگار می‌کنیم. در مورد خودم می‌دانم که چنین است. سازگار شدن با فرهنگی که در آن زندگی می‌کنیم کار آسانی است؛ فرهنگی که در آن برای به‌دست گرفتن کنترل از نفرت و خشونت استفاده می‌شود، فرهنگی که با مردم به‌عنوان اشیائی جهت کسب منفعت شخصی رفتار می‌کند، فرهنگی که به بی‌بندوباری اخلاقی چشمک می‌زند.

در ایـن گفتهٔ ای. دبلیـو توزر تأمل کنید: «مـا در این دنیا زیادی احساس راحتی می‌کنیم». در این مورد چه نظری دارید؟

دکتر وست در جایی دیگر می‌گوید: «شجاعت می‌خواهد که بپرسیم چگونه شـد که من با بی‌عدالتی سازگار شدم؟ شجاعت می‌خواهد که از همرنگِ جماعت شدن دست بکشیم و در خلاف جهت جریان آب شنا کنیم. بیدار شـدن و بیدار ماندن به‌عوض خودخواهانه خفتن، شجاعت

---

1. Cornel West

می‌خواهد. ترکِ همرنگی و بزدلی، شجاعت می‌خواهد.» من هم موافقم. مثل خدای خاص‌مان زندگی کردن، دوست داشتن و بخشیدن آدم‌های دوست‌نداشتنی و نابخشودنی، شجاعت می‌خواهد. تنها راه یافتنِ این شجاعت این است که دریابیم ما جماعتی هستیم که در دنیایی دیگر ریشه داریم. این موضوع فصل دوم کتاب است.

به هدایت روح‌القدس اعتماد کنید

یکی از داستان‌های مورد علاقهٔ من حکایتی است که یک اصل مهم را بیان می‌کند، که کاربردش - به‌ویژه در این کتاب- بارها به‌کار ما می‌آید. این داستان دو شخصیت اصلی دارد که هر دو به تاریخ کویکرها تعلق دارند: جورج فاکس[1] و ویلیام پن.[2] جورج فاکس (۱۶۲۴-۱۶۹۱) بنیانگذار جنبش مسیحی کویکرها در انگلستانِ سدهٔ هفدهم بود. دو مورد بزرگ از میراث کویکرها، تعلیم‌شان در مورد آشتی‌جویی[3] (پرهیز از کاربرد خشونت) و برابری[4] (منسوخ کردن اختلاف طبقاتی) است.

ویلیام پن (۱۶۴۴-۱۷۱۸) در طبقهٔ فرادست جامعه پرورش پیدا کرده و از بهترین آموزش ممکن بهره‌مند بود. پن در سن بیست‌وسه‌سالگی به کویکرها پیوست، و اندکی بعد، همه چیز شروع به عوض شدن کرد. در زمان پن، شمشیر به کمر بستن مرسوم بود؛ البته نه با نیت صدمه زدن به کسی، بلکه به نشانهٔ تعلق به طبقهٔ بالای جامعه. پن بعد از اینکه کویکر شد، با خودش کشمکش داشت که آیا باید شمشیر ببندد یا نه. هرچه باشد این کار در عین حال که نماد برتری طبقاتی به‌شمار می‌رفت، نماد جنگ نیز بود- دقیقاً دو چیزی که کویکرها بی‌محابا به مخالفت با آنها برخاسته بودند.

بنابراین، پن به نزد استادش، فاکس، رفت تا در این مورد از او راهنمایی بگیرد. او از فاکس پرسید: «آیا من می‌توانم به شمشیر بستن ادامه بدهم؟» پن می‌گوید که من انتظار داشتم فاکس در جواب بگوید: «نه، تو باید این کار را کنار بگذاری. از تیغهٔ شمشیرت خیش بساز و دیگر هرگز چیزی

1. George Fox; 2. William Penn; 3. Pacifism; 4. Equality

شبیه آن بر کمر نبند.» اما در عوض، فاکس پاسخی داد که برای من به سنگ محکی در زندگی مسیحی تبدیل شده است. او گفت: «آن را تا هر زمان که توانستی به کمر ببند، ویلیام، تا هر زمان که که توانستی.»

فاکس داشت یک اصل مهم در زندگی مسیحی را بیان می‌کرد. وقتی پای اعمال و رفتار ما به میان می‌آید، *باید از وضع قواعد و قوانین بپرهیزیم، و به هدایت روح‌القدس اعتماد کنیم.* فاکس نگفت: «شمشیر نبند» و همچنین نگفت: «اشکالی ندارد، ببند.» او اطمینان داشت که پن در زمان مناسب تصمیم درست را خواهد گرفت. اگر فاکس به او دستوری داده بود، فرصت گوش دادن به ندای روح‌القدس را از پن ربوده بود، و به جایش یک معیار سفت و سخت گذاشته بود، که تقریباً همیشه به بروز مشکلات بعدی می‌انجامد.

نه شریعت‌زدگی نه بی‌بندوباری

در کتابی که پیرامون چگونه زیستن نوشته شده، همواره خطر وضع کردن قواعد وجود دارد. ما در این کتاب می‌خواهیم گزینه‌ها و شیوه‌های زندگی را که برخی از مردان و زنان پیش گرفته‌اند و می‌توانند باعث تشویق و تأثیر شوند، مورد بررسی قرار دهیم. به افراد و کلیساهایی که سخاوت‌شان تحسین‌برانگیز، بخشایش‌شان شگفت‌آور و شهادت‌دادن‌شان به بی‌ایمانان الهام‌بخش است، نگاهی خواهیم انداخت. غرض از ارائهٔ این مثال‌ها تشویق و دلگرم کردن ما است، اما وظیفهٔ ما به‌عنوان شاگردان عیسی آن است که مراقب باشیم مبادا از رفتار آنها قاعدهٔ کلی بسازیم یا تصور کنیم که عملکرد آنها تنها راه یا حتی بهترین راه است. برای مثال، من به دوستانم مت و کاترین اشاره کردم، که با دو زوج دیگر در یک خانهٔ بزرگ زندگی می‌کنند. صرفه‌جویی و محبت آنها روی محله‌شان تأثیر زیادی گذاشته است. ولی اگر قرار بود که من از الگوی آنان این نتیجه را بگیرم که مسیحیانِ راستین باید با هم زندگی کنند، کاملاً از مرحله پرت بودم. همیشه میل به تبدیل اعمال فردی و هدایت‌شده با روح، به قوانین جمعی وجود دارد.

بنابراین، من در بسیاری از جاهای این کتاب «اصل فاکس» را به کار خواهم گرفت. وقتی ما این موضوع را پیش می‌کشیم که چطور باید از ثروت‌مان استفاده کنیم، چطور وقت‌مان را بگذرانیم یا چه کارهایی می‌توانند زندگی ما را با خدا بهبود و ارتقا بخشند، و چه کارهایی می‌توانند مانع از ایجاد این رابطه شوند، لازم است حکمت جورج فاکس را به یاد آوریم. برای نمونه، طی دورهٔ بررسی این کتاب، برخی از شما خوانندگان که متمولید شاید بپرسید که، *آیا اشکالی ندارد که من سوار فلان ماشین بشوم یا در فلان خانه زندگی کنم؟* پاسخ دادن به این پرسش با قانونی سفت و سخت (مثلاً «هیچ مسیحی‌ای نباید در خانه‌ای گرانتر از ۱۰۰/۰۰۰ دلار زندگی کند و یا سوار ماشینی گرانتر از ۲۰/۰۰۰ دلار شود»)، بسیار غیرمفید است. به‌جای این کار باید بگوییم: «تا هر وقت که احساس راحتی کردی در آن زندگی کن یا سوار آن ماشین بشو، تا هر وقت که در روح خود احساس ناراحتی نکردی.»

شاید بعضی‌ها این کار را یک‌جور شانه‌خالی‌کردن از زیر بار تعهد ببینند. قطعاً قوانین چندی وجود دارد که شکستن‌شان به زندگی ما صدمه می‌زند (مانند ده فرمان). این اصل هرگز به مردی که با کسی رابطهٔ نامشروع دارد نمی‌گوید: «تا وقتی که احساس راحتی می‌کنی، به رابطهٔ خود ادامه بده.» اما وقتی نوبت به پرسش‌های بی‌شمار مربوط به سبک زندگی می‌رسد، که ما با آنها روبه‌رو می‌شویم، در حد اینکه چه بخوریم یا بنوشیم یا بپوشیم یا سوار شویم، باید معقولانه فکر کنیم و به نجوای روح‌القدس در گوش‌مان توجه نماییم. پادشاهی خدا جای قواعد نیست، بلکه جای نیکویی و اعتماد و شادی است، به‌شرطی که بگذاریم روح‌القدس ما را راهنمایی کند.

من قصد دارم همان موضعی را بگیرم که جورج فاکس و پولس رسول گرفتند. من شما را تشویق می‌کنم که بر سر این موضوعات خودتان، و تحت هدایت روح‌القدس، به نتیجه برسید، و از تبدیل کردن آنها به قوانینی که همهٔ انسان‌های دیگر باید تبعیت کنند، یا داوری کردنِ کسانی که مثل شما رفتار نمی‌کنند، خودداری کنید. آیا مسیحیان باید

از زینت‌آلات استفاده کنند؟ آیا باید تلویزیون تماشا کنند؟ آیا باید به سینما بروند یا یکشنبه‌ها ورزش کنند؟ مردان و زنان مسیحی خوبی هستند که به این پرسش‌ها پاسخ منفی یا مثبت می‌دهند. اینکه برای همهٔ سؤال‌ها جواب درست یا غلط وجود ندارد، بدین معنا نیست که ارزش مطرح کردن ندارند. در واقع، من فکر می‌کنم که فرایند مطرح کردن پرسش‌ها و گوش دادن به ندای روح‌القدس در زندگی شخصی‌مان هم ضروری است و هم الهام‌بخش. ما جواب‌های سیاه و سفید را می‌پسندیم، اما اغلب این فقط بدین‌خاطر است که ما کاهلیم و تمایلی به رویارویایی با کار پرچالشِ تشخیص نداریم.

شاید حدس زده باشید که ویلیام پن سرانجام عادت شمشیر به کمر بستن را ترک کرد، اما این یک‌باره اتفاق نیفتاد. این نکته هم آموزنده است. همان‌گونه که روایت‌ها و رفتارهای ما تغییر می‌کنند، دیگر چیزها نیز در زندگی ما تغییر می‌کنند، اما نه یک‌شبه. به‌نظرم ویلیام پن جوان از فاکس درسی بس ارزشمند گرفت، و این درس را در طول زندگی بارها به‌کار برد؛ و به‌راستی که چه زندگیِ شگفت‌انگیزی داشت. پن بعدها به آمریکا رفت و جامعهٔ کویکر را در این سرزمین پایه گذارد، و در نهایت رهبری مبارزه با برده‌داری را بر عهده گرفت. ویلیام پن از بسیاری جنبه‌ها مرد شگفت‌انگیزی بود- چه به‌عنوان مسیحی (کتاب او با عنوان *بدون صلیب از تاج خبری نیست*[1] بسیار الهام‌بخش است) چه به‌عنوان سیاستمدار.

یک نمونه از نحوهٔ خودداری ما از شریعت‌زدگی و بی‌بندوباری، تمرین آموزش‌های پرورش روح است. این تمرین‌ها نه قوانینی هستند که مایهٔ کوری شوند، و نه می‌توان برای رشد کردن در زندگی با خدا و یکدیگر، آنها را نادیده گرفت. این تمرین‌ها بدون اینکه به دستورالعملی با نتایج قابل‌پیش‌بینی تبدیل شوند، ما را انعطاف‌پذیر می‌کنند و نسبت به هدایت روح‌القدس هشیارمان می‌سازند.

1. No Cross, No Crown

پرورش روح
دو-در-چهار

در این فصل دو نکتهٔ اساسی وجود دارد: اول اینکه مسیحیان خاص هستند. دوم اینکه خاص بودن آنان از پیروی از خدای‌شان ناشی می‌شود که خاص است. به بیان دیگر، همچنان که با این خدای خاص وقت می‌گذرانیم، خودمان هم بیشتر و بیشتر خاص می‌شویم. اما این امر بدون همکاری ما اتفاق نمی‌افتد. به همین دلیل من از شما می‌خواهم که این هفته دو کار انجام بدهید: ۱) با خدا وقت بگذرانید، و ۲) کارهای خاص بکنید. به خاطر داشته باشید که خاص به معنای بد نیست، فقط چیزی متفاوت است که فرهنگ ما عادت به دیدنش ندارد.

می‌خواهم شما این هفته فکر را با عمل، و پرهیزکاری فردی را با عدالت اجتماعی پیوند بزنید. ما باید میان وقت گذراندن با خدا و مراقبت از دیگران تعادل ایجاد کنیم. از دست دادن هر یک از این دو اشتباهی بسیار متداول، اما مهلک است. به‌عنوان روشی برای متعادل ماندن، شما می‌خواهم دو کار بکنید: دو ساعت از وقت‌تان را بر خدا متمرکز شوید و چهار کار خاص را آگاهانه انجام دهید. من آن را «دو-در-چهار» نامیده‌ام: دو ساعت وقت گذراندن با خدا و انجام چهار کار نیکو. در رابطه با دو ساعت وقت گذراندن چند راهنمایی برای خوانندگان دارم، و در رابطه با کمک کردن به دیگران هم چند چیز را پیشنهاد خواهم کرد.

دو ساعت با خدا

بعضی از شما خوانندگان احتمالاً از دو ساعت وقت گذراندن با خدا می‌ترسید؛ برخی هم پیش خود فکر می‌کنند: «دو ساعت؟!» پس از کلی تعامل با مردم و تأمل دقیق، به این نتیجه رسیده‌ام که فراهم کردن این مقدار زمان بسیار عملی است. نه خیلی زیاد است نه خیلی کم. البته دو ساعت تنها یک پیشنهاد است و هیچ قانونی در این مورد وجود ندارد.

از زینت‌آلات اســـتفاده کنند؟ آیا باید تلویزیون تماشـــا کنند؟ آیا باید به ســـینما بروند یا یکشـــنبه‌ها ورزش کنند؟ مردان و زنان مسیحی خوبی هستند که به این پرسش‌ها پاسخ منفی یا مثبت می‌دهند. اینکه برای همهٔ ســـؤال‌ها جواب درست یا غلط وجود ندارد، بدین معنا نیست که ارزش مطرح کـــردن ندارند. در واقع، من فکر می‌کنم کـــه فرایند مطرح کردن پرســـش‌ها و گوش دادن به ندای روح‌القدس در زندگی شخصی‌مان هم ضروری است و هم الهام‌بخش. ما جواب‌های سیاه و سفید را می‌پسندیم، اما اغلب این فقط بدین‌خاطر است که ما کاهلیم و تمایلی به رویارویایی با کار پرچالشِ تشخیص نداریم.

شـــاید حدس زده باشید که ویلیام پن سرانجام عادت شمشیر به کمر بستن را ترک کرد، اما این یک‌باره اتفاق نیفتاد. این نکته هم آموزنده است. همان‌گونه که روایت‌ها و رفتارهای ما تغییر می‌کنند، دیگر چیزها نیز در زندگی ما تغییر می‌کنند، اما نه یک‌شبه. به‌نظرم ویلیام پن جوان از فاکس درســـی بس ارزشمند گرفت، و این درس را در طول زندگی بارها به‌کار برد؛ و به‌راستی که چه زندگیِ شگفت‌انگیزی داشت. پن بعدها به آمریکا رفت و جامعهٔ کویکر را در این سرزمین پایه گذارد، و در نهایت رهبری مبارزه با برده‌داری را بر عهده گرفت. ویلیام پن از بســـیاری جنبه‌ها مرد شگفت‌انگیزی بود- چه به‌عنوان مسیحی (کتاب او با عنوان *بدون صلیب از تاج خبری نیست*[1] بسیار الهام‌بخش است) چه به‌عنوان سیاستمدار.

یک نمونـــه از نحوهٔ خودداری ما از شـــریعت‌زدگی و بی‌بندوباری، تمرین آموزش‌های پرورش روح اســـت. این تمرین‌ها نه قوانینی هستند که مایهٔ کوری شـــوند، و نه می‌توان برای رشد کردن در زندگی با خدا و یکدیگر، آنها را نادیده گرفت. این تمرین‌ها بدون اینکه به دستورالعملی با نتایج قابل‌پیش‌بینی تبدیل شوند، ما را انعطاف‌پذیر می‌کنند و نسبت به هدایت روح‌القدس هشیارمان می‌سازند.

---

1. No Cross, No Crown

پرورش روح
دو-در-چهار

در این فصل دو نکتهٔ اساسی وجود دارد: اول اینکه مسیحیان خاص هستند. دوم اینکه خاص بودن آنان از پیروی از خدای‌شان ناشی می‌شود که خاص است. به بیان دیگر، همچنان که با این خدای خاص وقت می‌گذرانیم، خودمان هم بیشتر و بیشتر خاص می‌شویم. اما این امر بدون همکاری ما اتفاق نمی‌افتد. به همین دلیل من از شما می‌خواهم که این هفته دو کار انجام بدهید: ۱) با خدا وقت بگذرانید، و ۲) کارهای خاص بکنید. به خاطر داشته باشید که *خاص* به معنای بد نیست، فقط چیزی متفاوت است که فرهنگ ما عادت به دیدنش ندارد.

می‌خواهم شما این هفته فکر را با عمل، و پرهیزکاری فردی را با عدالت اجتماعی پیوند بزنید. ما باید میان وقت گذراندن با خدا و مراقبت از دیگران تعادل ایجاد کنیم. از دست دادن هر یک از این دو اشتباهی بسیار متداول، اما مهلک است. به‌عنوان روشی برای متعادل ماندن، شما می‌خواهم دو کار بکنید: دو ساعت از وقت‌تان را بر خدا متمرکز شوید و چهار کار خاص را آگاهانه انجام دهید. من آن را «دو-در-چهار» نامیده‌ام: دو ساعت وقت گذراندن با خدا و انجام چهار کار نیکو. در رابطه با دو ساعت وقت گذراندن چند راهنمایی برای خوانندگان دارم، و در رابطه با کمک کردن به دیگران هم چند چیز را پیشنهاد خواهم کرد.

دو ساعت با خدا

بعضی از شما خوانندگان احتمالاً از دو ساعت وقت گذراندن با خدا می‌ترسید؛ برخی هم پیش خود فکر می‌کنند: *«دو ساعت؟!»* پس از کلی تعامل با مردم و تأمل دقیق، به این نتیجه رسیده‌ام که فراهم کردن این مقدار زمان بسیار عملی است. نه خیلی زیاد است نه خیلی کم. البته دو ساعت تنها یک پیشنهاد است و هیچ قانونی در این مورد وجود ندارد.

چیزی است که می‌توان آن را هدف گرفت، اما در عین‌حال چیزی نیست که به‌خاطر انجامش به خود ببالید، یا به‌خاطر انجام ندادنش احساس گناه کنید. اجازه بدهید برای‌تان توضیح بدهم که چرا فکر می‌کنم این زمان دست‌یافتنی است، و چند راهنمایی هم در مورد نحوهٔ گذراندن وقت با خدا به شما ارائه کنم.

چگونه می‌توانم دو ساعت را ترتیب دهم؟

اول اینکه، لازم نیست دو ساعت را یک‌جا سپری کنید. من پیشنهاد می‌کنم که آن را به چهار قسمت سی‌دقیقه‌ای جداگانه تقسیم کنید. (شاید بعضی‌ها به هشت قسمت پانزده‌دقیقه‌ای بیشتر مایل باشند. شاید دیگران دو تا یک ساعت را برای گذراندن وقت با خدا بپسندند.)

دوم، پرستش دسته‌جمعی (مثل رفتن به کلیسا) هم می‌تواند به‌عنوان یکی از دو ساعت به حساب بیاید، اما تنها به این شرط که با حس دیدار با خدا به کلیسا بروید و بخواهید بر خدا تمرکز کنید. ما اغلب، وقت بسیاری را در جلسات کلیسا می‌گذرانیم و در این حین به هر چیزی فکر می‌کنیم جز خدا. در اینجا چند رهنمود برای چگونه کلیسا رفتن آورده‌ام:

- زودتر به کلیسا بروید.
- پیش از آغاز جلسه، زمانی را روی خدا تمرکز کنید.
- بارها به خودتان یادآوری کنید که توجه و تمرکزتان باید بر خدا باشد.
- زمانی که حواس‌تان پرت می‌شود، دوباره افکارتان را متوجه خدا کنید.

بدین‌ترتیب، می‌توانید به کلیسا بروید و بعد یک یا چند بخش از زمان خود را برای توجه کردن به خدا اختصاص دهید.

راه‌های پیشنهادی برای خلوت‌گزیدن با خدا

آخرین تمرین در دومین کتاب از این مجموعه، یعنی *زندگی خوب و زیبا*، دربارهٔ نحوهٔ گذراندن یک روز پرستشی بود، به همراه رهنمودهایی

از مـــادام گویون.[1] با الهـــام گرفتن از نظرات او، من نـــکات زیر را برای شیوه‌های دیگر وقت گذراندن با خدا پیشنهاد می‌کنم. گام‌های زیر صرفاً پیشنهادی هستند و هیچ قاعدهٔ سفت و سختی در کار نیست.

۱) یـــک *جای دنج و خلوت و راحت پیدا کنید*. جایی که در آن احساس راحتی بکنید و تا حد امکان کسی مزاحم‌تان نشود.

۲) *نفس بکشـــید*. برای «حضور پیدا کردن در جایی که هستید» زمان لازم اســـت. یکی از کارهایی که من دوســـت دارم انجام بدهـــم دم و بازدم و توجه کردن به نفس‌ها اســـت. این کار من را آرام و در تمرکـــز کردن کمک می‌کند. گاهی اوقات من واقعاً نفس‌هایم را می‌شمارم و دریافته‌ام که حول و حوش چهل نفس به وضعیت آرامش و تمرکز می‌رسم.

۳) *دعا کنید*. من دوســـت دارم دعای ربانی یا سرود ستایش[2] را بر زبان بیاورم. مهمترین چیز به خاطر آوردن این نکته است که شما در حضور خدا هستید.

۴) *پرستش کنید*. من از عبارت "*خدا در پرستش‌های قوم خود ساکن است*" خوشم می‌آید. زمان کوتاهی را به نوشتن فهرستی از برکاتی که دارید اختصاص دهید (شـــاید قبلاً این کار را در طی خواندن کتاب *خدای خوب و زیبا* انجام داده باشـــید). بعد خدا را به‌خاطر شـــان شکر کنید. در اینجاست که روح‌تان سبک می‌شود.

۵) *با تأمل بخوانید*. کتاب‌مقدس را باز کنید و عبارت کوتاهی از آن را بخوانید. پیشنهاد من این است که از چهار یا پنج آیه بیشتر نباشـــد. برای شـــروع، مزامیر یا اناجیل جاهای مناسبی هستند. بعضی‌ها قرائـــت از روی یک کتاب پرستشـــی روزانه را مفید

---

1. Madame Goyun

۲. Doxology– سرودی که با این کلمات آغاز می‌شود: Praise God from whom all blessings flow (ستایش خدایی را که همهٔ برکات از او جاری است). م.

می‌دانند. من دوست دارم چند جمله‌ای از کتاب *سرمشق‌گیری از مسیح* بخوانم.

۶) *تأمل کنید*. زمانی را صرف اندیشه کردن در مورد آنچه که خوانده‌اید، بکنید. آیا در آن پیامی برای شخص شما بود؟ خدا از لابه‌لای این عبارات چه چیزی ممکن است به شما گفته باشد؟

۷) *بپرسید و گوش بدهید*. از سخن گفتن با خدا نترسید. سؤال‌هایی را که در ذهن دارید از خدا بپرسید. اما انتظار جواب شنیداری نداشته باشید. آموختن تشخیص صدای آرام و کوتاه خدا به زمان و تمرین نیاز دارد. گاهی خدا با صدای خاموش درونی سخن می‌گوید، گاه به‌واسطهٔ مجموعه‌ای از افکار که به ذهن خطور می‌کنند.

نکتهٔ کلیدی در این است که سفرهٔ دل‌تان را در برابر خدا باز کنید. احساس واقعیِ خود را به خدا ابراز کنید. برای این منظور مزامیر عالی هستند؛ سرایندهٔ مزمور ترسی ندارد که خدا از خشم یا اندوهش، یا ستایش و شکرگزاری‌اش آگاه شود.

۸) *یادداشت بردارید*. نوشتن افکار و احساس‌تان در خلال این اوقات سلوک با خدا، کاری است مفید. افکار و پرسش‌های‌تان را در یک دفتر یادداشت روزانه بنویسید. این به شما کمک می‌کند که آموخته‌های‌تان را ثبت کنید و یک سند مکتوب ارزشمند هم برای آینده داشته باشید.

امیدوارم این راهنمایی ابتدایی برای استفاده از وقت‌تان مفید باشد. این هشت گام را می‌توان در بیست تا سی دقیقه برداشت، و یا با روندی آهسته‌تر، می‌شود این زمان را به پنجاه‌وپنج دقیقه تا یک ساعت رساند.

چهار عمل ناشی از خاص بودن

من چند سال پیش در تمرینی شرکت داشتم که قرار بود در آن طی یک دورهٔ سی‌روزهٔ پیاپی، هر روز یک *کار عاری از خودخواهی و*

غیرمنتظره و در عین حال مهربانانه یا سخاوتمندانه انجام دهم. من واقعاً از این تمرین لذت بردم زیرا مرا واداشت تا به کارهایی که می‌توانم برای دیگران انجام دهم، بیشتر فکر کنم، و واقعاً تشویقم کرد تا عملاً این کارها را بکنم. اغلب کارهای کوچک (مثلاً برگرداندن سینی غذای دیگران به کافه تریا) و گاهی هم کارهای بزرگ (کمک به اسباب‌کشی دوستان) برای دیگران انجام دادم. همچنین تمرین مزبور من را واداشت تا کمی خلاق باشم، چون باور بکنید یا نکنید، انجام نیکوکاریِ غیرمنتظره و عاری از خودخواهی در هر روز ،سخت‌تر از آن چیزی است که بتوانید تصور کنید. خوشبختانه شخصی که این تمرین را ابداع کرده بود از قبل به ما گفته بود که این کار دشواری است، از این‌رو چندان غافلگیر نشدیم.

چیز دیگری که من کشف کردم این بود که می‌توانم تمرین مزبور را بسط بدهم و کارهای دیگری را هم به آن بیفزایم که نشان بدهند من با این دنیا ناسازگارم. برای مثال، اگر تصمیم بگیرم از خریدن چیزی که به آن احتیاج ندارم صرف‌نظر کنم، دارم نشان می‌دهم که با طمع، مادی‌گرایی و اصراف این دنیا سر ناسازگاری دارم. اگر در برابر وسوسهٔ رفتار کردن با مردم طبق طبقهٔ اجتماعی‌شان (که معمولاً با لباس‌شان شناخته می‌شوند) مقاومت کنم، و با همهٔ مردم به‌صورت برابر رفتار کنم، دارم نشان می‌دهم که این دنیا خانهٔ من نیست؛ من به پادشاهی خدا تعلق دارم. اگر تصمیم بگیرم از عجله بپرهیزم و از شتاب زندگی بکاهم، دارم نشان می‌دهم که من با فرهنگ عجله در زندگی سر ناسازگاری دارم.

با گسترده کردنِ دامنهٔ تمرین به همهٔ این موارد، قضیه واقعاً جالب شد. من آگاهانه کارهایی می‌کردم که قبل از آن ممکن بود هرگز انجام‌شان ندهم، و آن کارها را با این حس انجام می‌دادم که من شهروند دنیایی دیگر هستم. به‌طور قطع، مهربانی و سخاوتمندی اعمال خاصی هستند که از جایگاهی والا برخوردارند. از این جهت من هم از شما می‌خواهم که به‌خصوص این هفته روی برنامه‌ریزی *کارهای عاری از خودخواهی و غیرمنتظره و در عین حال مهربانانه یا سخاوتمندانه* متمرکز باشید.

۵۳ یک اجتماع خاص

در اینجـــا چند نمونه از کارهایی را که از انجام‌شـــان لذت بردم، ذکر می‌کنم:

۱) از کســـی اجازه بگیرد ماشینش را بشویید چه با دست چه با بردن به محل شستشوی ماشین.
۲) برگ‌های جلوی خانهٔ همسایه‌تان را جارو و جمع کنید.
۳) مـــردم را به گفتگو دعوت کنیـــد و از آنها بخواهید در مورد زندگی‌شـــان با شـــما صحبت کنند. (گوش دادن نعمت بزرگی است.)
۴) خانه را بدون اینکه از شـــما خواسته باشـــند تمیز کنید (با فرض اینکه با شخصی دیگر زندگی می‌کند، وگرنه، تمیز کردن محل زندگی در واقع خدمت به خودتان است!)
۵) در صف انتظار با اتومبیل (Drive-thru)، پول ساندویچ پشت سری خودتان را بپردازید.
۶) عمداً برای خرید به یک مکان تجاری در نقطه‌ای از شـــهر بروید که در آن بازار کساد است.
۷) در صف به مردم اجازه بدهید جلوی شما بایستند.
۸) با گفتن «ســـلام، امـــروز حال‌تان چطور اســـت؟» با مردم خوش‌وبش کنید، و بعد در انتظار جواب بمانید- همین طوری رد نشوید.

فصل دوم

اجتماع امیدوار

همسر من شخصیتی اجتماعی دارد. او عاشق بودن در میان جمع، برگزار کردنِ ضیافت شام، جشن گرفتن مناسبت‌های خاص یا دورهمی با دوستانش است. او معلم دبستان است، و این یعنی اینکه به‌عنوان بخشی از شغلش، زمان زیادی را صرف حشر و نشر و دیدار با آدم‌های تازه می‌کند. وقتی مردم متوجه می‌شوند که همسر او استاد الاهیات و نیز خادم است، اغلب از او دربارۀ خدا و ایمان سؤال‌هایی می‌کنند. هرازگاه این بحث و گفتگو به پرسش‌های جدی تبدیل می‌شود، پرسش‌هایی از قبیل اینکه چگونه خدای خوب می‌تواند اجازۀ وقوع بدی را بدهد؟ یا چرا این‌همه دین وجود دارد، و از کجا می‌دانید که حق با شما است؟ مردم گاهی صادقانه دنبال جواب هستند و شاید حتی دنبال خدا هم باشند. او بعد از این بحث‌ها به خانه می‌آید و همیشه بدون استثنا می‌گوید: «کاش تو هم اونجا بودی.»

او این را می‌گوید چون فکر می‌کند که من توانایی پاسخ دادن به پرسش‌های آنان را دارم. هروقت این را می‌گوید، من در جوابش می‌گویم:

«اگر من هم آنجا بودم فرقی نمی‌کرد. اکثر سؤال‌هایی که مردم می‌پرسند مسائل واقعی‌شان نیست. آنها معمولاً صحنه را دودآلود می‌کنند تا چیزی را پشتش پنهان کنند. آنچه که آنان واقعاً می‌خواهند بدانند این است: "آیا راست است؟" و پاسخ به این پرسش هم یک نظریهٔ عقلانی نیست، بلکه زندگی تحول‌یافته است.» این همان چیزی است که می‌توانی به آنها بدهی. گواه تو، زندگی تو است. تو یک چیز واقعی داری، چیزی که با اعماق وجودت می‌دانی راست است، و هویتت را شکل داده است. تو برای شهادت دادن در مورد آن زندگی به کار خاصی نیاز نداری، و از طرفی هم هرچه سعی کنی، نمی‌توانی آن را مخفی سازی. *ایشان می‌خواهند سبب امید تو را بدانند.*» اما او همچنان آرزو می‌کند که ای کاش وقتی از او سؤال می‌کنند، بتواند ایمانش را بهتر برای آنها شرح دهد. او در آخر چنین نتیجه می‌گیرد: «حدس می‌زنم عطای بشارت ندارم.» در واقع، بشارت دادن یکی از عطایای اوست.

چگونه یکی از عطایای روحانی شما مددتان می‌کند تا سبب امیدتان را با دیگران در میان بگذارید؟

اگرچه درست است که بعضی‌ها طبیعتاً برای شهادت دادن، بشارت یا در میان گذاشتنِ ایمان‌شان با دیگران مستعدترند، اما همهٔ شاگردان عیسی، چه از آن باخبر باشند چه نباشند، می‌توانند ایمان خود را با دیگران در میان بگذارند و چنین نیز می‌کنند. برای در میان گذاشتنِ ایمان دو راه وجود دارد: با زندگی و با سخن. زندگی ما محسوس‌ترین شاهد ارتباط ما با خدا است. ما اغلب با اعمال‌مان به دیگران شهادت می‌دهیم. ولی برخی مواقع مردم به ما اجازه می‌دهند تا دربارهٔ آنچه که ایمان داریم و دلیل آن، توضیح بدهیم. من در این فصل می‌خواهم به دو روشی که ما برای در میان گذاشتن ایمان‌مان به‌کار می‌بریم، بپردازم. نخست اینکه چگونه می‌توانیم از طریق زندگی‌مان بهتر سخن بگوییم و بعد اینکه «همواره آماده [باشیم] تا هر کس دلیل امیدی را که در [ماست] بپرسد، او را پاسخ [گوییم]» (اول پطرس ۳:۱۵).

روایت نادرست: فقط افراد خاصی می‌توانند ایمان‌شان را با دیگران در میان بگذارند

درست است، برخی در زمینهٔ شهادت دادن به بی‌ایمانان استعداد و عطای ویژه دارند. این افراد معمولاً از اعتمادبه‌نَفْس بالا و شجاعت برخوردارند و حقیقت را به کسانی بیان می‌کنند که ممکن است آنها را رد کنند. آنها معمولاً به‌لحاظ کلامی نیز بااستعداد هستند. اما این روایت که فقط عده‌ای از عطای بشارت برخوردارند، عذر و بهانه‌ای است برای کسانی که می‌خواهند از زیر بار مسئولیت بشارت شانه خالی کنند. صادقانه بگوییم، در میان گذاشتنِ ایمان با دیگران می‌توانند رعب‌آور باشد. در زیر فهرست عباراتی را که طی سالیان از مسیحیان شنیده‌ام، می‌آورم:

- من برای این کار خوب نیستم. قبلاً سعی کرده‌ام، ولی زبانم بند آمده و به لکنت افتاده‌ام.
- من کسانی را که شهادت می‌دهند دیده‌ام، و از اینکه بخواهم خودم شهادت بدهم خجالت می‌کشم.
- من می‌ترسم با در میان گذاشتنِ ایمانم کسی مورد اهانت قرار بگیرد.
- اگر ایمانم را در میان بگذارم، احساس ریاکار بودن به من دست می‌دهد- من مسیحیِ کاملی نیستم.
- اگر از ایمانم حرف بزنم، می‌ترسم آنها مرا از خود برانند.
- من نمی‌توانم ایمانم را با دیگران در میان بگذارم چون به اندازهٔ کافی در این زمینه تحصیل نکرده‌ام.

این دغدغه‌ها واقعی هستند. در میان گذاشتنِ ایمان با دیگران می‌تواند باعث دستپاچگی شود، و در مواقعی هم ممکن است اهانت‌آمیز جلوه کند. هیچ‌یک از ما کامل نیستیم، بنابراین، ممکن است همگی به ریاکاری متهم شویم. و همیشه امکان طرد شدن هم وجود دارد.

به شــخصی فکر کنید که با زندگی‌اش برای شــما شاهدی بوده است. در زندگی او چه چیزی بوده که آن را خوشایند یافته‌اید؟

با این وصف، هیچ‌یک از این اعتراض‌ها کاملاً وارد نیستند. حتی اگر در بشارت دادن خوب نیستیم، می‌توانیم بهتر شویم. اگرچه این کار باعث دستپاچگی می‌شود، اما نباید چنین باشــد. امکان دارد اهانت‌آمیز جلوه کند، اما نه اگر ما کارمان را خوب انجام بدهیم. ما کامل نیستیم، اما ادعای ما هم بر ســر کاملیت خودمان نیســت؛ ما به خودمان اشــاره نمی‌کنیم، بلکه به آن کســی که کامل است. ما با خطر طرد شدن روبه‌رو هستیم، اما ارزش شــخصی که ایمان‌مان را با او در میان می‌گذاریم، و امکان بالقوهٔ دگرگون‌کننده‌ای که عاید می‌شــود، به خطر کردنش می‌ارزد. با وجودی که شــاید رعب‌آور به‌نظر برســد، اما در حقیقت ما هــر روزه دنیا را در ایمان‌مان سهیم می‌ســازیم و باید در این کار پیشرفت کنیم. راز موفقیت نه در فراگیری فنون جدید یا هنر متقاعد کردن نهفته است نه در به کمال رســیدن، چنان که دیگران حیرت کنند و بگویند: «من چطوری می‌توانم مثل تو شوم؟» در نهایت پاسخ را می‌توان در داستانی که روایت می‌کنیم پیدا کرد. این داستان است که اعمال ما را شکل می‌دهد، و وقتی ما خوب آن را بشناسیم، می‌توانیم آن را با کلمات به‌خوبی بیان کنیم.

روایت درست: همهٔ مسیحیان ایمان خود را با دیگران در میان می‌گذارند

به خاطــر دارم زمانی که من نوایمان بودم، این عبارت کلیشــه‌ای را می‌شــنیدم: «تو تنها کتاب‌مقدسی هســتی که برخی امکان خواندنش را می‌یابند.» من فکر می‌کردم که عجب جملهٔ عمیقی اســت، اما باید اقرار کنم که از شــنیدنش به هراس هم می‌افتادم. احساس نمی‌کردم که برای این تکلیف آمادگی لازم را داشــته باشــم. «جیم، برای فلانی و فلانی تو تنها امید هستی. آنها کتاب‌مقدس نمی‌خوانند؛ آنها حتی کتاب‌مقدس هم ندارند. پس ما روی تو حســاب می‌کنیم.» تعبیــر ضمنی‌اش این بود که

زندگی من یگانه شاهد بر حقانیت عیسی است که آن شخص در اختیار دارد، و من می‌دانستم که زندگی‌ام در حد و اندازهٔ این ادعا نیست. اما جملهٔ کلیشه‌ای حقیقت دارد. بسیاری از مردم هستند از عیسی پیروی نمی‌کنند، و ما آنها را هر روز می‌بینیم؛ آنان اخیراً حتی لای کتاب‌مقدس را هم باز نکرده‌اند، بنابراین، تنها وسیلهٔ ارتباط‌شان با ایمان مسیحی، ما هستیم. این چالش‌انگیز است، اما لزومی ندارد از آن بترسیم. برایش راه‌حلی وجود دارد.

ما می‌دانیم که در هر جنبه از زندگی راه‌هایی برای پیشرفت و بهترشدن در کاری، وجود دارد؛ از یادگیری زبان و نواختن ساز گرفته تا انجام دادنِ یک کار. طی چند سال اخیر، همسرم مگان[1] برای ارتقای مهارتش در امر آموزش خیلی کارها کرده است. او از طریق کلاس‌ها، مطالعه، شرکت در همایش‌ها و آزمودن فنون جدید، معلم بهتری شده است. پسرم جِیک بیسبال بازی می‌کند. او بدنش را از طریق تمرین و ورزش پرورش می‌دهد؛ به مدد همین تمرین‌ها و رسیدگیِ یک مربی عالی، او به‌عنوان یک پرتاب‌کننده هر سال پیشرفت بیشتری می‌کند. یکی از مربی‌ها به جِیک شگردهای تازه‌ای آموخته که باعث پیشرفت بسیار او شده است. دخترم هوپ به نسبت سنش استعداد بالایی در کارهای هنری دارد، ولی ما زمانی به ظرفیت‌های او پی بردیم که در یکی از کلاس‌های هنری بعد از مدرسه نام‌نویسی‌اش کردیم. تکنیک او با آموزش و راهنمایی بی‌نظیر به‌سرعت پیشرفت کرد. پس از اتمام دوره، نقاشی‌های او به‌طور قابل‌ملاحظه‌ای بهتر شدند.

این داستان‌ها یک واقعیت اساسی را در زندگی ما نشان می‌دهند: برای پیشرفت در کاری که انجام می‌دهیم، راه‌هایی وجود دارد. اما وقتی نوبت به ایمان‌مان می‌رسد، طوری فکر می‌کنیم که گویی این «یک راز سربسته و مُهرشده» است. من می‌شنوم که مردم می‌گویند: «من مثل فلانی و فلانی نمی‌توانم خوب دعا کنم». انگار که دعا کردن یک مهارت

1. Meghan

مقدس است که تنها به عده‌ای معین داده می‌شود. دعا عملی است که ما می‌توانیم در انجام آن بهتر شـــویم. در مورد شهادت دادن هم همین‌طور است. ما همین حالا هم داریم این کار را می‌کنیم، هرچند همیشه کارمان خوب نیســـت. پس می‌توانیم راه‌های خوبی برای پیشرفت کردن در این کار بیابیم. اما قبل از آنکه دو راه در میان گذاشتنِ ایمان‌مان با دیگران را- گفتار و کردار- بررســـی کنیم، می‌خواهم توجه‌تان را به بنیان آنها جلب کنم: *داســـتان*. هرچه داستان را بهتر بفهمید، بیشتر و بهتر داستانِ خودتان می‌شود؛ هرچه بیشـــتر داستانِ شما بشود، بیشـــتر در گفتار و کردارتان جای می‌گیرد و ملکهٔ وجودتان می‌شود.

داستانی که امید می‌بخشد

گاهی مـــا هنگام خوانـــدن کتاب‌مقدس از روی بعضـــی از کلمات بی‌توجه رد می‌شویم، مخصوصاً آنهایی که بیشتر می‌شنویم، مانند *ایمان*، محبت و *امید*. این برای من موقع از بَر کردنِ کولســـیان ۱:۵ اتفاق افتاد: «[ایمان و محبتی که] از امیدی سرچشمه می‌گیرد که در آسمان برای شما محفوظ است.» برای آنکه این آیه را به‌طور کامل بفهمم باید آیه‌های قبل و بعدش را هم بخوانم. پولس می‌نویسد:

> ما همواره به‌هنگام دعا برای شـــما، خـــدا، پدر خداوندمان عیسای مســـیح را شکر می‌گزاریم، زیرا وصف ایمان شما به مسیح عیسی و محبتی را که به همهٔ مقدسان دارید، شنیده‌ایم. اینها *از امیدی سرچشـــمه می‌گیرد* که در آســـمان برای شما محفوظ است و پیشتر درباره‌اش از پیام حقیقت یعنی انجیل شنیده‌اید، انجیلی که به شما رسیده است و در سرتاسر جهان ثمر می‌دهد و رشـــد می‌کند، همان‌گونه که در میان شما نیز، از روزی که آن را شـــنیدید و فیض خدا را به معنای واقعی درک کردید، عمل کرده است. (کولسیان ۱:۳-۶؛ *ایتالیک‌ها* افزوده است)

نکتـــهٔ اصلی در این آیات این اســـت: *ایمان و محبت از امید سرچشـــمه می‌گیرند*. به‌ندرت کسی فکر می‌کند که امید خاستگاه ایمان و محبت باشد، اما این دقیقاً همان چیزی است که پولس رسول می‌گوید. ان. تی. رایت[1] پژوهشگر کتاب‌مقدس قضیه را بدین‌شکل بیان می‌کند: «واقعیاتِ محکم مربوط به امید آیندهٔ مسیحیان، انگیزه‌ای نیرومند برای ایمانی استوار و محبتی گران در زمان حال است.» به کلمات او توجه کنید: *واقعیاتِ محکم*. این کلید است.

بنا به تعریف، امید یعنـــی «اطمینان به آینده‌ای خوب». ایمان در خلأ زندگی نمی‌کند؛ بایـــد خودش را به چیزی ببندد. ما باید به چیزی اعتقاد داشته باشیم. به همین دلیل است که پولس می‌گوید: «وصف ایمان شما را به مسیح عیسی... شنیده‌ایم... به سبب امید...» ایمان ما ریشه در آسمان دارد (آیهٔ ۵)، یعنی آنجایی که مسیح بر دست راست خدا نشسته است.

در نامهٔ کولســـیان، پولس همواره از ضمیر دوم شخص جمع «شما» اســـتفاده می‌کند: «امیدی که برای شما محفوظ است» امیدی است که ما به‌عنوان یک جماعت در آن سهیم هستیم. امید فقط مال من نیست. همهٔ شـــاگردان عیسی در این امید سهیم‌اند. این امید ما را به هم پیوند می‌دهد و محبت‌مان را نســـبت به یکدیگر بیشـــتر می‌کند. این فقط امید یک فرد نیست، بلکه امید جمع است.

جان دی. زیزیولاس[2] می‌نویســـد که اجتماع مسیحی «ریشه در آینده دارد و شـــاخه در زمان حال». کلیسا، اجتماع[3] عیسی سرچشمه‌های خود را در آینده می‌یابد. و این آینده به‌خاطر وجود عیسی و کاری که به انجام رسانده، درخشان، قطعی و لغزش‌ناپذیر است. امید پلی است از آینده به اکنون، و شاخه‌های آن امید، ایمان و محبتند.

شما به چه چیز امید دارید؟

ان. تی. رایت می‌گوید که «کلیســـایی که با مأموریت شـــکل گرفته[4] باید مأموریت خود را با امید شـــکل بدهد؛ امید راســـتینِ مسیحی که در

1. N. T. Wright; 2. John D. Zizioulas; 3. Ecclesia; 4. Mission-shaped

رســـتاخیز عیسی ریشه دارد، این است که خدا با غلبه‌اش بر فساد، تباهی و مرگ، همه چیز را نو خواهد ســـاخت و خلقـــت را از محبت و فیض و قدرت و جلال خود لبریز خواهد نمود.» ریشه‌داشـــتن در آینده یعنی ریشه‌داشتن در رستاخیز، ریشـــه در پیروزی ابدیِ عیسی، که استوار در زندگی جاودان جای دارد، ریشـــه‌ای که تنه و شاخه‌ها را می‌پرورد، و در نهایت میوه‌ای به بار می‌آورد که دیگران را به‌سوی داستان جذب می‌کند. رایت چنین نتیجه می‌گیرد: «اگر به راســـتی می‌خواهیم در این مأموریت تأثیرگذار باشـــیم، باید به معنای واقعی و با شادی در احیای الاهی ریشه داشته باشـــیم.» ما برای خوشحال بودن دلیلی واقعی داریم. هرچه بیشتر داستان را بدانیم، شادمان‌تر خواهیم بود.

داستان چهارقسمتیِ امید

پولس به کولســـیان گفت که امیدشان «در پیام حقیقت که شنیده‌اید» (کولســـیان ۱:۵-۶) جای گرفته است. انجیلی که آنان شنیده بودند، دقیقاً چیســـت؟ اگر به بقیهٔ نامهٔ کولســـیان از نزدیک نگاهی بیندازیم، خواهیم دید که انجیل به بهترین شـــکل در قالب داستان گفته شده است. انجیل یک فراروایت[1] اســـت، یعنی داســـتان غالبی که قدرت دگرگون‌کنندگی دارد. فراروایت مســـیحی از چهار بخش اصلی تشکیل شده است: مرگ، رستاخیز، صعود و بازگشت. این داستان عیسی و نیز داستان ماست.

ما به داستان عیسی پیوند خورده‌ایم و با این داستان یکی شده‌ایم. من می‌خواهم چهار عنصر اصلی در داستان را بازگشایی کنم و به شما نشان بدهم که چطور هر بخش ما را به‌ســـوی روایتی بزرگتر می‌کشاند. توجه داشته باشید که چطور هر یک از این چهار آیه از عیسی و آنچه کرد با ما سخن می‌گویند، ولی این ما را هم در داستان او دربرمی‌گیرد.

۱) مرگ. «زیرا مردید و زندگی شـــما اکنون با مســـیح در خدا پنهان است» (کولسیان ۳:۳).

---

1. Metanarrative

عیسی بر صلیب مرد. این را همهٔ ما می‌دانیم. اما این واقعیت که ما هم به‌واسطهٔ ایمان در مرگ صلیب شریکیم، حتی با وجودی که در بسیاری از نامه‌های پولس بدان اشاره شده، کمتر تعلیم داده می‌شود. پولس به کولسیان یادآوری می‌کند که ایشان مرده‌اند و زندگی‌شان با مسیح پنهان است. با وجودی که آنان همراه عیسی بر صلیب نرفتند، اما به‌گونه‌ای نیابتی در مرگ او سهیم هستند. به‌عبارت دیگر، آنها *مرده‌اند*. شیوهٔ قدیمی زندگی‌شان به پایان رسیده است. آنان نسبت به روایت‌هایی که زمانی کنترل‌شان می‌کردند، مرده‌اند؛ روایت‌هایی که در پادشاهی این دنیا نقل می‌شوند، و می‌گویند «حق با قوی است» و «پول برای تو شادی به ارمغان می‌آورد» و «رابطهٔ جنسی راه رسیدن به خوشنودی است.» روایت مسیح بت‌های کهنه را درهم‌شکسته است، و ما به داستان راه یافته‌ایم.

من تا پیش از آنکه وارد رابطهٔ مبتنی بر محبت و اعتماد به خدای تثلیث شوم، برای خودم زندگی می‌کردم و رؤسا و قدرت‌های این جهان هدایت مرا در دست داشتند. وقتی زندگی‌ام را به عیسی سپردم، آن «جیم کهنه» مرد. و یک جیم جدید پدیدار شد، ولی این زندگی تازه تا حد زیادی از دید من مخفی است، چون «با مسیح در خدا پنهان است». در حال حاضر من با ایمان زندگی می‌کنم و در داستان عیسی جای گرفته‌ام. عیسی ما را دعوت به مردن کرده است، البته نه بر صلیب، بلکه با انکار نَفْس (لوقا ۲۳:۹). شیوهٔ زندگی قبلی، که بر پایهٔ رقابت و خودبینی بنا شده بود، با عیسی می‌میرد. آنچه پدیدار می‌شود زندگی نوینی است که از دید ما پنهان می‌باشد، اما بدون شک واقعی، امن و ایمن است. این همان خودِ حقیقی ماست.

۲) *رستاخیز*. «در تعمید، با او مدفون گشتید و با ایمان به قدرت خدا که مسیح را از مردگان برخیزانید، با او زنده شدید» (کولسیان ۱۲:۲).

بسیاری از مسیحیان غافل‌اند که در رستاخیز عیسی نیز سهیم‌اند. همان نیرویی که عیسی را از مردگان برخیزانید، در ما هم زندگی می‌کند. من و شمای کهنه مرده، و من و شمای جدید برخاسته است. پولس در جای دیگر می‌نویسد: «پس اگر کسی در مسیح باشد، خلقتی تازه است. چیزهای

کهنه درگذشت؛ هان، همه چیز تازه شده است!» (دوم قرنتیان ۱۷:۵). ما مردمان نوینی هستیم که مسیح در وجودمان مسکن گزیده است. این آگاهی نه تنها به فرد فرد ما قوت می‌بخشد، بلکه ما را به دیگر پیروان مسیح پیوند می‌دهد. در برزیل که بودم به لحاظ تفاوت زبان و موانع فرهنگی خیلی احساس بیگانگی می‌کردم. اما وقتی به کلیسا رفتم و شروع به سرود خواندن کردیم، دریافتم که در خانهٔ خودم هستم. من با خواهران و برادرانی بودم که درست مثل من، با مسیح مرده و برخاسته بودند.

یک من تازه، یک خود تازه پدیدار می‌شود که مسیح آن را به‌وجود آورده است. ما انسان نوین را در بر کرده‌ایم (کولسیان ۱۰:۳)، که پیوسته نو می‌شود. من یک هویت جدید دارم: کسی که مسیح در وجودش مسکن گرفته است و به وجد می‌آید. این کار من نیست، بلکه قدرت خداست، همان قدرتی که عیسی را از قبر برخیزانید. من که مرده‌ام و از نو متولد شده‌ام، هر روزه با این قدرت پیش می‌روم. رستاخیز عیسی رستاخیز من هم هست. این است داستان تازهٔ من.

۳) صعود. «به آنچه در بالاست دل ببندید، آنجا که مسیح به دست راست خدا نشسته است» (کولسیان ۱:۳).

عیسی مرد و دوباره برخاست، و سپس به آسمان صعود فرمود. بعضی‌ها می‌پندارند که صعود عیسی روزی بود که او گریخت، و دیگر هرگز کسی او را ندید. در واقع، صعود عیسی بخش مهمی از داستان را تشکیل می‌دهد. عیسی اکنون به‌عنوان خداوندِ برتر از همگان بر تخت پادشاهی نشسته است. حالا عیسی سلطنت می‌کند، و روزی می‌رسد که هر زانویی در برابرش خم گردد و هر زبانی اقرار کند که او خداوند است. پولس به کولسیان می‌گوید که به چیزهایی که در بالاست دل ببندند و بعد خودش توضیح می‌دهد: «آنجا که مسیح به دست راست خدا نشسته است». توجه داشته باشید که عیسی نشسته است. نشستن او از این روست که کارش به کمال رسیده. بستن دل و ذهن به «آنچه در بالاست» یعنی متمرکز شدن بر کار به اتمام‌رسیدهٔ عیسی، منبع امید و قوت ما. ما اتحادمان را در این دید مشترک پیدا می‌کنیم.

ما خوانده شده‌ایم تا به پیروزی حاصل شده توسط عیسی دل ببندیم. والتر بروگمن[1] متذکر می‌شود که این پیروزی، همچون زندگیِ نوین ما، اغلب از دیدمان پنهان است، و از همین جهت باید سخت بکوشیم تا آن را در میان‌مان ببینیم.

> همان‌طور که پیروزی قاطع خدا همیشه از ما پنهان بوده، پیروزی او بر بت‌پرستی مهلکِ زمانهٔ ما نیز از نگاه‌مان پنهان است. ما دقیقاً نمی‌دانیم کِی و کجا پیروزی به‌دست می‌آید. این پیروزی در ضعف محبت به همسایه، در حماقتِ رحمت، در آسیب‌پذیریِ شفقت، و در گزینه‌های بهت‌آورِ بخشایش و سخاوت نهفته شده است، که به زندگیِ نوین امکانِ ظهور در نومیدی و دهشت می‌دهد.

عیسی آن چیزهایی را که بر ما ظلم می‌کنند، شکست داد، و همین دلیلی است برای امید ما. اگرچه مثل چراغ چشمک نمی‌زند، ولی کماکان اطراف ما است. وقتی همسایه‌ای به همسایهٔ دیگر خدمت می‌کند، وقتی مردم یکدیگر را می‌بخشند یا نسبت به هم میهمان‌نوازند یا سخاوت به خرج می‌دهند، آن را می‌بینیم. در بخشش و خدمت است که در پیروزی عیسی شریک می‌شویم.

۴) *بازگشت*. «چون مسیح که زندگی شماست، ظهور کند، آنگاه شما نیز همراه او با جلال ظاهر خواهید شد» (کولسیان ۳:۴).

بخش آخر داستان هنوز اتفاق نیفتاده است. مسیح دوباره خواهد آمد. کلیسا اعلان می‌کند که، «مسیح مرد. مسیح برخاسته و مسیح باز خواهد آمد.» بازگشت عیسی وعدهٔ شفا و عدالت غایی است. چون عیسی در پیروزی نهایی بازآید، همهٔ اشتباهات تصحیح خواهند شد، همهٔ دردها پایان خواهند پذیرفت، و خوشی ما کامل خواهد گردید. این امید، اجتماع مسیحی را به هم پیوند داده است. ما مسیحیان با هم در انتظار رسیدن به نقطهٔ اوج داستان الاهی هستیم.

1. Walter Brueggemann

داستان عیسی داستان خود ما می‌شود

ما اعضای مسیح و پادشاهی خدا هستیم، زیرا وارد داستان بزرگتر عیسی شده‌ایم. این صرفاً برای آن نیست که احساس خاص یا ایمن بودن بکنیم (هرچند به یقین چنین احساسی می‌کنیم)؛ این باید ما را به‌سوی تغییر در رفتار هم سوق بدهد. داستان هویتی تازه به‌وجود می‌آورد، که این هم به نوبهٔ خود به اعمالی تازه منجر می‌شود. داستان عیسی داستان من می‌شود؛ آنگاه من در مسیح هستم، و به‌عنوان کسی که مسیح در وجودش مسکن گزیده، رفتارم شروع به تغییر می‌کند.

من کامل نیستم، و با «جیم کهنه»، که متأثر از ارزش‌ها، روایت‌ها و فرهنگ آمریکایی بوده، و هست، جدال خواهم داشت. اما کلید پیروزی در این است که هویت بر رفتار مقدم است. لیکن ما اغلب برعکس آن را انجام می‌دهیم: ما هویت را بر اساس رفتار تعریف می‌کنیم؛ به مردم می‌گوییم که چه باید بکنند (امری) تا معلوم شود کِه هستند (اخباری). پولس عکس این را انجام می‌دهد: او به کولسیان می‌گوید کِه هستند و بعد می‌گوید که چگونه باید رفتار کنند. هرچه در درون داستان بیشتر رشد می‌کنیم، داستان هم بیشتر در درون ما رشد می‌کند. استنلی هاورواز[1] که مسیحیِ مخالف جنگ است، در کتاب بزرگ خود، *پادشاهی صلح‌جو*[2] چنین اعتراف می‌کند: «کلیت و یکپارچگی وجود من با حقیقتی بودنِ این داستان امکان می‌یابد... تنها با رشد کردن در داستان است که من می‌آموزم چقدر خشونت در روحم انباشته‌ام، خشونتی که قرار نیست یک‌شبه ناپدید شود، بلکه من باید پیوسته برای تشخیص و فرونشاندنش بکوشم.» من از روراستی او سپاسگزارم، و خودم هم با او همذات‌پنداری می‌کنم. همان‌گونه که او اشاره کرد، وقتی در داستان عمیق می‌شویم حقیقت و یکپارچگیِ داستان با کمبود حقیقت و یکپارچگی در ما برخورد می‌کند. وقتی ویلیام پن در داستان مسیح عمیق شد، نخبه‌گرایی[3]

1. Stanley Hauerwas; 2. Peaceable Kingdom; 3. Elitism

انباشته در روحش دستخوش اغتشاش گردید. او تا زمانی که توانست شمشیر به کمر بست، یا به‌عبارت دیگر، تا زمانی که روح شکل‌یافته‌اش با داستان، توانست تاب بیاورد.

«هویت پیش از رفتار قرار می‌گیرد.» برداشت خود را از رابطهٔ میان هویت و رفتار در دفتر یادداشت روزانه‌تان بنویسید.

داستان و هویت تازه، خشونت تلنبارشده در روح هاورواز را برملا کرد؛ برای پن مشکل، غرورش بود. برای هر یک از ما می‌تواند چیزی متفاوت باشد، اما نکته این است که یکپارچگی داستان در همه حال حقیقی می‌ماند. نکتهٔ اصلی این است که داستان، و یکپارچگی‌ای که به‌وجود می‌آورد، باید به تغییر رفتار ما منجر شود، نه برعکس، چنانکه متداول است. در این دنیا ما هویت را بر اساس رفتار تعیین می‌کنیم، و این کار به دلسرد شدن و شریعت‌گرایی می‌انجامد. هاورواز این مطلب را به زیبایی تشریح می‌کند: «"چه باید باشم؟" بر "چه باید بکنم؟" مقدم است». این ترتیب اهمیت حیاتی دارد. گزارهٔ اخباری (کِه هستیم) باید پیش از گزارهٔ دستوری (چگونه باید زندگی کنیم) قرار بگیرد. برای فهم اینکه کِه هستیم، باید توجه داشته باشیم که ما قومی هستیم که ریشه در جهانی دیگر دارد. دقیقاً به همین‌خاطر است که ما چنین خاص هستیم.

امید در کردار

بی‌تردید اظهار نظر منتسب به سنت فرانسیس که بسیار هم نقل‌قول می‌شود، صحت دارد: «هر جا که می‌روید انجیل را موعظه کنید. هر وقت لازم شد، کلمات را به‌کار برید.» زندگی ما دائماً موعظه می‌کند. فکر کردن به این مطلب شاید ترسناک باشد، خصوصاً در روزهای بدی که غرغر و ناله می‌کنیم. اگرچه از ما انتظار نمی‌رود کامل باشیم، اما خوانده شده‌ایم تا شاهد بر داستانی عظیم باشیم که در ما امید به‌وجود می‌آورد. ایمان و محبت از امید سرچشمه می‌گیرند. اجازه دهید توضیح بدهم که این چگونه عمل می‌کند، بعد نمونه‌هایی از این که چگونه می‌توانیم شهادت

را از طریق اعمال خود ارتقا بخشیم، ارائه نمایم. با این‌حال، کلید موفقیت در به یاد داشـــتنِ سه نکته است: کِه هستیم (کسی که مسیح در وجودش مســـکن گزیده اســـت)، کجا زندگی می‌کنیم (در پادشاهی تزتزل‌ناپذیر خدا) و برای چه هدفی تعیین شده‌ایم (جلال ابدی با عیسای مسیح).

در روایت و داستان خود شاهد چه تغییراتی بوده‌اید؟

برای مثال، فـــردا صبح، با این حس از رختخوابـــم بیرون می‌آیم که حالم بد نیســـت؛ راستش، خیلی هم خوب اســـت. دنیای اطرافم، یعنی محیط بیرون از خانه، به من خواهد گفت که ارزش و بهایم در توانایی‌ها یا عملکردم نهفته اســـت. اما من حالا بهتر می‌فهمم. من نســـبت به این نظام کهنه مرده‌ام. و با عیســـی، که در من زندگـــی و مرا محبت می‌کند، برخاســـته‌ام (غلاطیان ۲:‏۲۰). به‌عبارت دیگر، من امن و ایمن هستم. آن منِ کهنه که نیاز به رقابت کردن، تأثیر گذاشـــتن، تســـلط و کنترل کردن دارد، دیگر مرده است. من یک خودِ جدید را دربر کرده‌ام، که در معرفتِ صورت عیسی تازه می‌شود (کولسیان ۳:‏۱۰). بنابراین، امروز دیگر نباید نگران باشـــم. من در آرامش هســـتم، چون زندگی‌ام در امنیت در مسیح پنهان است (کولســـیان ۳:‏۳). از این‌رو ذهن و دلم را به پیروزی عیسی، خداوند، پادشاه و معلمم، که مرا چنین بی‌نظیر آفریده، می‌بندم.

من یک‌بار از جان وودن، مربی اسطوره‌ای بسکتبال - و شاهد خردمند عیسی- پرسیدم که در آغاز روز، به چه می‌اندیشد. او گفت: «من این فکر را در سرم دارم: از امروزت یک شاهکار بساز.» این فرصتی است که هر روزه در اختیار همهٔ ما قرار دارد. ما می‌توانیم این روز را به یک شـــاهکار تبدیل کنیم، روزی زیبا، فوق‌العاده، باشـــکوه و قطعاً خاص. اما این دقیقاً چگونه خواهد بود؟ پولس رســـول در نامهٔ خود به رومیان شـــماری از راه‌های ابـــراز امیدواری را که می‌توانیم در روابط‌مان با یکدیگر نشـــان دهیم به شرح زیر فهرست می‌کند:

> با محبت برادرانه سرسپردهٔ هم باشید. در احترام گذاشتن به یکدیگر، از هم پیشـــی بگیرید. هیچ‌گاه غیرت شما فروکش

> نکند؛ در روح شعله‌ور باشید و خداوند را خدمت کنید. در امید شادمان، در سختی‌ها شکیبا و در دعا ثابت‌قدم باشید. در رفع احتیاجات مقدسان سهیم شوید و میهمان‌نواز باشید. برای کسانی که به شما آزار می‌رسانند، برکت بطلبید؛ برکت بطلبید و لعن نکنید! با کسانی که شادمانند، شادی کنید، و با کسانی که گریانند، بگریید. برای یکدیگر ارزش برابر قائل باشید! مغرور نباشید، بلکه با کسانی که از طبقات محرومند، معاشرت کنید. خود را برتر از دیگران مپندارید. به هیچ‌کس به سزای بدی، بدی نکنید. دقت کنید که آنچه را در نظر همگان پسندیده است، به جای آورید. اگر امکان دارد، تا آنجا که به شما مربوط می‌شود، با همه در صلح و صفا زندگی کنید. (رومیان ۱۲:۱۰–۱۸)

این یکی از قسمت‌های محبوب من در کتاب‌مقدس است. این آیات نحوهٔ موعظه کردن انجیل بدون استفاده از کلمات را به تصویر می‌کشند. در یک زندگی عادی این موعظهٔ بدون کلام چه شکلی می‌تواند داشته باشد؟ و چه ربطی می‌تواند با امید داشته باشد؟

امروز یکی از دوستانم چند خبر دهشتناک را با من در میان گذاشت. من با دقت گوش دادم، و گذاشتم که او بفهمد که من هم در این سختی در کنارش هستم. او هم همین کار را برای من می‌کند، چون ما به‌قول پولس، «سرسپردهٔ یکدیگریم». هیچ لازم نیست این مطلب را جار بزنیم؛ وقتی هر دو سرهای‌مان را خم کرده دعا کردیم، شما می‌توانستید آن را به چشم خود ببینید. ما حتی در هنگام درد هم می‌توانستیم بخندیم، چون «در امید شادمان» هستیم.

یک روز یکشنبه کلیسای ما از مردم دعوت کرد تا پس از جلسه بمانند و جعبه‌های خوراک و پوشاک را برای مردم هائیتی، که زندگی‌شان در زمین‌لرزهٔ اخیر با خاک یکسان شده بود، پر کنند. آنها داشتند دارایی خود را با قوم خدا که در احتیاج بودند، سهیم می‌شدند. دو تن از دوستانم با کسانی که در پناهگاه بی‌خانمان‌ها به‌سر می‌برند دوست شده‌اند. دوستان

من تحصیلات بالا، شغل خوب و درآمد خوبی دارند، اما می‌خواهند با ایجاد دوستی با این قبیل افراد «با کسانی که از طبقهٔ محرومند، معاشرت کنند»؛ نه از سر ترحم، بلکه از سر محبت.

سخن حکیمانهٔ دالاس ویلارد را به خاطر داشته باشید: «فعال اجتماعیِ حقیقی کسی است که در روابط عادی خود همچون شاگرد عیسی زندگی می‌کند.» این یعنی زندگی کردن با ذهن و دلی که بسته به پادشاهی خداست، چه در روابط زناشویی، چه در رابطه با والدین و فرزندان، و چه با همکاران، همسایگان و کسی که در صف فروشگاه راه ما را سد کرده است.

«در امید شادمان، در سختی‌ها شکیبا و در دعا ثابت‌قدم باشید. در رفع احتیاجات مقدسان سهیم شوید و میهمان‌نواز باشید.» شما این علایم فعالیت اجتماعیِ را در کلیسا یا مشارکت خودتان چگونه می‌بینید؟

انسانِ نوین به شیوه‌ای نوین زندگی می‌کند، و این را اطرافیان می‌بینند و استشمام می‌کنند. پولس به قرنتیان گفت: «برای خدا رایحهٔ خوش مسیح هستیم، چه در میان نجات یافتگان و چه در میان هلاک شوندگان» (دوم قرنتیان ۲:‏۱۵). اما رایحهٔ خوش مسیح، عطر یا ادوکلن نیست که بتوانید آن را از جایی بخرید. با وجود این، وقتی حقیقت را با اینکه سخت است می‌گوییم، وقتی با یکی از دوستان که آسیب دیده در اتاق انتظار پزشک می‌نشینیم تا معاینه شود، وقتی می‌کوشیم با مخالفان در صلح به‌سر ببریم، وقتی برای کمتر خرج کردن و بیشتر هدیه دادن راهی پیدا می‌کنیم، وقتی لعن‌کنندگان را برکت می‌دهیم، رایحهٔ خوش عیسی، که در ما و از طریق ما زندگی می‌کند، پدیدار می‌شود.

من یک‌بار بدون اینکه متوجه باشم هشت حبه سیر خوردم. فکر کردم آنها تکه‌های کوچک و خوشمزهٔ سیب‌زمینی هستند که در کره تفت داده شده‌اند. وقتی شب به خانه رسیدم و به رختخواب رفتم، بوی دهانم آن‌قدر شدید بود که همسرم به صدا درآمد و گفت: «چی خوردی؟»

جواب دادم: «چند تا تکه سیب‌زمینی سرخ‌شده.» او گفت: «نخیر. سیر خوردی! آن سیب‌زمینی‌های کوچک حبه‌های سیر بودند.» من آن شب مجبور شدم روی کاناپه بخوابم. روز بعد دندان‌هایم را دوبار مسواک زدم، دهانم را با محلول شستم و آدامس جویدم. طی جلسهٔ کلیسا او به سمت من خم شد و گفت: «تو هنوز بوی سیر می‌دهی!» مشکل این بود که سیر وارد سیستم بدن من شده بود، یعنی وارد خون و شش‌هایم شده بود و از منفذهای بدم بیرون می‌زد. من هروقت به رایحهٔ خوش مسیح داشتن فکر می‌کنم، یاد آن قضیه می‌افتم. وقتی این حقیقت را می‌دانیم که ما مردمانی هستیم که مسیح در وجودشان مسکن گزیده است، و آن را زندگی می‌کنیم و نفس می‌کشیم، واقعیت عیسی در شش‌های ما و بر لبان‌مان و در منفذهای بدن ماست. کار دیگری نمی‌توانیم بکنیم. خوشبختانه، برخلاف سیر، وقتی مردم بوی عیسی را از ما- از طریق اعمال‌مان- استشمام می‌کنند، از ما نمی‌خواهند دور شویم. آنان معمولاً می‌خواهند دلیل امید ما را بدانند.

امید در گفتار

ما همچنین خوانده شده‌ایم تا در حالی که اعمال‌مان با صدای بلند امید را فریاد می‌زنند، با سخنان امیدبخش انجیل را با مردم در میان بگذاریم. پطرس رسول به مسیحیان اولیه نوشت: «بلکه در دل خویش مسیح را در مقام خداوند برافرازید و همواره آماده باشید تا هر کس دلیل امیدی را که در شماست بپرسد، او را پاسخ گویید، اما به نرمی و با احترام» (اول پطرس ۳:۱۵-۱۶).

در این آیه حکمت زیادی نهفته است. اول اینکه، پطرس ما را تشویق به آمادگی می‌کند. در اینجا فرض بر این است که ما زمانی را صرف اندیشیدن در مورد داستان چهار-قسمتی و تأمل بر نحوهٔ در میان گذاشتنِ آن- در وقت لازم- کرده‌ایم. من عبارت بعدی را خیلی دوست دارم: *دلیل امیدی را که در شماست*. این همان چیزی است که همهٔ مردم نیاز به شنیدنش دارد. آنها توضیحات مفصل دربارهٔ اقتدار کتاب‌مقدس یا دلیل برحق نبودن

مسـلمانان نمی‌خواهند. آنها فقط می‌خواهند بدانند چه چیزی برای شما اتفاق افتاده؛ چطور جذب این داستان تازه و مجموعه آداب نوین شدید.

عبارت آخری هم معرکه است: *او را پاسخ گویید، اما به نرمی و با احترام.* اغلب، ایمانداران شهادت ایمان خود را با تندی و افاده بازگو می‌کنند. برخی از مسیحیان هنگام بشارت دادن، با غرور رفتار می‌کنند، و این همواره نتایج منفی به بار می‌آورد. ما چطور می‌توانیم با *نرمی* و *احترام* دلیل امید خودمان را به دیگران بگوییم؟ با گفتن داسـتان‌مان. بحث کردن با داسـتان شما کار دشواری است، و هیچ‌کس جز خودتان نمی‌تواند آن را بازگو کند. این داستان زندگی خود شماسـت، اینکه چطور از داستان بزرگتر عیسی مطلع شدید و چطور زندگی‌تان در آن داسـتان بزرگتر نوشته شد، و داستان عیسی اکنون داستان شما هم هسـت. این روشی ملایم است. روش احترام‌آمیز آن است وقتی داستان خود را بازگویید که مردم علاقه نشان دهند. زمانبندی اهمیت دارد. ما علاوه بر ملایم بودن، لازم است صبور هم باشیم. عیسی به شاگردان خود فرمود: «من شما را همانند گوسـفندان به میان گرگان می‌فرستم. پس همچون مار هوشیار باشید و مانند کبوتر ساده» (متی ۱۰:۱۶).

یک‌بـار دالاس ویـلارد این آیه را نقـل کرد و بعد از من پرسـید: «"هوشـیاری مار" در چیست؟» راستش من با وجودی که آیه را حتی از روی ترجمهٔ کینگ جیمز- که دالاس عملاً از بَر بود- خوب می‌دانستم، اما هرگـز در این مورد فکر نکرده بودم. «خوب، آیا تا به‌حال دیده‌ای که مار به‌دنبال طعمه‌اش راه بیفتد؟» جواب دادم: «نه». او گفت: «این به‌خاطر هوشیاری مار است که صبر می‌کند تا خود طعمه سراغش بیاید.»

البتـه ما قصد نداریم که کسـی را بگزیم یا بکُشـیم، و برای همین بود که عیسـی افزود مثل کبوتر سـاده [بی‌آزار] باشید. کبرترها تا جایی که بتـوان تصور کرد، بی‌آزارند. آنها حتی به نماد صلح تبدیل شـده‌اند. وقتی ما هوشـیاری مار را با نرم‌خویی و بـی‌آزاریِ کبوتر ترکیب کنیم، راهکار درست برای بشـارت دادن را به‌دست آورده‌ایم. فرانک لوباک[1]

1. Frank Laubach

برای بازکردن سر صحبت با مردمی که برای بشارت دادن به آنها به فیلیپین رفته بود، حدود یک سال صبر کرد. او کار خود را وفادارانه انجام می‌داد و ذهنش را بر امور آسمان دوخته بود. در زمان مقرر رهبر مسلمانان به مردم گفت: «بروید و با این مرد وقت بگذرانید. او خدا را می‌شناسد.» او انتظار کشید و نرم‌خو بود. او به مردم احترام می‌گذاشت و به آنها اهمیت می‌داد و برای همین به آنها خواندن و نوشتن آموخت. لوباک مرد امید بود، و از همان امید بود که ایمان و محبت سرچشمه می‌گرفت.

امید گرفتن

من و همسرم هر دو معلم هستیم، منتها هر کدام در یک سر شهر. من هر روز سر ساعت ۴:۱۰ بعد از ظهر دخترم، هوپ را از دبستانش برمی‌دارم. من کمی پیش از ساعت ۴ از دانشگاه خارج می‌شوم، و معمولاً سر راهم به سه یا چهار نفر که مرا می‌شناسم برمی‌خورم. «داری می‌روی بیرون؟» من هم در جواب می‌گویم: «بله، می‌روم هوپ [امید] را بردارم.» هر بار که این را می‌گویم، لبخند می‌زنم. من باید امید را بردارم.[۱] از جنبه‌ای این حرف درست است. من قرار است دختر کوچکی را به این نام، از جلوی مدرسه سوار کنم. از جنبهٔ دیگر، باز هم درست است. او برای من و همسرم تجسم امید است، یک یادآوری زنده در این مورد که خدا ارزش اعتماد کردن را دارد، و به همین‌خاطر است که ما نامش را هوپ گذاشتیم. باز از جنبه‌ای دیگر درست است، چون من برای گرفتنِ امید راهی می‌شوم، چون امید چیزی است که باید با آن زندگی کرد. این همان جایی است که ریشه‌های من در آن جای دارند. اما به تعبیری دیگر، این حرف کاملاً نادرست است. من امید را نمی‌گیرم، امید به من داده شده است. من هر روز این فرصت را دارم که یک شاهکار بسازم، یعنی با حرکت قلم‌موی ایمان و محبت، به خدایی شهادت بدهم که بر مرگ فایق

---

۱. در انگلیسی: «بگیرم». و.

آمد و به‌خاطر رحمت بی‌کرانش زندگی جاودان را به من و شما بخشیده است. این امید زنده است و هرگز نخواهد مرد.

> سپاس بر خدا و پدر خداوند ما عیسای مسیح که از رحمت عظیم خود، ما را به‌واسطهٔ رستاخیز عیسای مسیح از مردگان، تولدی تازه بخشید، برای *امیدی زنده* (اول پطرس ۱:۳)

پرورش روح

در میان گذاشتنِ ایمان‌تان با دیگران (بدون خجالت یا اجبار)

باید به چه کسی شهادت بدهید؟ ملاک تصمیم‌گیری در مورد اینکه ایمان خود را با چه کسی و چه موقع در میان بگذارید، چیست؟ و در آخر، ما چگونه دست به کار می‌شویم؟ همان‌گونه که در فصل دوم متذکر شدم، ما همیشه در حال شهادت دادن هستیم، چه خود بدانیم چه ندانیم. مردم دارند ما را تماشا می‌کنند، و اعمال ما خوب یا بد، چیزی را به بیننده منتقل می‌سازند. اکنون که گفتنی‌ها را گفته‌ام، می‌خواهم تمرینی بدهم که به شما کمک می‌کند در مورد شهادت دادن به دیگران و جذب‌شان به زندگی ایمانی، آگاهانه‌تر عمل کنید. در روند مزبور من هفت کار را سودمند یافته‌ام که بعضی از آنها، بسته به رابطهٔ کنونی شما با شخصی که می‌خواهید به او شهادت بدهید، ممکن است قدری متفاوت باشد. اگر فرد مورد نظر را خوب می‌شناسیم، و او از قبل به ما اعتماد دارد، می‌توانیم روند کار را سُریع‌تر طی کنیم و حتی به مرحلهٔ آخر برویم. باز تأکید می‌کنم که همهٔ مراحل قبلی ضروری هستند، چون به ما یادآوری می‌کنند که در هر مرحله، این کار را نه به تنهایی، بلکه با تکیه به خدا انجام می‌دهیم.

۱. دعا کنید

اولین کاری که می‌توانید انجام دهید این است که دعا کنید خدا کسی را سراغ شما بفرستد. این دعایی نیرومند است که تقریباً همیشه اجابت می‌شود، و خیلی زود. روح‌القدس بسیار حکیم‌تر و داناتر از ما است. او از نیازهای کسانی که ما می‌شناسیم، خبر دارد. نه تنها دعا کنید که خدا این قبیل افراد را سر راه شما قرار دهد، بلکه دعا کنید که شما هم چشم و گوش لازم برای دیدن و شنیدن این اشخاص داشته باشید. شاید کسی

باشد که از قبل در دل‌تان هست با او صحبت کنید. برای آن شخص دعا کنید و از خــدا بخواهید فرصتی فراهم آورد تا برای در میان گذاشتــن ایمان‌تان با او، قدم پیش بگذارید.

۲. نگاه کنید

به مجرد دعا کردن، مترصد بنشــینید. مرتبــاً از خدا این را بخواهید: «خدایا کمکم کن تا کسی را که به‌سوی من می‌آوری ببینم. به من چشمان شــفقت عطا کن. بگذار بدانم که او کیست و کِی می‌توانم قدم بعدی را بردارم.» هوشیاری را فراموش نکنید.

۳. نزدیک شوید

به محض اینکه احســاس کردید می‌دانید فرد مورد نظر کیســت، و حس کردید خدا زمینه‌هــای برقراری رابطه را آماده کرده، راه‌هایی برای نزدیک شــدن به او پیدا کنید؛ راه‌هایی که تهدیدآمیز نباشــد. او را برای نوشیدن قهوه دعوت کنید یا برای ناهار بیرون بروید. اگر قبلاً با او وقت داشــته‌اید، بدون اینکه احساس تهدید کند از او سؤال‌هایی از این دست بپرسید: «الآن در مورد زندگی چه احساسی داری؟ کجای کار خوب پیش می‌رود؟ کجایش می‌لنگد؟» اگر فرد مورد نظر را خوب نمی‌شناسید، این پرســش‌ها ممکن است زیادی شخصی تلقی شوند. گفتگو را در سطحی ابتدایی‌تــر نگاه دارید، اما با دقت گوش داده به دنبال ســرنخ‌هایی برای راهیابی به قلب او بگردید.

۴. گوش بدهید

خوب گوش کنید. در فرهنگ شــتاب‌زدۀ ما، به‌ندرت پیش می‌آید که کســی خوب گوش بدهد. فقط با گــوش دادن می‌توانید محبت خود را نشــان دهید. برای یافتن سرنخ‌هایی از شــرایط قلبی شخص مورد نظر بــه حرف‌هایش گوش بدهیــد. او در آرزوی چه چیزی اســت؟ با چه چیزی دســت‌وپنجه نرم می‌کند؟ بهترین چیزی که می‌توانید در خلوت

از خودتان بپرسید این است: «خدا در کجای زندگی این فرد دارد کار می‌کند؟» این می‌تواند التیام زخم‌های طلاق، شادیِ یافتنِ شغل تازه یا اندوه فقدانِ عزیزی باشد. هرچه هست، سعی کنید بفهمید چه موضوعی برای شخص مورد نظرتان اهمیت دارد.

۵. ارتباط برقرار کنید

تازه در این مرحله است که درک شما از انجیل (اینکه خدای ما سلطنت می‌کند و خدای ما با ماست) وارد صحنه می‌شود. اگر تشخیص داده‌اید که چه باری بر دل شخص مورد نظرتان سنگینی می‌کند، سعی کنید با عبارتی از انجیل با وضعیت او ارتباط برقرار کنید. بیایید فرض کنیم که شما حس کرده‌اید که دوست‌تان با اندوه از دست دادن یکی از عزیزانش دست به گریبان است. از خودتان بپرسید، *چگونه می‌توانم انجیل را برای موقعیت او به‌کار ببرم؟* راه‌های زیادی وجود دارد، اما سه تا از آنها به ذهن‌تان خطور می‌کند: اول، عیسی مرگ را شکست داد؛ دوم، خدا در مصیبت‌مان کنار ما می‌ایستد؛ و سوم، خدا می‌تواند از طریق دردهای ما کارهای عظیمی انجام دهد.

اگر دوستی شما با او به اندازهٔ کافی عمیق است، می‌توانید با پرسیدن این سؤال‌ها ارتباط کلامی برقرار کنید: «در حال حاضر چه چیزی به تو امید می‌دهد؟ چه چیزی باعث می‌شود که به تلاش ادامه بدهی؟» اگر طرف شخص بازی باشد، احتمالاً پاسخی طولانی خواهید شنید. سعی کنید بدون موعظه کردن، و با سؤالات خود، ارتباط میان وضعیت شخص را با خبر خوشی که می‌دانید حفظ کنید. در این مرحله گفتگوی دوطرفه جریان دارد. شاید برخی مواقع بتوانید راحت‌تر میان آنچه که در زندگی فرد اتفاق افتاده و آنچه که خدا انجام داده و خواهد داد، ارتباط برقرار کنید.

۶. در میان بگذارید

طی گفتگو امکان دارد طرف مقابل از شما بخواهد داستان زندگی خود را برایش تعریف کنید یا بخواهد نظرتان را جویا شود. اگر چنین اتفاقی

افتاد، اصلاً نترسید. روایت‌های نادرستی وجود دارند که نمی‌گذارند مسیحیان ایمان خود را با دیگران در میان بگذارند.

در حالی که تک‌تک آنها ارزش بررسی کردن دارند، اما اجازه بدهید فقط این نکته را بگویم: خدا از ما نمی‌خواهد کامل باشیم یا همهٔ جواب‌ها را بدانیم. خدا از ما می‌خواهد مردم را به داشتن زندگی پویا و متقابل با خدای تثلیث دعوت کنیم. من همیشه می‌گویم که پادشاهیِ خدا دچار بحران نیست. به متخصص روابط عمومی هم نیاز ندارد. پادشاهی خدا فقط منتظر است که مردم آن را بچشند. خواهش می‌کنم لحن غیرشبانی مرا ببخشید، اما می‌خواهم بگویم که: «بر موانع غلبه کنید. از روی موانع رد شوید.»

نصیحت پطرس را به خاطر داشته باشید: «بلکه در دل خویش مسیح را در مقام خداوند برافرازید و همواره آماده باشید تا هر کس دلیل امیدی را که در شماست بپرسد، او را پاسخ گویید، اما به نرمی و با احترام » (اول پطرس ۳:‏۱۵-۱۶).

می‌دانید از چه چیز این آیه خوشم می‌آید؟ اینکه نمی‌گوید: «شما باید به کالج الاهیات بروید و الاهیات نظام‌مند، تاریخ کلیسا، دفاعیات و فلسفه بخوانید. فقط در این صورت است که می‌توانید برای شهادت دادن فرد مناسبی باشید.» بلکه می‌گوید: «آماده باشید که به مردم بگویید چرا امید دارید- و این کار را با ملایمت و احترام انجام دهید.»

این یعنی توضیح دادن اینکه چطور پیام انجیل با زندگی شما ارتباط برقرار کرده است. زمان مناسبی برای شرح و تفصیلات نیست. فقط داستان خود را بگویید، اینکه چطور به شناخت خدا نایل شدید، و چطور خدا در زندگی شما کار کرده است. روراست باشید. بگذارید طرف مقابل بداند که شما کامل نیستید، و با مشکلاتی دست‌وپنجه نرم می‌کنید، اما با همهٔ اینها به خدا توکل کرده‌اید. یکی از راه‌هایی که در انجام این کار به شما کمک می‌کند از بَر کردنِ آیاتی از نامهٔ پولس به کولسیان است که در بخش «داستان چهار قسمتیِ امید» در این فصل بدانها پرداختیم. هرچه بیشتر با این داستان چهار قسمتی آشنا باشید و هرچه این داستان بیشتر به

داســـتان خود شما تبدیل شود، بیشتر و بهتر خواهید توانست پیام امید را به دیگران توضیح بدهید.

۷. دعوت کنید

وقتی دوســـتی‌تان قدری پا گرفت، از فرد مورد نظر دعوت کنید تا به جمع مسیحیان ملحق شود. این جا می‌تواند کلیسا باشد. این کار معمولاً تهدیدآمیز نیست، اما شـــاید برای بعضی‌ها باشد. شاید مایل باشید او را دعوت کنید تا با شـــما و دوستان مسیحی‌تان در یک گردهمایی دوستانه (شـــام و غیره) شـــرکت کند، و یا به گروه کوچک بررسی کتاب‌مقدس بیاید. برای برخی شرکت در یک جمع کوچک پنج یا شش نفره در خانه راحت‌تر اســـت تا حضور در کلیسا و نشـــتن در میان صدها نفر غریبه. همچنین می‌توانید دوســـت‌تان را دعوت کنید تا برای خدمتی خاص، به شما و دیگر شاگردان عیسی ملحق شود. این می‌تواند شهادت قدرتمندی باشد.

از همه مهمتـــر، به دعا کردن برای فرد مورد نظر ادامه بدهید. و برای وقت گذاشـــتن در این زمینه آماده باشـــید. بین زمانی که شـــخص برای اولین بار شروع به جستن می‌کند و زمانی که واقعاً ایمان می‌آورد، به‌طور میانگین بیست‌وهشت ماه فاصله است. در زمانی معین باید شخص مورد نظر را به کلیسا دعوت کنید یا به او در یافتنِ کلیسای محلی کمک نمایید. اگرچه همهٔ ما یـــک لحظهٔ کلیدی، یعنی لحظهٔ توبـــه و ایمان آوردن، را تجربـــه کرده‌ایم، اما در حقیقت، بارها چنیـــن لحظاتی را تجربه می‌کنیم کـــه در زندگی ما با خدا ابعاد نوینی پدید می‌آورند، و کلیســـا تنها جایی اســـت که می‌تواند در این زمینه ما را کمک کند. و در آخر، به خدا اعتماد کنید. سفر این شخص، مانند سفر ایمانی خودِ من، دستخوش پیچش‌ها و گردش‌هایی اســـت که من و شما هرگز نمی‌توانیم تصورش را هم بکنیم. خدا آدم‌های مناســـب را در زمان مناســـب می‌آورد. فعلاً، شما این امتیاز را یافته‌اید که به‌عنوان یکی از راهیان این ســـفر، داستان خود را بگویید و دست دوست‌تان را در دست خدایی بگذارید که سلطنت می‌کند.

فصل سوم

اجتماع خدمتگزار

یک‌بار از شبانی پرسیدم: «از آنجا که زندگی شاگردی عیسی واقعاً در اجتماع، و به‌خصوص یک کلیسای محلی، ریشه می‌زند، چگونه متوجه می‌شوید که واقعاً تغییری آغاز شده است؟» او بدون لحظه‌ای تردید گفت: «در جلسات کمیته‌های کلیسایی.» من از پاسخ او خنده‌ام گرفت، چون از تجربهٔ سالیان بسیار در کمیته‌های کلیسایی می‌دانم که چقدر می‌توانند دلسردکننده باشند و اعضای آنها چه رفتارهای بدی می‌توانند داشته باشند. من از جواب او قدری غافلگیر شدم، هرچند می‌شد از حرف او این را هم برداشت کرد که «آنها بیشتر به پرستش می‌پردازند» یا «آنها کتاب‌مقدس را به همه جا می‌برند» یا حتی «برای خدمت در کمیته‌های بیشتری نام‌نویسی می‌کنند.» شبان مزبور در ادامه توضیح داد که در بسیاری از جلسات کمیته‌های کلیسایی اِشکال در این است که مردم با دو طرز فکر وارد می‌شوند. بعضی از اعضا متوجه هستند که کاری که انجام می‌شود برای خاطر خدا و خیریت مردم و تبدیل کردن دنیا به جایی بهتر و پیشرفت پادشاهی خدا است. ولی سایرین بیشتر

تحت تأثیر ارزش‌ها و اهدافی هستند که پادشاهی این جهان را اداره می‌کنند. از او خواستم مثالی بزنند.

«یک شب ما جلسهٔ هیئت امنا داشتیم، و موضوع اصلی هم بر سر ساختمان تازه‌ای بود که قرار بود به مجموعهٔ کنونی‌مان اضافه کنیم. این چیزی بود که اعضای کمیته به دو علت در موردش احساسات شدیدی ابراز می‌کردند. یکی از دغدغه‌ها آن بود که ما از نظر تعداد رشد نکرده بودیم، و این به‌خاطر کمبود فضای کافی برای جلسات بود. در همهٔ جلسات کلیسایی گوش تا گوش آدم می‌نشست و ما واقعاً به فضای بیشتری نیاز داشتیم. دغدغهٔ دوم این بود که به عقیدهٔ برخی، دلیل عدم رشد کلیسای ما رشد کلیسایی بود که در نزدیکی ما قرار داشت- و از قضا عده‌ای از اعضای ما هم به ایشان ملحق شده بودند- و برخی از اعضای کمیته احساس می‌کردند که علتش امکانات بهتر آن کلیسا بوده است.»

شبان در ادامهٔ صحبتش گفت: «بحث به یکی از اعضای کمیته کشیده شد که معمار بود، همان کسی که نقشهٔ ساختمان جدید را کشیده بود. آنها در مورد شکل ساختمان جدید، هزینهٔ ساخت و گنجایش آن، از او سؤال‌هایی پرسیدند. در این میان شخصی بود که احتمالاً نیت خوبی داشت اما سؤال خود را بد مطرح کرد: "آیا می‌توانیم ساختمانی بسازیم که در رقابت با کلیسای نزدیک‌مان به دادمان برسد؟" معمار مکثی کرد و گفت: "لطفاً چند لحظه به من وقت بدهید." و بعد نفس عمیقی کشید و در دنبالهٔ حرفش گفت: "لازم بود چند لحظه فکر کنم که آیا باید به این پرسش از درون پادشاهی خدا پاسخ بدهم یا از بیرون آن."»

آیا تا به حال شده که مکث کنید و قدری بیندیشید که آیا پاسخ یا عمل‌تان همراستا با پادشاهی خدا است یا نه؟

این واقعیت که او برای فکر کردن در مورد نحوهٔ پاسخگویی مکث کرد، نشان می‌دهد که در آن اتاق دو طرز تفکر، و دو روایت متفاوت وجود داشت. یکی بر پایهٔ ارزش‌های دنیوی، همچون رقابت، موفقیت در

چارچوب تعداد اعضا و حفاظت از خود، بنا شــده بود. دیگری ریشه در پادشاهی خدا داشت، جایی که ارزش حاکم بر آن همکاری است، جایی که موفقیت در چارچوب خدمت و ایثار معنا می‌شــود. شبان یادآور شد که این دو روایت اغلب در جلســات کمیته‌های کلیسایی با هم برخورد می‌کنند، چون اعضای کمیته با دو داستان متفاوت شکل گرفته‌اند. وقتی زندگی شخصی با روایت پادشاهی خدا هم‌راستا می‌شود، و برای عملی ســاختن آنها می‌کوشد، این را آشــکارا می‌توان در رفتار او در جلسات مشاهده کرد. من به شــبان گفتم: «پس با این حساب، بهترین دلیل برای کمک به رشد مردم در شاگردی عیسی فقط تزکیهٔ روح‌شان نیست، بلکه پیشرفت در جلسات کمیته‌های کلیسایی است.» هر دو خندیدیم، اما این حقیقت هر دوی ما را عمیقاً تحت تأثیر قرار داد.

روایت نادرست: نیازهای ما بیشترین اهمیت را دارند

معمار داســتان ما در موقعیتی بود که همهٔ شاگردان عیسی مرتباً خود را در آن می‌یابند. ما هر روزه تصمیم‌های بســیاری می‌گیریم، و در حالی که بســیاری از آنها تأثیر اندکی بــر روح و جان ما می‌گذارند («آیا امروز باید شــلوار قهوه‌ای بپوشــم یا مشــکی؟»)، تصمیم‌هایی هم هستند که وضعیت روح‌مان را آشکار می‌سازند. پرسشی که معمار با آن مواجه شد، از آن پرســش‌هایی بود که وضعیت روح را آشــکار می‌کنند. در پَس هر جوابی که ما می‌دهیم روایتی (نگرشــی) خوابیده است. ما تا حد زیادی با روایت‌های این دنیا شــکل گرفته‌ایم، و خلاص‌شدن از دست آنها کار ســاده‌ای نیســت. یکی از غالب‌ترین روایات بر پایهٔ حفظ جان، شادیِ شخصی و اطمینان از برآورده شدن احتیاجات خودمان بنا شده است. این روایت فقط برای افراد نیست. حتی می‌تواند مبنایی برای اجتماع باشد.

جلسهٔ کمیتهٔ کلیســا از افرادی تشکیل شده بود که در یک چیز وجه مشــترک داشــتند: آنان اعضای یک اجتماع خاص بودند. اجتماع برای آنها خیلی چیزها فراهم می‌سازد: خانه، رویای مشترک، و در طی زمان، تاریخی از خاطرات بزرگ. مردم اجتماع خود را دوســت دارند. آنها از

اجتماع خود محافظت می‌کنند و می‌خواهند شاهد موفقیت اجتماع‌شان باشند. کمیتهٔ کلیسای مذکور در داستان آغاز فصل، از مردمانی تشکیل شده که وقت و انرژی خود را برای کمک به بهتر شدن کلیسای‌شان صرف می‌کنند. و در پی بهبود کلیسا و خدمت آن بودن اصلاً اشکالی ندارد. برای مثال، هیچ اشکالی ندارد که کلیسا در فکر تأمین حقوق ماهیانهٔ شبان خود یا ایجاد پارکینگ کافی برای اعضای خود باشد.

مشکل زمانی بروز پیدا می‌کند که مهمترین ملاحظه، میل غالب و تمرکز اصلی یک اجتماع، بر موفقیت خودش قرار می‌گیرد. درست مثل فردی که کل زندگی‌اش بر رفع احتیاجات خودش متمرکز است و به موجودی خود-شیفته، خود-محور، بی‌فایده و در نهایت محزون تبدیل می‌شود. اجتماع هم می‌تواند چنان روی خودش متمرکز شود که روح خود را گم کند. در این‌صورت، آن دید بزرگتر، آنچه باعث به‌وجود آمدنِ اجتماع شده، تحت‌الشعاع قرار می‌گیرد و دیگر آن اجتماع نمی‌تواند مأموریت اصلی خود را به انجام برساند، و تنها در پی حفظ بقا است. این نخستین گام به‌سوی مرگ روحانی و در نهایت، فنای آن اجتماع است.

در همان روزهای اول انتصابم به‌عنوان کشیش دانشگاه فرندز[1] فرصت پیدا کردم تا با حدود یکصد دانشجوی کالج، که در خدمات گوناگون دانشگاه شرکت داشتند، کار کنم؛ کارهایی همچون گردهمایی مشارکت هفتگی، خلوت‌گزینی، گروه‌های کوچک و کار میسیونری. من رهبر روحانی این جوانان بودم؛ آنان به من اعتماد داشتند و اغلب از من پیروی می‌کردند. یکی از شبانان محلی با من تماس گرفت و برای صرف ناهار دعوتم کرد. او به من گفت که کلیسایش جلسه‌ای تشکیل داده و می‌خواهد چند هزار دلار برای برنامهٔ خدمت دانشگاه به ما هدیه بدهد. من از تصور اینکه با آن پول چه کارهایی می‌توانیم برای دانشجویان‌مان بکنیم، به وجد آمده بودم. بعد شبان گفت: «تنها چیزی که ما در ازای آن هدیه از شما می‌خواهیم این است که در کلاس کانون شادی کلیسای ما

1. Friends University

به جوانان تعلیم بدهید.» من هم موافقت کردم و هنوز چیزی نگذشته بود که بیست‌وپنج تن از دانشجویان کالج هم به کلاس پیوستند. ظاهرا همه چیز داشت خوب پیش می‌رفت.

یک ماه بعد شبان مذکور به من زنگ زد. او گفت: «جیم، ما مشکلی داریم. دانشجویان کالج شما برای جلسهٔ پرستشی حاضر نمی‌شوند. آنها فقط به کلاس تو می‌آیند و بعد از کلاس کلیسا را ترک می‌کنند و یا به کلیسایی دیگر یا به خانه می‌روند.» من از شنیدن این حرف حیرت‌زده شدم. من از این مشکل اطلاعی نداشتم، چون خودم هم بعد از کلاس به خانه می‌رفتم تا در کنار خانواده‌ام در جلسهٔ عبادتی، که در خانهٔ خودمان برگزار می‌شد، شرکت کنم. شبان در ادامه گفت: «اگر نمی‌توانی جوانان کالجت را ترغیب کنی که در جلسهٔ پرستشی کلیسای ما شرکت کنند، پس ما هم کمک مالی‌مان را قطع خواهیم کرد.» من از چند تن از دانشجویانی که در کلاس شرکت می‌کردند- به‌ویژه از آنهایی که کلیسای خانگی دیگری نداشتند- پرسیدم که چرا دوست ندارند در پرستش کلیسایی که کلاس در آن برپا بود شرکت کنند. همگی آنها یک چیز گفتند: «خسته‌کننده است. همه مسن هستند. هیچ‌کس حتی با ما حرف هم نمی‌زند. پس ما هم دیگر شرکت نمی‌کنیم.» من نمی‌توانستم ایشان را مجبور به رفتن بکنم، و اندک زمانی بعد خودم هم کلاس را تعطیل کردم و دیگر پولی هم برای‌مان نیامد. متأسفانه این کلیسا روی نیازهای خودش متمرکز بود، نه نیازهای دانشجویان.

روایت درست: نیازهای دیگران بیشترین اهمیت را دارد

برعکس، سال بعد یکی از خادمین غیررسمی کلیسای محلی دیگری به من زنگ زد و گفت: «جیم، کلیسای ما خیلی دعا کرده، و ما احساس می‌کنیم که ما خیلی چیزها برای ارائه به جوانان داریم. ما یک جماعت سالمند هستیم، و تعدادمان هم خیلی زیاد نیست، اما حکمت فراوان داریم، و به فکر نسل بعد هستیم. ما می‌دانیم که تو با دانشجویان کالج کار می‌کنی و به همین دلیل از تو خواهش می‌کنیم به ما کمک کنی تا برای

خدمت به آنها راهی پیدا کنیم.» طی چند ماه آینده من با اعضای این کلیسا دیدارهایی داشتم. آنها پولی برای هدیه دادن نداشتند. فقط می‌خواستند بدانند دانشجویان کالج در یک کلیسای خانگی به چه چیزهایی احتیاج دارند.

من به آنها گفتم که اول از همه، جوانان دوست دارند بخورند. آنها پول چندانی نداشتند و آن‌وقت‌ها روزهای یکشنبه کافه تریای دانشگاه بسته بود. اعضای کلیسای مذکور گفتند: «ما در امر خورد و خوراک کارمان درست است.» دوم، دانشجویانی که از ایالت‌های دیگر آمده‌اند، اغلب دل‌شان برای خانواده‌های‌شان تنگ می‌شود. یک آغوش گرم و یک خوشامدگویی صمیمانه می‌تواند خیلی کارساز باشد. اعضای کلیسا گفتند: «ما دست به بغل‌کردن‌مان هم خوب است.» در آخر گفتم: «فکر می‌کنم مورد دیگری نمانده باشد.» بعد یک خانم سالخورده گفت: «جیم، آیا آنها شیوهٔ پرستش ما را می‌پسندند؟ ما اینجا گیتار نداریم، فقط یک ارگ هست و ما همراه آن سرود می‌خوانیم.» گفتم: «اگر آنها را محبت کنید و به شکم‌شان برسید، فکر نکنم به این موضوع اهمیتی بدهند. آنها آن‌قدرها هم که فکر می‌کنید، اهل سرگرم‌شدن نیستند.»

من چند تا از دانشجویان را دعوت کردم تا همراه من در جلسهٔ کلیسا شرکت کنند. وقتی دم در رسیدند، خیلی‌ها آنها را بغل کردند. جلسهٔ پرستشیْ سنتی بود، با سرودهای روحانی و قرائت کلام، چند قطعهٔ پرستشی، یک موعظه و در آخر هم عشای ربانی. شبان قلب بزرگی داشت و پیام محکمی ارائه کرد. می‌توانم بگویم که دانشجویان احساس می‌کردند در خانهٔ خودشان هستند. هیچ چیز مد روز و جوان‌پسندی وجود نداشت، اما آنها در طول هفته به اندازهٔ کافی جوانی کرده و شلنگ-تخته انداخته بودند. پس از جلسه، به سالن مشارکت رفتیم. خانم‌های کلیسا ضیافتی برپا کرده بودند، با خوراک گوشت و لوبیا سبز و ژلهٔ میوه‌ای. دانشجویان خیلی خوش‌شان آمده بود. من هم همین‌طور. در واقع، من هرگز آن کلیسا را ترک نکردم. آن کلیسا به حدی دگر-محور بود که چند سال بعد تصمیم گرفتند به خدمت‌شان در آن قسمت از شهر پایان بدهند تا جماعت تازه‌ای

شکل بگیرد، زیر عنوان Chapel Hill United Methodist Church، جایی که من هنوز عضوش هستم.

در اجتماع خودتان، چگونه با این پرسش‌ها کلنجار رفته‌اید: چطور کلیسای‌تان را پیشرفت بدهید/ چطور به دیگران خدمت کنید؟

تفاوت میان این دو کلیسا چه بود؟ پرسش کلیسای اول این بود که «ما برای پیشرفت کلیسای خودمان چه می‌توانیم بکنیم؟» کلیسای دوم می‌پرسید: «ما چگونه می‌توانیم به دیگران خدمت کنیم؟» کلیسای اول بر اساس روایت/ نگرشی خود-متمرکز عمل می‌کرد، کلیسای دوم بر مبنای روایت/ نگرشی *متمرکز بر دیگران*. کلیسای اول فقط در فکر وجههٔ خودش و حفاظت از خودش بود؛ شرکت کردن دانشجویان کالج در کلیسای آنها نشانهٔ موفقیت بود. کلیسای دوم نگران صحت و سلامت خودِ دانشجویان بود؛ بودن دانشجویان کالج در میان آنان فرصتی بود برای خدمت. وقتی ما از واقعیت پادشاهی خدا لبریز شویم، تمرکزمان از نیازهای خودمان به نیازهای دیگران تغییر می‌کند. این تنها زمانی امکان‌پذیر است که ما در کار پادشاهی خدا فعال باشیم. تنها در این صورت است که با اعتمادبه‌نَفْس و امنیت کافی، می‌توانیم تمرکزمان را از خود برداشته بر دیگران معطوف کنیم.

اجتماع دگر-محور

اجتماع خوب و زیبای عیسی حیات و قدرتش را از خودِ عیسی می‌گیرد؛ او نه تنها معلم ما، بلکه منبع قوت ماست. پیروان عیسی باید همچون او باشند. عیسی خادم بود. او برای خیریت دیگران زندگی می‌کرد. در پادشاهی این جهان، بزرگی در قدرت تعریف می‌شود. کسی که به او خدمت می‌کنند، از کسی که خدمت می‌کند، بزرگتر است. اما تعریف عیسی از بزرگی، برعکس بود: «زیرا کدام‌یک بزرگتر است، آن که بر سفره نشیند یا آن که خدمت کند؟ آیا نه آن که بر سفره نشیند؟ اما من در میان شما همچون خادم هستم.» (لوقا ۲۲:۲۷)

نمونه‌ای که عیسی از خود به‌جا گذاشت، سرمشق ما می‌شود؛ نه صرفاً به این‌خاطر که می‌خواهیم از او تقلید کنیم، تا شاید لطف و مرحمتش را به‌دست آوریم. بلکه خادمِ دیگران بودن برترین روش زندگی است. خواستن، و نیازمند خدمتِ دیگران بودن، نه تنها موّلد زندگی نیست بلکه روح را نابود می‌کند. عیسی با ارائۀ نمونه این را به ما نشان داد. عیسی، آفرینندۀ جهان هستی، پادشاه همه چیز، برای خدمت کردن می‌آید. او پاهای شاگردانش را می‌شوید. او برای خدمت کردن زندگی می‌کند.

علت این است که چیزی او را برای خدمت برمی‌انگیزد، یعنی محبت. او به شاگردانش فرمود که بزرگترین محبتی که می‌توانند ابراز کنند آن است که از خودشان برای خیریت دیگران مایه بگذارند. در واقع، بالاترین محبت این است که انسان جان خود را، در وقت مقتضی، در ازای سعادت و سلامتِ دیگری بدهد. عیسی فرمود: «محبتی بیش از این وجود ندارد که کسی جان خود را در راه دوستانش فدا کند.» (یوحنا ۱۳:۱۵)

او نه تنها این را تعلیم داد، بلکه عملاً مطابق آن زندگی کرد. او جان خود را برای سعادت و نیکویی دیگران، از جمله من و شما، فدا کرد. ما که از او به‌عنوان معلم‌مان پیروی می‌کنیم، خوانده شده‌ایم تا همین کار را انجام دهیم، یعنی تمرکزمان را از خود برگرفته، معطوف دیگران کنیم.

چگونه می‌توانیم این کار را بکنیم؟ کلیسای دوم چگونه قادر به انجام این کار شدند، در حالی که کلیسای اول نتوانستند؟ پاسخ را می‌توان در پادشاهی خدا یافت. همان‌گونه که در فصل دوم کتاب یادآور شدیم، ایمان و محبت از امیدی سرچشمه می‌گیرند که ما در اعلام انجیل کشف می‌کنیم. در همین خبر خوش است که، به‌قول جولین اهل نوریچ،[1] کشف می‌کنیم اوضاع به‌سامان است و همه چیز به نیکویی پیش خواهد رفت. ما به آینده‌ای بزرگ اعتماد داریم؛ می‌دانیم که بدون مشیت خدا هیچ اتفاقی برای ما نخواهد افتاد، مگر اینکه او به‌واسطۀ حکمتش چنین

1. Julian of Norwich

صلاح ببیند یا بخواهد برای خیریت ما از آن استفاده کند. ما در امان و امنیت هستیم. در چنین شرایطی، می‌توانیم تمرکز را از خودمان برداشته بر دیگران معطوف سازیم.

وقتی با عیسی در پادشاهی‌اش زندگی می‌کنیم، نیازهای اساسی ما برآورده می‌شوند- حتی اگر لازم باشد سایر مسیحیان آنها را برآورده کنند. در پادشاهی خدا برای نیازهای مادی‌مان تدارک دیده می‌شود (حتی اگر سرپناه، خوراک و پوشاک نداشته باشیم، سازمان‌هایی هستند که می‌توانند آنها را برای ما فراهم کنند- آنها معمولاً سازمان‌هایی هستند که به‌عنوان پایگاه‌های پادشاهی خدا خدمت می‌کنند و عمدتاً توسط شاگردان عیسی اداره می‌شوند.) ما در پادشاهی خدا امن و ایمن هستیم. حتی مرگ نمی‌تواند ما را از محبت خدا جدا سازد. ما در پادشاهی خدا کشف می‌کنیم که تا ابد و بدون قید و شرط محبوب هستیم. همچنین در پادشاهی خدا می‌آموزیم که ارزشمند و گرانبها هستیم، آن‌قدر که عیسی جانش را به‌خاطر ما داد. به‌قول یوجین پیترسن[1] ما «داستان‌های باشکوه و تکرارناشدنیِ فیض هستیم.»

وقتی ما این حقایق را باور می‌کنیم و از آنِ خود می‌دانیم، قدرت می‌یابیم که توجه‌مان را از خودمان برگرفته، بر دیگران و نیازهای‌شان معطوف سازیم. من بعدها کشف کردم که کلیسای اول در ترس زندگی می‌کرد. آنها با وجودی که خیلی پول داشتند، ولی به‌سوی کهنسالی می‌رفتند، و اگر افراد جوان به کلیسای‌شان نمی‌آمدند، با احتمال بسته شدن کلیسا روبه‌رو بودند. آنها حیات کلیسای‌شان را با پادشاهی خدا عوضی گرفته بودند. کلیساها می‌آیند و می‌روند، اما پادشاهی خدا جاودانی است. حیات، قدرت و علت وجودی آنها همه در پادشاهی خدا نهفته است، و این هرگز دچار شبهه یا تزلزل نمی‌شود. کلیسای دوم این مطلب را به‌طور غریزی دریافته بود. حتی با وجودی که آنها کلیسای کوچک خود را دوست داشتند و می‌توانستند به گذشتهٔ خودشان ببالند،

---

1. Eugene Peterson

این آمادگی را هم داشتند که اگر لازم شد قدمی بردارند، که در واقع، برداشتند. با مرگ آن کلیسا، یک زندگی تازه متولد شد.

اجتماع زمانی دگر-محور می‌شود که از روایت پادشاهی خدا لبریز گردد. اعضای آن می‌دانند که اجتماع‌شان یکی از پایگاه‌های پادشاهی خداست، مکانی که در آن تا هر وقت لازم باشد از فیض می‌گویند و فیض را زندگی می‌کنند. ارزش کلیسا به طول عمرش نیست، بلکه به محبتی است که ابراز می‌کند. موفقیت یک کلیسا به بزرگی‌اش نیست، بلکه به خدمتی است که به مردم و به اجتماع می‌کند. بنیانگذار ما کسی است که هرگز نه کلیسایی را پایه‌گذاری کرد و نه ساختمانی ساخت یا کارزاری مالی برای ساخت بناهای مهم هدایت نمود. رهبر ما فقط آمد و خدمت کرد و بعد برای خیریت دیگران مرد. به گمانم این بهترین جمله‌ای است که می‌توان در مورد مأموریت کلیسا بیان کرد: «ما زنده‌ایم تا درست مانند بنیانگذارمان، دیگران را خدمت کنیم و بعد بمیریم.»

برای گنج‌های خود ارزش قایل شویم

پولس به اجتماع ایمانداران فیلیپی گفت که چطور باید هر روزه با یکدیگر زندگی کنند: «هیچ کاری را از سر جاه‌طلبی یا تکبر نکنید، بلکه با فروتنی دیگران را از خود بهتر بدانید. هیچ‌یک از شما تنها به فکر خود نباشد، بلکه به دیگران نیز بیندیشد» (فیلیپیان ۲:۳-۴). یک‌بار من کلاسی داشتم که در آن قرار بود کاربرد این آیات را تعلیم بدهم. خانمی دستش را بلند و گفت: «من فکر نمی‌کنم که پولس روانشناسی درستی به‌کار برده باشد: "دیگران را از خود بهتر دانستن." این کار یعنی تضعیفِ عزت‌نَفْس.» به عقیدهٔ من او متوجه این نکته نشده بود که می‌شود به‌طور همزمان هم برای دیگران احترام بسیار قایل شد و هم از خودپنداره‌ای مناسب داشت. او گمان کرده بود که بهتر دانستنِ دیگران به مثابه بد دانستنِ خود است.

مشکل به این علت بروز می‌یابد که ما عادت نداریم کسی را از خودمان «بهتر» بدانیم. همچنین توجه داشته باشید که در آیهٔ دوم، پولس

فیلیپیان را تشـــویق می‌کند که «هیچ‌یک از شـــما تنها به فکر خود نباشد، بلکه به دیگران نیز بیندیشد» (آیهٔ ۴). او می‌داند که ما ذاتاً منافع خودمان را در نظـــر می‌گیریـــم، و نمی‌گوید که این کار بدی اســـت. او فقط از ما می‌خواهد که منافع دیگران را هم در نظـــر بگیریم. برای من بهترین راه درک منظور پولس و زندگی کردن مطابق آن، چند سال پیش مهیا شد، آن زمانی که سرگرم تهیهٔ موعظه‌ای بودم که قرار بود آن را در مراسم عروسی ایراد کنم. به این فکر کردم که چه چیزی در زندگی زناشـــویی خودم، به من کمک کرد. به این فکر کردم که همســـرم، مگان، چه زن فوق‌العاده و بی‌نظیری اســـت و من واژهٔ گنج را روی کاغذ نوشـــتم. او برای من یک گنج ارزشـــمند است. بعد ناگهان فکری به ذهنم خطور کرد: *گنج خود را ارزشمند بشمارید.*

همســـرم هدیهٔ بزرگ است که نصیب من شـــده، شخصی با ارزش بســـیار. وقتی ذهن و قلبـــم را روی این واقعیت متمرکـــز می‌کنم، بهتر می‌توانم او را گنج خود بدانم، دوســـتش بدارم، مراقب ســـلامتش باشم و بعضاً خواســـته‌های خودم را فدای خواســـته‌های او بکنم. فرندانم نیز گنج گران‌بهایی هســـتند. گاهی این را فراموش می‌کنم و مراقبت کردن از آنها برایم کاری عادی و روزمره می‌شـــود. بعد به یاد می‌آورم و بلافاصله مراقبت از آنها از حالت انجام وظیفه در آمده، به افتخار تبدیل می‌شـــود. مسئله، نوع نگرش به موضوع است. وقتی زیبایی و ارزش کسی را ببینیم، میل‌مان به خدمت افزایش می‌یابد. ماکرینا ویدرکر[1] می‌نویسد: «ای خدا، کمکم کن تا حقیقتـــم را- فرقی نمی‌کند چقدر زیبا باشـــد- باور کنم.» اگرچه در دعای او حقیقتی وجود دارد، اما من دوســـت دارم در کلماتش دســـت ببرم و این‌طور دعا کنم: «ای خدا، کمکم کن تا حقیقت کسانی را که امروز ملاقات می‌کنم- فرقی نمی‌کند چقدر زیبا هستند- ببینم.»

وقتی به "ارزشـــمند شـــمردنِ گنج‌تان" فکر می‌کنید، چه کسی به ذهن‌تان خطور می‌کنند؟

1. Macrina Wiederkehr

به فکر دیگران بودن، حتی وقتی به ضرر ماست

روایتـــی که ما برای زندگی کردن مطابـــق آن انتخاب می‌کنیم، رفتار مـــا را تعیین می‌کند- اینکه اول احتیاجات دیگـــران را در نظر بگیریم یا احتیاجات خودمان را. یکی از دوســـتان من که خانمی مســـیحی است، چیـــزی را که همین اواخر برایش روی داده بود، برایم تعریف کرد. او در محافل اجتماعی به زنی غیرمسیحی برمی‌خورد و سعی می‌کند با او باب دوستی را باز کند. او چند دفعه این خانم را برای ناهار دعوت می‌کند، اما او هر بار برای رد ملاقات بهانه‌ای می‌آورد. دوست من چند بار به منشی آن خانم زنگ می‌زند و سرانجام منشـــی که از وضعیت پیش‌آمده حس بدی داشته به دوســـتم می‌گوید: «شاید این به من ربطی نداشته باشد، اما آخرین باری که برای او یادداشـــت گذاشتم و در آن درخواست ملاقات شـــما را یادآوری کردم، او یادداشت را گرفت، مچاله کرد و گفت "هرگز چنین اتفاقی نخواهد افتاد." و بعد آن را در ســـطل آشغال انداخت. شما آدم خوبی هســـتید، و من دوســـت ندارم که دوباره با شما چنین رفتاری بشود.»

دوســـتم گفت که احساســـاتش به‌خاطر این جریان جریحه‌دار شده بود، البته هر کـــس دیگر هم جای او بود، چنین می‌شـــد. ولی او عمیقاً در پادشـــاهی خدا زندگی می‌کند، و به همین‌خاطر موضوع را در دعا به حضور خدا می‌برد. حدود یک هفته بعد، او به‌طور اتفاقی به رســـتورانی می‌رود و آن زن را می‌بیند که با یکی از دوســـتانش به آنجا آمده اســـت. دوســـت من به پیشـــخدمت می‌گوید: «صورت‌حســـاب میز آنها را من می‌پردازم.» بعد به کار خودش مشـــغول می‌شـــود و کاغذهایی را که به رستوران آورده بود تکمیل می‌کند. ناگهان به خودش می‌آید و می‌بیند که آن زن روبه‌رویش ایستاده است.

زن می‌گوید: «فقط خواستم به‌خاطر حساب کردن ناهار از شما تشکر کنم. خیلی لطف کردید. من می‌دانم که شـــما روی ملاقات با من خیلی پافشاری کردید. متأسفم. خواستم که در جریان باشید.»

دوستم عمل او را این‌گونه برای من تشریح کرد. او گفت: «می‌دانی، من انتظار ندارم که به این زودی‌ها همدیگر را ببینیم، ولی من به این‌خاطر آن کار را نکردم. من پول ناهارش را حساب کردم، چون برایش دعا کرده بودم، و فرصتی به دستم آمده بود تا یک کار خوب در حقش انجام بدهم. من فکر می‌کنم که خدا این فرصت را در اختیارم گذاشت. من نمی‌دانم که آیا ما با هم دوست خواهیم شد یا نه، و آیا خدا مرا برای نجات او به کار خواهد برد یا نه. آنچه می‌دانم این است که من این فرصت را داشتم که برای کسی دیگر کاری بکنم، و از این بابت حس خوبی دارم.» او با یک روایت تازه، نیرومند و حقیقی زندگی می‌کند: «نیازهای شما بیشترین اهمیت را دارند، نه نیازهای من.» او به معنای واقعی کلمه خاص است.

حالا می‌خواهم در این مورد هشداری بدهم: اگرچه بسیاری از ما، و از جمله خودم، با خطر خدمت بیش از اندازه یا دلواپسی زیاد برای نیازهای دیگران - تا حدی که نیازهای خودمان را از یاد ببریم - روبه‌رو نیستیم، اما افراد بسیاری چنین‌اند - و احتمالاً در میان خوانندگان این کتاب هم از این دسته از افراد یافت می‌شوند. وقتی به موضوع خدمت به دیگران و مراقبت از خودمان می‌رسیم، باید اعتدال را رعایت کنیم. من دوستان مسیحی بسیاری دارم که چنان بر خدمت به دیگران متمرکز می‌شوند که از احتیاجات خودشان، و گاه نیازهای خانواده‌های‌شان غافل می‌مانند. زنی اعتراف می‌کرد که در جوانی، فقط به این‌خاطر که به او گفته بودند خدمت کردن به دیگران وظیفهٔ همیشگی ما، پیروان مسیح است، از پا درآمده و از کلیسا رفته بود. او هم آن‌قدر به دیگران خدمت کرده بود که به‌کلی فرسوده و نومید شده بود. مرد دیگری می‌گفت که خانواده‌ام سال‌های متمادی از «پس‌مانده‌های من استفاده می‌کردند»، چون «من همهٔ انرژی‌ام را صرف مراقبت از نیازمندان می‌کردم و از خانواده‌ام غافل بودم.»

در مورد خدمت به دیگران، من طرفدار رعایت اعتدال هستم. ما باید به وضعیت تن و روان خود واقف باشیم، و بدون اینکه دچار احساس گناه شویم، اول از آنها مراقبت کنیم. ما فقط زمانی می‌توانیم خدمت کنیم

که خودمان سرپا باشیم و خستگی را از جسم و جان به در کرده باشیم. همچنین باید حواس‌مان باشد که ما برای بعضی از کسانی که بیش از همه به ما نیاز دارند- یعنی خانواده و دوستان‌مان- به‌ندرت وقت می‌گذاریم. شاید آنها در احتیاج مبرم نباشند، اما به وقت، انرژی و محبت ما نیاز دارند. باز تکرار می‌کنم که باید اعتدال را رعایت کرد. بنابراین، شاید ما وقت زیادی صرف رسیدگی به نیازهای خودمان می‌کنیم، و شاید وقت زیادی برای رسیدگی به نیازهای دیگران صرف می‌کنیم؛ و این امری متداول است. به اعتقاد من، اگر ما به رهنمودهای روح‌القدس گوش بسپاریم و پذیرای نصایح کسانی باشیم که بهتر از ما می‌توانند این چیزها را ببینند، می‌توانیم تعادل را برقرار کنیم.

مهم‌ترین کار

یک‌بار با دالاس ویلارد در همایشی در کالیفرنیا شرکت کردیم، و قرار بود در آن سخنرانی کنیم. من جلسهٔ عصر را با صحبت کردن در مورد فیض خدا در متحول ساختن انسان، آغاز کردم. پس از یک تنفس، دالاس برای سخنرانی ایستاد. او صحبتش را با این کلمات توجه‌برانگیز شروع کرد: «می‌خواهم به شما بگویم که مهم‌ترین وظیفهٔ شخص مسیحی، خصوصاً کسانی که در سمت رهبری کلیسا هستند، چیست.» لحظه‌ای سکوت بر همایش حاکم شد و همهٔ ما منتظر بودیم تا بشنویم نظر او در مورد مهم‌ترین وظیفهٔ شخص مسیحی چیست. برای یک لحظه ذهن من به تکاپو افتاد- چه می‌تواند باشد؟ من صدها ساعت از تعالیم دالاس ویلارد را شنیده‌ام. با خودم فکر کردم که شاید می‌خواهد بگوید: «از بَر کردنِ کلام خدا»، چون می‌دانم که به عقیدهٔ او این کار بسیار دگرگون کننده است. او به‌سوی میکروفن خم شد و گفت: «مهم‌ترین وظیفهٔ ما، به‌ویژه آنهایی که در سمت رهبری کلیسا هستند، این است که برای موفقیت کلیساهای دیگر دعا کنیم.»

من خشکم زد. مهم‌ترین وظیفه این است؟ می‌توانستم بایستم و به راحتی یک دوجین از چیزهایی را که گمان می‌کردم برای مسیحیان و

به‌ویژه شبانان مهمترند، بشمارم. مثلاً مراقبت کردن از فقیران، وقت مفید گذراندن با خدا در خلوت و دعا، در میان گذاشتن ایمان خود با بی‌ایمانان... از نظر دالاس، هیچ‌یک از اینها مهمترین وظیفهٔ شخص مسیحی به حساب نمی‌آیند. مهمترین کاری که شخص مسیحی می‌تواند انجام دهد، دعا کردن برای موفقیت دیگر کلیساها در ناحیهٔ خودش است. بعد از همایش، من دالاس را تحت فشار گذاشتم تا منظور خودش را توضیح دهد. او گفت وقتی ما برای موفقیت کلیساهای همجوار خودمان دعا می‌کنیم، و آن‌هم از صمیم قلب، روایت خودخواهی را درهم‌می‌شکنیم و وارد ذهن خدا می‌شویم، چون او هم برای موفقیت این کلیساها دعا می‌کند. او گفت که انجام این کار ما را در هماهنگی با پادشاهی خدا قرار می‌دهد.

او نه تنها شبانان، بلکه کل کلیساها را تشویق به انجام این کار کرد. این اواخر من در کلیسای هایلند پارک[1] واقع در کسپر وایومینگ[2] موعظه کردم. شبان کلیسا هم همان نظر دالاس را داشت. او از کلیساهای منطقه فهرستی تهیه کرده بود و دعا کرد که خدا کار خود را از طریق دستان ایشان برکت دهد. او کلیساها و حتی برخی از خادمان آنها را نام برد. کار بسیار زیبایی بود. جو پرستش عوض شد؛ ما را به چیزی فراتر از خودمان مرتبط ساخت؛ به ما کمک کرد تا زیبایی و قدرت پادشاهی خدا را ببینیم. من از یکی از شبانان دربارهٔ این اقدام پرسیدم، و او به من گفت که آنها هر یکشنبه این کار را انجام می‌دهند. من با او دربارهٔ آنچه که دالاس گفته بود حرف زدم. گفتم: «شما این کار را هم‌اکنون انجام می‌دهید! ادامه بدهید.» او کمی سرخ شد، اما من خواستم بر کاری که می‌کرد و تأثیری که بر مردم می‌گذاشت، مهر تأیید بزنم.

در مورد انتخاب دالاس ویلارد مبنی بر دعا کردن برای کلیساهای دیگر به‌عنوان مهمترین وظیفهٔ مسیحی چه فکر می‌کنید؟ این کار چگونه ما را "با پادشاهی خدا هماهنگ می‌کند"؟

---

1. Highland Park Community Church; 2. Casper, Wyoming

فضای فیض

وقتی معمار، طی جلسه کمیتهٔ کلیسایی، مکث کرد تا روی جوابی که می‌خواست بدهد قدری فکر کند، تصمیم گرفت طبق روایتی که در تعلیم عیسی و عهدجدید یافته بود، زندگی کند. روایت مزبور به ما تعلیم می‌دهد که در پادشاهی خدا با کسی رقابت نمی‌کنیم. روایتی که می‌گوید ما با دیگران- به‌ویژه با دیگر کلیساها- در حال رقابتیم، نادرست، گمراه‌کننده و شکننده است، و ما را از خدا و خودمان جدا می‌کند. به‌نظر من، معمار حکیمانه در جستجوی فضای فیض بود، جایی که می‌توانست در آن خود را از روایت نادرست دور سازد و حقیقتی را که در روایت عیسی با آن روبه‌رو شده بود، تشخیص دهد.

او فضای فیض داشت، لحظه‌ای که بتواند از جایگاهی مسیح-محور سخن بگوید. در اینجا نکته کلیدی این است که ما نحوهٔ پیدا کردن فضای فیض را بیاموزیم تا روایتی را که اقتباس کرده‌ایم در آن به‌کار ببریم. این فرایندی آرام و تدریجی است. ولی اگر به تازه کردن ذهن‌مان ادامه بدهیم و با روایت حقیقی عیسی بمانیم، به خدا و خودمان نزدیکتر خواهیم شد، و ثمرهٔ روح در ما پدیدار خواهد شد. و اما معمار به پرسش «آیا می‌توانیم ساختمانی بسازیم که در رقابت با کلیسای نزدیک‌مان به دادمان برسد؟» چه پاسخی داد؟ او چیزی شبیه این را گفت:

> اول از همه می‌خواهم یک نکته را روشن کنم. ما با کلیسای نزدیک‌مان در رقابت نیستیم. رشد آنها رشد ما هم هست، چون همهٔ ما با هم در پادشاهی خدا به‌سر می‌بریم. دوم، کار ما ساده است: ما باید با پولی که خدا برای‌مان تدارک دیده، هرچه در توان داریم انجام دهیم. این یعنی سخت‌تر کار کردن برای بنای مکانی زیبا که خدا را جلال دهد، و برای مردمی که در آن حضور پیدا می‌کنند، منشأ برکت شود. و این چیزی است که من سعی دارم با مهارت‌هایی که آموخته‌ام، به انجام برسانم.

من به خادمی که ریاست جلسه را بر عهده داشت گفتم: «خب، دیگران که در جمع حاضر بودند، به این جواب چه واکنشی نشان دادند؟» او توضیح داد: «قسمت شگفت‌انگیزش همین جاست.»

جواب او حال و هوای کل جلسه را تغییر داد. ما روی چیزهای غلط متمرکز شده بودیم، و از معیارهای غلطی استفاده می‌کردیم. در ذهن مردم روایت غالب و نادرست در مورد موفقیت کلیسا جریان داشت، اینکه کلیساها با سه چیز ارزیابی می‌شوند: اعضا، ساختمان و بودجه. وقتی تمرکز ما روی اینها باشد، همه چیز غلط از آب درمی‌آید، چون اینها ارزش‌های پادشاهی خدا نیستند. من سعی می‌کنم چیزهایی بگویم شبیه آنچه معمار گفت، اما آنها اغلب فکر می‌کنند: «آه، باز دوباره واعظ بالای منبر رفت!» ولی وقتی او این را گفت، واقعاً حرفش در آنان تأثیر گذاشت. باقی جلسه در مسیری تازه افتاد. ما شروع کردیم به مطرح کردن پرسش‌هایی در مورد اینکه چگونه می‌توانیم با آنچه که خدا در اختیارمان قرار داده، بهترین کارها را انجام دهیم. در اواخر جلسه همهٔ ما از اینکه جزو کاری بودیم که خدا داشت در میان ما انجام می‌داد، حسابی هیجان‌زده بودیم.

شبان سخنان خود را این‌گونه جمع‌بندی کرد: «تغییر دادن روح یک جلسهٔ کلیسایی از تمرکز بر مسائل دنیوی به تمرکز بر پادشاهی خدا کار کوچکی نیست. این کار عملاً یک معجزه است.» من به‌عنوان یک شرکت‌کنندهٔ کهنه‌کار که در بسیاری از جلسات کلیسایی شرکت داشته‌ام، دقیقاً می‌دانستم که معنای حرفش چیست.

پرورش روح

برای گنج‌های‌مان ارزش قایل شویم

اجتماع خوب و زیبای شـــاگردان از کسانی تشکیل شده که در حال فراگیری اولویت دادن احتیاجات دیگران بر احتیاجات خودشان هستند. در دنیای ما این یک رفتار خاص به‌شـــمار می‌رود. این نشان می‌دهد که ما برای روایت‌های این دنیا، که می‌گویند: «دنبال برنده شـــدن باش!» و «برنده شـــدن، نه همه چیز بلکه تنها چیز اســـت!»، وصلهٔ ناجوریم. این نشـــان می‌دهد که ما برای خودخواهی، نژادپرســـتی و خشونت وصلهٔ ناجور هســـتیم. چگونه می‌توانیم در زندگی به اصل مسیحی عمل کنیم؟ کجا می‌توانیم آن را زندگی عملی کنیم؟ به گمانم، این کار با تغییر شـــیوهٔ نگرش ما نســـبت به دیگران آغاز می‌شـــود. اگر ما دیگـــران را- چه در خانـــواده چه در کوچه و خیابان- صرفاً آدم ببینیم، ممکن اســـت آنها را موانع یا فرصت‌هایی برای خوشبختی بیشتر خودمان تلقی کنیم.

راه‌حل این اســـت که ذهن مســـیح را در بر کنیم و دیگران را چنان ببینیم که او می‌بیند: گنج! آن‌وقت به‌طور طبیعی برای‌شـــان ارزش قایل می‌شـــویم، و بدین‌ترتیب مقدم شمردن نیازهای آنها بر نیازهای خودمان نه تنها امری ممکن، بلکه حتمی می‌شـــود. ما در محافل گوناگون زندگی و فعالیت می‌کنیم، و در زندگی، با افـــراد روابط مختلف داریم: خانواده و دوســـتان، همکاران، هم‌کیشان، بیگانگان و آشـــنایان. برای مثال، گنج شمردنِ خانواده برای ما آسان‌تر است، اما این بدان معنا نیست که این کار را به‌خوبی انجام می‌دهیم. به‌ســـختی می‌توان برای کسی که در فروشگاه رفتار بی‌ادبانه‌ای از خود بروز داده، ارزش گنج را قایل شد، ولی این کار ناممکن نیست. این هفته از شما می‌خواهم که از چند طریق، ارزش قایل شدن برای گنج‌های پیرامون‌تان را تمرین کنید.

در خانه عاری از خودخواهی زندگی کنید

۱) هنگام تصمیم‌گیری در مـورد اینکه کجا غذا بخورید و چه بخورید، از دیگر اعضای خانواده بپرسید که آنها کجا و چه چیز را دوســت دارند. اگر غذایی که آنها انتخاب می‌کنند برای شما واکنش آلرژیک به‌وجود نمــی‌آورد، همان جایی بروید که آنها می‌خواهند و یا همان چیزی را بخورید که آنها دوست دارند.

۲) اگر ازدواج کرده‌اید یا با کسـی همخانه هستید، از او حالش را جویا شــوید و با دقت به حرف‌هایش گوش بدهید. حتی اگر خودتان کارهای دیگــری دارید، اولویت دادن نیازهای او را بر نیازهای خودتان تمرین کنید- حتی اگر نیاز عاطفی باشد.

۳) اگر فرزند دارید، به آنها احترام بگذارید و بپرسید که دوست دارند یک شــب را در این هفته چگونــه بگذرانند- هرطور که دل‌شان می‌خواهد. شاید تماشـای فیلم سینمایی باشد یا بازی کردن تخته نرد، اما کلید کار اهمیت دادن به انتخاب آنها است.

در محل کار عاری از خودخواهی زندگی کنید

۱) برای ملاقات یکی از همکاران وقت بگذارید و از او بپرسید: «روی چه چیزی کار می‌کنی و آیا از من کاری ســاخته است و می‌توانم باری را از دوشــت بردارم؟» ایــن کار معمولاً به چند درخواست جالب منجر می‌شود!

۲) بــرای همکاران خود چای یا قهوه درســت کنید، یا با خود خوراکی بیاورید، یا محیطی را که همکاران در آن چای یا قهوه صرف می‌کنند تمیز کنید.

در کلیسا عاری از خودخواهی زندگی کنید

۱) ماشــین خود را در نقطه‌ای دورتر از ساختمان کلیسا پارک کنید، تا جای پارک نزدیکتر را برای دیگران بگذارید.

۲) در ردیف‌های جلوی کلیسا یا جاهایی که مردم به‌ندرت می‌نشینند، بنشینید و جاهای پرطرفدارتر را برای دیگران بگذارید.

۳) برای انجام کارهایی که لازم است انجام شوند، مانند تا کردن بروشورها یا تمیز کردن محوطهٔ پارکینگ کلیسا، پیشنهاد کمک بدهید.

در زندگی روزمره عاری از خودخواهی زندگی کنید

۱) هنگام رانندگی، مترصد فرصت باشید تا به ماشین‌های دیگر راه بدهید.

۲) هنگام خرید، در حالی که در فروشگاه گردش می‌کنید حواس‌تان به دیگران باشد، و به دیگران اجازه بدهید در صف صندوق جلوی شما بایستند.

فصل چهارم

اجتماع مسیح-محور

روزی مـردی کـه می‌گفـت از رهبـران یک فرقه اسـت، که فقط در موردش شـنیده بودم اما صادقانه بگویم، چیز زیادی از آن نمی‌دانستم، بـه من زنگ زد. او بـه نمایندگی از طرف هیئت رهبری کلیسای‌شـان تماس گرفته بود تا ببینـد آیا من حاضرم بروم و برای گروهی از رهبران فرقهٔ آنها در مورد موضوع شـکل‌گیری روحانی مسـیحی صحبت کنم. من بلافاصله به موضوع علاقمند شـدم. پرسـیدم که نام مرا از کجا پیدا کرده‌اند، و او گفت که شـورای رهبری فرقه‌شان کسانی را به کلیساهای مختلف فرستاده‌اند و از صدها مسـیحی نظرسنجی کرده‌اند که دوست دارند دربارهٔ چه موضوعات یا مسائلی بیشتر بدانند. پاسخ شمارهٔ یک «شـکل‌گیری روحانی» بوده اسـت. مرد مزبور به من گفت که فرقه‌اش کسـی را ندارد که در این زمینه متخصص باشد، بنابراین آنها در اینترنت «شـکل‌گیری روحانی» را جستجو کرده‌اند و به نام من رسیده‌اند. (من همان اواخر کتابی نوشته بودم با عنوان راهنمای شکل‌گیری روحانی).

او به من گفت که آنها بیشـتر نیاز دارند دربارهٔ این موضوع بدانند و اینکه زمانی که من با آنها می‌گذرانم، در نهایت بر کلیساهایشـان تأثیر خواهد داشت. من دعوتش را پذیرفتم. طی شش ماه بعد، من سخت کار کردم و با دعا از خدا خواسـتم کمکم کند تا شوق شکل‌گیری روحانی مسیحی را در این رهبران برافروزم، و در عین حال آنها را راهنمایی کنم که چطور باعث ایجاد این شکل‌گیری روحانی در کلیساهای‌شان بشوند.

وقتی داشتم به‌سوی محل جلسـه پرواز می‌کردم، بر هیجانم افزوده شـده بود. در محل تحویل چمدان‌ها به مرد نازنینی برخوردم که مرا به هتل محل برپایی جلسـهٔ یکروزه‌مان برد. در حالی که کیفم را در دست گرفته بودم، وارد سالن هتل شدم. برای شروع تعلیم سر از پا نمی‌شناختم. بیش از شـصت تن از رهبران کلیدی آن فرقـه از نقاط مختلف ایالات متحده آمده بودند. من با خودم فکر کردم: *اگر این افراد برای شکل‌گیری روحانی اشتیاق داشته باشند، در کلیساهای‌شان آتشی به پا خواهد شد.* یکی از رهبـران فرقه من را معرفی کرد، و من هم با اشـتیاق قدم روی صحنه گذاشـتم. اول داسـتانی بامزه تعریف کردم و به‌نظر می‌رسید که جو سـالن آرام است. بعد وارد بحث اصلی خودم شدم و این جمله را به زبان آوردم: «خدا ابزارهای گوناگون فیض- دعا، خلوت‌گزینی، سکوت، کتاب‌مقدس، روزه و بسـیاری چیزهای دیگر- را در اختیار ما قرار داده است، تا به رابطه‌مان را با او عمق بیشتری ببخشیم، و شخصیت مسیح را در خود پرورش دهیم، تا بتوانیم زندگی بانشـاطی با خدا داشته باشیم و در دنیایی که زندگی می‌کنیم، تفاوتی ایجاد کنیم.»

این عبارت آغازین من بود که رویش حسابی کار کرده بودم. همچنین پایــان ارتباط من با حضار هــم بود! بعداً فهمیدم که آنهـا عمیقاً اعتقاد داشـتند که خدا به کلیسـا تنها دو ابزار فیض عطا کرده است- تعمید و عشـای ربانی. فعالیت‌هایی که من نام برده بــودم (از قبیل دعا، خواندن کتاب‌مقدس، خلوت‌گزینی) از نظر آنها *ابزار فیض* محسوب نمی‌شدند. در فرقهٔ من (متدیست)، و همهٔ فرقه‌های دیگری که برای‌شان سخنرانی کرده بودم، این اصطـلاح را آزادانه برای توصیف ایـن قبیل فعالیت‌ها

به کار می‌برند. اما من اصلاً اطلاع نداشتم که موضع اینها در قبال این موضوع چیست. تنها چیزی که می‌دانستم این بود که حاضران به‌سرعت از دلواپسی به خصومت تغییر حالت دادند.

از لحظهٔ بیان آن جمله افتتاحیه تا مدت یک دقیقه، نگاهم با نگاه هیچ‌کس ارتباط برقرار نکرد. ظرف پانزده دقیقه از حرکت سرها فهمیدم که با حرف‌هایم مخالفند. نیم‌ساعت از سخنرانی گذشته بود که مردی سرپا ایستاد و صندلیش را برگرداند و پشت به من نشست. او، در واقع، می‌توانست سالن را ترک کند (طی چهل دقیقه از شروع سخنرانی سه نفر عملاً این کار را کردند)، اما می‌خواست با این حرکت انزجارش را علناً نشان دهد. من از یک اصل مقدس تخطی کرده بودم؛ من نادانسته موضعی الاهیاتی گرفته بودم که مغایر با موضع آنها بود. از دید آنها، من در به‌کاربردنِ یک عبارت اشتباه کرده بودم، و آنها لازم می‌دیدند مرا در ملأ عام خجالت بدهند. چهل‌وپنج دقیقه گذشته بود که من صحبتم را قطع کردم و گفتم: «به نظرم زمان مناسبی برای یک تنفس باشد.»

طی وقت تنفس مردی که من را از فرودگاه به هتل آورده بود، با چهره‌ای بسیار مغموم به من گفت: «رئیس با تأسف اظهار می‌کند که اوضاع خیلی بد پیش می‌رود، و لازم است که در همین جا به سخنرانی شما پایان بدهیم.» قرار بود که من تا چهار ساعت آینده هم تعلیم بدهم، اما راستش را بخواهید، برگشتن به آن سالن برایم مثل پا گذاشتن به لانهٔ زنبور سرخ بود. می‌دانستم که درد این لحظه را قرار است تا سال‌ها تحمل کنم. به او گفتم: «موافقم. می‌توانی مرا به فرودگاه برسانی؟ شاید بتوانم یک پرواز زودتر به خانه پیدا کنم.» او هم قبول کرد.

آیا تاکنون پیش آمده است که سوءتفاهمی الاهیاتی شکافی ناگزیر به‌وجود آورده باشد؟

در حالی که داشتم به تنهایی راهرو هتل را ترک می‌کردم، صدایی شنیدم. مردی زیر لب گفت: «ببخشید، می‌توانم از شما سؤالی بکنم؟» گفتم: «بله». او گفت: «من واقعاً بابت رفتار امروزمان با شما متأسفم. من در

این فرقه تازه‌واردم و اخیراً دستگذاری شده‌ام و با همهٔ دیدگاه‌های شبانان همقطارم موافق نیستم. تنها چیزی که می‌دانم این است که نمی‌توانم به رشد اعضای کلیسای‌مان در شاگردی کمک کنم، ولی به‌نظرم شما می‌توانید به من کمک کنید.» صداقت او کاملاً عیان بود، پس من ایستادم تا کمکش کنم. گفتم: «ببین، فقط این کار را بکن: کتاب *انضباط روحانی* ریچارد فاستر را بخوان. بدین‌ترتیب تا چند سال کار خواهی داشت. آن را برای خودت بخوان و اول در زندگی خودت تمرینش کن. به مرور زمان تغییر خواهی کرد، و بعد طبیعتاً آن را به اعضای کلیسایت هم انتقال خواهی داد.» او از من تشکر کرد، و من هم که کاملاً شکست خورده بودم، به سمت پارکینگ به راه افتادم. موقع پرواز برگشت سرم را به‌سوی پنجرهٔ هواپیما خم کردم و گریستم.

روایت نادرست: چون توافق نداریم، پس باید جدا شویم

به گمانم الآن بسیاری از خوانندگانِ کنجکاو دوست دارند بدانند *آن چه فرقه‌ای بوده است*؟ اصلاً مهم نیست. به‌نظرم می‌تواند هر فرقه‌ای باشد، این اتفاق همیشه در کلیساها پیش می‌آید. آنچه من از این تجربه به‌دست آوردم این بود که چطور عبارتی کوچک- سه کلمهٔ کوتاه- می‌تواند باعث چنین جدایی بزرگی شود. من می‌پذیرم که به اندازهٔ کافی آمادگی نداشتم، چون اگر در مورد آن فرقه آگاهی بیشتری داشتم، می‌توانستم از بروز آن رویداد جلوگیری کنم. اما آنها نیز به همان اندازه مقصر بودند چون به‌خاطر عدم آگاهی‌ام، به من ارفاق نکردند. باید یکی حرف مرا قطع می‌کرد و مثلاً می‌گفت: «ببخشید، جیم، اصطلاحی که به‌کار بردی قدری برای ما غلط‌انداز است. موضع ما در مورد آن... است» و بعد به من فرصت می‌دادند تا پاسخ بدهم.

اجازه بدهید یک حقیقت آشکار و دهشتناک را به شما بگویم: کلیسای مسیح به فرقه‌های بسیار متعددی تقسیم شده است که همگی از مشارکت با یکدیگر خودداری می‌کنند. برای مردمی که مدعی یک خدا، یک ایمان و یک تعمید هستند، یک کلیسای واحد وجود ندارد و همه در

انزوا، داوری، سوءظن و محکومیت قرار دارند. این وضعیتی غم‌انگیز و ناراحت‌کننده است که بدون تردید پدر، پسر و روح‌القدس را اندوهگین می‌سازد. نژاد، طبقهٔ اجتماعی، فرقه و آموزه‌های دینی قوم خدا را از هم جدا ساخته است. صبح یکشنبه منشق‌ترین زمان در طول هفته است. بیش از سی هزار فرقهٔ پروتستانِ شناسایی‌شده وجود دارد، و بسیاری از آنها جز خودشان باقی فرقه‌ها را رد می‌کنند.

آیا موافقید که صبح یکشنبه منشق‌ترین زمان در طول هفته است؟ چرا؟

چرا؟ چون ما روایت نادرستی را برگزیده‌ایم که به ما اجازه می‌دهد خودمان را از کسانی که در ظاهر یا موقعیت یا باور با ما فرق دارند، جدا کنیم. چیزی شبیه به این: «اگر تو مثل من نباشی، مثل من عمل نکنی، مثل من پرستش نکنی یا مثل من فکر نکنی، هیچ لزومی ندارد که با هم مشارکت داشته باشیم.»

انگلیسی‌زبان‌ها با انگلیسی‌زبان‌ها پرستش می‌کنند؛ اسپانیولی با اسپانیولی‌ها. ثروتمندان به کلیسای ثروتمندان می‌روند؛ فقیران به کلیسای فقیران. آنهایی که معتقدند کتاب‌مقدس عاری از خطاست، فقط با کسانی مشارکت دارند که همان باور را دارند؛ کسانی که معتقدند همجنس‌گرایی شیوهٔ مقبولی برای زندگی است، فقط با کسانی مشارکت دارند که روابط افراد همجنس را تأیید می‌کنند.

یک‌بار در گفتگویی شرکت داشتم که در آن سخنران روی یک صفحهٔ فلزی قدری نمک و فلفل پاشید و بعد صفحه را تکان داد و دانه‌های نمک و فلفل کم‌کم از هم جدا شدند. بعد او به صحبت‌هایش را چنین ادامه داد که نژادها مثل نمک و فلفل، همیشه به‌لحاظ طبیعی از هم جدا می‌شوند، سیاه‌پوستان دوست دارند با سیاه‌پوستان باشند و سفیدپوستان با سفیدپوستان، و آزمایش او نیز ثابت کرد که این امری است طبیعی و مقدرشده توسط خدا. این سخنرانی که در کلیسا ایراد شد، نمونه‌ای بارز از روایت نادرست، و منطقی بود که آن روایت را تأیید می‌کرد. البته این

هیچ ربطی به جداسازی نژادی نداشت. نمک و فلفل به‌خاطر وزن‌شان از هم جدا می‌شوند، نه به‌خاطر رنگ‌شان. با وجود این، من به پیرامون خودم نگاهی انداختم و مردم را دیدم که سر خود را به نشانۀ موافقت تکان می‌دهند، گویی داشتند می‌گفتند: «بله، کسانی که از یک نژاد نیستند، نباید با هم پرستش کنند.» این وحشتناک بود!

آیا شما به زبان‌ها حرف می‌زنید؟ آیا سرود می‌خوانید یا با موسیقی خدا را می‌ستایید؟ آیا اعتقاد دارید که زن‌ها می‌توانند شبان شوند؟ آیا اجازه می‌دهید کسی آلات موسیقی را به درون کلیسا بیاورد؟ اینها پرسش‌هایی هستند که ما برای دریافت باورها و آداب و رسوم مردم به کار می‌بریم، و پاسخ به آنها است که تعیین می‌کند آیا ما می‌توانیم با هم پرستش کنیم یا نه. بعضی‌ها حتی نجات کسانی که پاسخی متفاوت می‌دهند را زیر سؤال می‌برند. واقعیت غم‌انگیز این است: دسته‌بندی‌های ما به هیچ وجه نمی‌تواند آن چیزی باشد که عیسی انتظارش را دارد. روایت نادرست این فصل- اگر توافق نداریم، پس باید جدا شویم- اجازه بروز چنین اتفاقی را می‌دهد و موجب تکرار شدن این اتفاق می‌شود. ما برای رفتارهایمان به یک منطق نیاز داریم. افعال ما بر پایه ایده‌ها و روایت‌های ما بنا شده‌اند. از این رو، برای غلبه بر این معضل، لازم است روایت درست را جایگزین روایت نادرست سازیم؛ یک روایتی که در عهد جدید یافت می‌شود.

در مورد اینکه «چون هم‌نظر نیستیم باید جدا شویم» چه فکر می‌کنید؟ آیا فکر می‌کنید این روایتی نادرست است؟

ترس پنهان در پَس روایت نادرست

من باور ندارم که رهبران آن کلیسا من را از سر بدخواهی رد کردند، بلکه عامل رفتارشان ترس بود. آنها از این می‌ترسیدند که اگر موضع مرا بپذیرند، اجازه داده‌اند چیزی خطرناک میان‌شان راه پیدا کند. موضع آنها در مورد اینکه *ابزارهای فیض فقط دوگانه‌اند* تاریخچه‌ای طولانی دارد، و خیلی وقت پیش به این نتیجه رسیده بودند که وارد کردن دیگر ابزارهای فیض از قداست تعمید و عشای ربانی می‌کاهد، و جایگاه دعا و مطالعۀ

کتاب‌مقدس را بیش از اندازه بالا می‌برد. آنها به منظور حفظ حقیقت چنین محافظه‌کارانه عمل می‌کردند، و احتمالاً به‌خاطر همین نیز به مقام رهبری ارتقا پیدا کرده بودند. ما از شبانان انتظار داریم از گله نگاهبانی کنند!

حتی وقتی که انگیزه خوب است، نباید بگذاریم ترس‌هامان نوع رفتار ما را تعیین کنند. محبت کامل ترس را می‌راند، زیرا پادشاهی خدا هرگز مستأصل نیست. دروازه‌های دوزخ نه با آموزه‌های صحیح، که با دل‌های مهربان مردان و زنانی متزلزل می‌شوند که ترس‌های خود را کنار گذاشته‌اند و با اعتماد به این که مسیح خداوند است و روزی هر زانویی در برابرش خم خواهد شد و هر زبانی اقرار خواهد کرد که او خداوند است، پیش می‌روند. هستهٔ مرکزی ترس‌های ما را میل به کنترل کردن تشکیل می‌دهد. طرد کردنِ دیگران باعث می‌شود احساس کنیم در امان هستیم؛ ما معلمان دروغین را از میان خود رانده‌ایم، ما گرگ‌هایی را که در لباس میش وارد مشارکت‌مان شده بودند، بیرون کرده‌ایم، و اوضاع خوب است. اصرار بر داشتنِ آموزه‌های دینی درست اغلب صحنهٔ دودگرفته‌ای است که مشکل عمیق‌تری را مخفی می‌کند: عدم امنیت ما از اینکه اگر همه چیز درست نباشد، همه چیز فرو خواهد ریخت. در مورد تفاوت‌های نژادی و جنسیتی هم وضع به همین منوال است. اگر مردم با آنچه ما هستیم و می‌کنیم متفاوت باشند و عمل کنند، معذب می‌شویم چون نمی‌توانیم به‌طور کامل آنها را بفهمیم یا رفتارشان را کنترل کنیم.

بدین‌سان، چگونه باید در بدن مسیح بر این معضل فایق آییم؟ استنلی هاورواز چنین توضیح می‌دهد: «این محبت که مشخصهٔ پادشاهی خدا است، تنها برای آنانی که بخشوده شده‌اند- آنانی که آموخته‌اند از یکدیگر نترسند- ممکن است... فقط زمانی که "خودِ" من- شخصیت من- با محبت خدا شکل گرفته باشد، متوجه می‌شوم که دلیلی برای ترسیدن از دیگران وجود ندارد.»

هاورواز دقیقاً انگشت روی مشکل می‌گذارد: ما از یکدیگر می‌ترسیم. با افزایش درک‌مان از نژادها و فرهنگ‌های مختلف می‌توانیم بر عمدهٔ

این ترس غلبه کنیم. اما در نهایت با دانستنِ این واقعیت که ما بخشوده شده‌ایم و با محبت خدا شکل می‌گیریم، می‌توان بر آن ترس‌ها غالب آمد.

حقیقت این است که ما هرگز نمی‌توانیم همه چیز را درست کنیم. من کی هستم که به دیگری بگویم: «آموزه‌ها، اصول عقاید و تعریف‌های من کامل هستند؟» (البته منظور من روابط درون کلیسایی است، نه رابطه ما با آنانی که بیرون از کلیسا هستند). وقتی به این موضوعات جزئی می‌رسیم، مثل این است که از پشت شیشهٔ مات نگاه می‌کنیم. ما نباید به‌خاطر چیزهایی که نمی‌توانیم به‌طور کامل درک کنیم، از یکدیگر جدا شویم. مخصوصاً در پرتو این واقعیت که اصل قابل ادراک، یعنی حقیقت مسلم نه اسرار مبهم، همان چیزی است که همگی می‌توانیم در مورد آن به توافق برسیم، یعنی اینکه: *عیسی خداوند است!*

اگر قلب شما هم به عشق عیسی می‌تپد، پس دست مرا بگیرید تا با هم در مشارکت گام برداریم.

روایت درست: پیروان مسیح باید متحد بمانند

گمراه‌کننده است اگر فکر کنیم که ما مسیحیان همیشه بر سر هر موضوعی با هم توافق داریم. همچنین حقیقت دارد که آداب و رسوم فرهنگی و پرستشی ما متفاوتند. پذیرش تفاوت‌های همدیگر الزامی است، ولی اینها مبنایی برای جدایی نیستند. به اعتقاد من، روایت درست چیزی شبیه به این است: *اگر شما شبیه من نیستید یا مثل من رفتار یا پرستش نمی‌کنید یا مثل من عقیده ندارید، اما دل‌تان در محبت عیسی می‌تپد، پس ما صرف‌نظر از تفاوت‌ها، می‌توانیم و باید با یکدیگر مشارکت داشته باشیم.*

بسیاری از مسیحیان برای پشتیبانی از تفرقه‌ای که به‌واسطهٔ روایتِ نادرستِ «تفاوتْ مجوزی است برای جدایی»، که به‌طرز عجیبی فراگیر شده، راهی یافته‌اند. من معتقدم که روایتِ درست، تفاوت را مجاز می‌شمارد، اما جدایی را هرگز. ما نمی‌توانیم در مورد سبک پرستش یا برخی نکات خاص تعلیمی با هم توافق داشته باشیم، ولی اگر حول باورِ

محوری در مورد عیســـی گرد آمده‌ایم، می‌توانیم و باید با هم مشـــارکت داشـــته باشیم. به همین‌خاطر اســـت که من می‌توانم با دلیری اعلام کنم: عیسی *خداوند است!*

اگر قلب شـــما به عشق عیسی می‌تپد، پس دست مرا بگیرید تا با هم در مشـــارکت گام برداریم. او هم خداوند آنانی اســـت که معتقدند زنان نمی‌توانند در منصب شبانی خدمت کنند، و هم خداوند کسانی است که اعتقاد دارند زنان می‌تواننـــد در این منصب خدمت کنند. او هم خداوند باپتیســـت‌ها اســـت و هم خداوند اســـقفی‌ها. هم خداوند کسانی که به زبان‌های روح تکلم می‌کنند و هم کسانی که نمی‌کنند.

سبک پرســـتش، نوع پوشش[1] شـــیوهٔ تعمید دادن و اختلاف‌نظر در مورد نحوهٔ ادارهٔ کلیســـا نمی‌توانند آنچه را که خدا به هم پیوسته، از هم جدا کنند. کلیســـا یک بدن واحد است، که عیسی آن را با هم نگاه داشته است. شاید ما فکر کنیم که جدا هستیم، ولی نیستیم. من بر این باورم که همهٔ فرقه‌هایی که آموزه‌های بنیادینِ اعتقادنامهٔ مسیحی (یعنی اعتقادنامهٔ رســـولان و اعتقادنامـــهٔ نیقیه) را قبول دارند، پیکرهٔ کلیســـا را تشـــکیل می‌دهند، چه خوش‌شان بیاید چه نیاید! من این موضع را به این دلیل که موافق وحدت و مخالف تفرقـــه‌ام اتخاذ نکرده‌ام، بلکه چون اعتقاد دارم این تعلیم عیسی و پولس است.

روایت عیسی: دعا می‌کنم که همهٔ آنها یک باشند

عیسی می‌دانست که شاگردانش از همهٔ ملت‌ها و نژادها خواهند بود. در واقع، او حتی به شـــاگردانش مأموریت داد تا سراغ کسانی هم بروند که خارج از یهودیت هستند. عیسی در مأموریت بزرگ چنین فرمان داد: «پس بروید و همهٔ قوم‌ها را شـــاگرد سازید و ایشان را به نام پدر، پسر و روح‌القدس تعمید دهید.» (متی ۱۹:۲۸)

---

۱. Dress Codes– مجموعه قوانین مربوط به نوع و طرز پوشـــیدن لباس در محیط‌های خاص نظیر کلیسا یا محل کار و غیره. م.

واژهٔ یونانی *ethnos* به معنای "قوم‌ها" است که واژهٔ انگلیسی "*ethnic*" (قومی. م.) از آن گرفته شده است. عیسی به شاگردانش فرمان می‌دهد که بروند و مردمان را از همهٔ اقوام شاگرد سازند. عیسی همهٔ مردم را، صرف‌نظر از نژاد، فرهنگ یا عقیده، متحد می‌سازد و همه را به یک مشارکت می‌خواند. اتحاد آنان در تعمید و به نام پدر، پسر و روح‌القدس پایه‌گذاری می‌شود. در نام تثلیث، بسیاری از انسان‌ها با هم یکی می‌شوند.

عیسی می‌دانست که این دعوت نه تنها یهود بلکه غیریهودیان را نیز شامل می‌شود. وی صراحتاً به این مطلب اشاره کرد: «گوسفندانی دیگر نیز دارم که از این آغل نیستند. آنها را نیز باید بیاورم و آنها نیز به صدای من گوش فرا خواهند داد. آنگاه یک گله خواهند شد با یک شبان» (یوحنا ۱۰:۱۶). غیریهودیان صدای او را خواهند شنید و به یگانه گلهٔ او که تحت رهبری یک شبان قرار دارد، خواهند پیوست. در اینجا واژهٔ کلیدی، یک است. نقشهٔ الاهی همواره این بوده که مردمان را از همهٔ ملت‌ها تحت لوای یک جامعهٔ فراگیر از اشخاص بامحبتی که زیر مشیت سخاوتمندانهٔ خدا زندگی می‌کنند، متحد سازد.

این نقشهٔ خدا است، و جدایی و تفرقه در آن جایی ندارد. درست همان‌طور که تثلیث متحد است، بدن مسیح هم باید یک باشد. دعای معروف عیسی در فصل ۱۷ انجیل یوحنا نشان‌دهندهٔ این خواست است.

«درخواست من تنها برای آنها نیست، بلکه همچنین برای کسانی است که به‌واسطهٔ پیام آنها به من ایمان خواهند آورد، تا همه یک باشند، همان‌گونه که تو ای پدر در من هستی و من در تو. چنان کن که آنها نیز در ما باشند، تا جهان ایمان آورد که تو مرا فرستاده‌ای.» (یوحنا ۱۷:۲۰-۲۱)

عیسی در اینجا زمانی را پیش‌بینی می‌کند که مردم به‌واسطهٔ شهادت شاگردانش ایمان آورده، شاگرد او می‌شوند. او برای یکی‌شدنِ آنها در یک "اکلیسیا" *ecclesia* دعا می‌کند؛ یکی‌شدن از همان نوعی که خودش با پدر تجربه کرده بود: «تو ای پدر در من هستی و من در تو». عیسی مخالف این بود که تفاوت‌های ما عامل جدایی‌مان شوند. اتحاد در مشارکت، از یک منشأ واحد سرچشمه می‌گیرد، یعنی: عیسی.

روایت پولس: همهٔ ما در مسیح یکی هستیم

طی دو دههٔ اول پس از رستاخیز و صعود عیسی، مسیحیان عمدتاً یهودیانی بودند که عیسی را به‌عنوان ماشیح پذیرفته بودند. اما به لطف خدمت پولس، که مأموریت یافته بود تا به‌عنوان «رسول غیریهودیان» (رومیان ۱۱:۱۳) کار کند، انجیل در بیرون از چارچوب یهودیت هم گسترش یافت. تا اواسط سدهٔ ۵۰ میلادی، از اورشلیم گرفته تا رُم، کلیساهایی به‌وجود آمده بودند که مردمانی از نژادها و پیشینه‌های گوناگون در آنها حضور داشتند. آنها به‌رغم تفاوت‌هاشان، یک بودند. پولس زمینهٔ این یگانگی را چنین شرح می‌دهد:

> در این انسان جدید، یونانی یا یهودی، ختنه‌شده یا ختنه‌ناشده، بربر یا سکایی، غلام یا آزاد دیگر معنی ندارد، بلکه مسیح همه چیز و در همه است. (کولسیان ۳:۱۱)
>
> دیگر نه یهودی معنی دارد نه یونانی، نه غلام نه آزاد، نه مرد نه زن، زیرا شما همگی در مسیح عیسی یکی هستید. (غلاطیان ۳:۲۸)

پولس در اینجا تنوع و یگانگی موجود در *اکلسیای* عیسی را توضیح می‌دهد. یهودی و یونانی، مرد و زن، برده و ارباب در مسیح یک هستند. در این مشارکت حتی مقدم بربر و سکایی را هم گرامی می‌داشتند. بربرها یونانی صحبت نمی‌کردند و تصور بر این بود که فاقد تمدن هستند. سکایی‌ها مردمانی سنگدل، خشن و سرسخت به‌شمار می‌رفتند. با وجود این، پولس آنها را هم در فهرست خود جای می‌دهد، تا نشان دهد که حتی آنانی که مشارکت داشتن با ایشان ناممکن است، در مسیح یکی شده‌اند. به عبارت کولسیان ۳:۱۱ توجه کنید: «مسیح همه چیز و در همه است». دلیل اصلی یگانگی ما هم همین است. مسیح هم در زن است و هم در مرد، هم در یهودی است و هم در یونانی، و حتی در بربر و سکایی! مسیحِ درون، میثاق اتحاد ماست. اگرچه ما در بیرون

با هم تفاوت داریم، اما مردمانی هستیم که مسیح در وجودمان مسکن گزیده است، و از این‌رو در عین داشتنِ تفاوت‌های ظاهری، باطناً یک هستیم.

اگر قرار بود شما فهرستی تهیه کنید که بازتاب کلیساهای معاصر باشد، چه کسانی را در طبقه‌بندی‌های خود می‌گنجاندید؟

این برای اعضای کلیسای کولسی چه حسی می‌توانست داشته باشد؟ تصور کنید شما یهودی هستید، از هنگام تولد به شما آموخته‌اند که برگزیدهٔ خدایید و غیریهودیان نجس هستند، و حالا مجبورید با یک یونانی، دست در دست دعا کنید. یا تصور کنید که برده‌دارید، و جزو نخبگان جامعه هستید، و حالا باید نان عشای ربانی را از دست یک برده بگیرید. تصور کنید که یک مرد سدهٔ اولی هستید که با این باور بزرگ شده که زنان موجوداتی پایین‌ترند، و حالا در گوشه‌ای از اتاق چشم‌تان به زنی می‌افتد که با سخاوت پول خانه‌ای را که شما برای جلسات در آن جمع می‌شوید، پرداخته است. اجتماع صلیب‌محور به کشف نوعی برابری نایل شده بود که برای انسان‌های سده اول ناشناخته بود.

یک جام، یک نان، یک بدن

عشای ربانی، که شام خداوند هم نامیده می‌شود، طی سده‌ها باعث بروز جدایی شده است. حتی اصلاح‌گرانی همچون لوتر، کالون و زوینگلی[1] هم در مورد مفهوم عشای ربانی بحث‌های فراوان کرده‌اند. امروزه تقریباً به اندازهٔ تعداد فرقه‌های مسیحیت، بر سر ماهیت و آداب شام خداوند اختلاف‌نظر وجود دارد. این واقعاً عجیب است، زیرا یکی از استعاره‌های محبوب پولس برای توصیف یگانگی مشارکت مسیحی، شام خداوند است: «آیا جام برکت که آن را مبارک می‌خوانیم، شریک شدن در خون مسیح نیست؟ و آیا نانی که پاره می‌کنیم، شریک شدن

---

1. Zwingli

در بدن مسیح نیست؟ از آنجا که نان یکی است، *ما نیز که بسیاریم، یک بدن* هستیم، زیرا همه از یک نان بهره می‌یابیم.» (اول قرنتیان ۱۰:۱۶-۱۷؛ *ایتالیک‌ها* افزوده است)

عشای ربانی تجلی نحوهٔ یکی شدن ما در یک بدن است، از طریق اتحاد در بدن و خون عیسی. در کلیسایی که خانوادهٔ من در آن عبادت می‌کنند، اغلب از من می‌خواهند تا در خدمت شام خداوند کمک کنم. یکی از یکشنبه‌های چند سال پیش، من متوجه چیزی شدم که قبلاً هرگز به آن توجه نکرده بودم: دستان مردم.

من معمولاً خودم نان را در دست کسانی که برای دریافت آن دست‌شان را به‌سوی من دراز کرده‌اند، می‌گذارم. در آن یکشنبهٔ به‌خصوص ناگهان متوجه شدم که دست‌های هر شخص با شخص دیگر چقدر فرق دارد: بعضی‌ها کوچک بودند و بعضی‌ها بزرگ؛ بعضی‌ها پینه‌بسته بودند و بعضی‌ها نرم؛ بعضی‌ها پرچین‌وچروک بودند و بعضی‌ها صاف؛ بعضی‌ها از شکل طبیعی خارج شده بودند و بعضی‌ها سالم بودند. همهٔ این دست‌های متفاوت برای دریافت یک نان دراز شده بودند. منحصربه‌فرد بودن و تنوع، در بدن مسیح به یگانگی و اتحاد تبدیل شده بود. در واقع، آنها نه تنها در بدن مسیح شریک می‌شدند، بلکه خود بدن مسیح *بودند*.

ما به یکدیگر تعلق داریم. تفاوت‌های ما مانع محسوب نمی‌شوند، بلکه جزوی پذیرفته‌شده از بدن هستند. پولس رسول می‌نویسد: «ما نیز که بسیاریم، در مسیح یک بدن را تشکیل می‌دهیم و هر یک، اعضای یکدیگریم.» (رومیان ۱۲:۵)

به یاد دارم که آن روز طور دیگری با مردم احساس ارتباط می‌کردم، طوری که قبلاً هرگز تجربه نکرده بودم. آن دست‌ها، آن دست‌های درازشده که برای گرفتن نان آسمانی جلو آمده بودند، در مسیح یک شدند. پولس در چند جا استعارهٔ بدن را برای توصیف یکی‌شدنِ مردمان بسیار، به‌کار می‌برد. دست‌ها و پاها، چشم‌ها و گوش‌ها، کاسهٔ زانو و آرنج، همه با هم فرق دارند، با این‌حال در عضویت در یک بدن است که به یگانگی می‌رسند.

فصل چهارم

و یک‌رأی

شاگردان عیسی متحدند چون در یک جام و یک نان شراکت دارند و یک بدن هستند، اما پولس آن را یک گام پیشتر می‌برد و مسیحیان را تشویق می‌کند تا با هم یک‌*رأی* باشند:

> در خاتمه، ای برادران، شاد باشید؛ احیا شوید؛ پند گیرید؛ هم‌رأی باشید؛ و در صلح و صفا زندگی کنید، که خدای محبت و صلح و صفا با شما خواهد بود. (دوم قرنتیان ۱۳:۱۱)
>
> ای برادران، به نام خداوند ما عیسای مسیح از شما تمنا دارم که با هم توافق داشته باشید، تا در میان شما تفرقه نباشد و همگی در اندیشه و رأی با هم متحد باشید. (اول قرنتیان ۱:۱۰)

در هر دو آیه پولس از مردم درخواست می‌کند که در افکارشان با هم متحد باشند. به گمانم دلیلش این است که او می‌داند که مردم چقدر راحت بر مبنای نژاد و طبقهٔ اجتماعی، و نیز بر پایهٔ تعلیم، ایدئولوژی یا آموزه از هم جدا می‌شوند.

او از ایشان تمنا می‌کند که «با هم توافق داشته باشند، تا در میانشان تفرقه نباشد». اما این به یک پرسش می‌انجامد: چگونه می‌توانیم با کسانی توافق داشته باشیم که با ما موافق نیستند؟ چطور می‌توانیم «در فکر و رأی یکی باشیم» وقتی بر سر یک نکته، به‌وضوح توافق نداریم؟ آیا باید به‌سادگی دست از نظرات، عقاید یا آموزه‌های خودمان بشوییم؟ ما هیچ‌وقت بر سر همه چیز به توافق نخواهیم رسید، اما می‌توانیم و باید بر سر یک چیز توافق داشته باشیم: عیسی خداوند است. آن‌گونه که پولس در نامهٔ اول قرنتیان پند می‌دهد، تنها راه ما برای «توافق داشتن» این است که در خصوص اختلاف میان اصول و فروع تمایز جدی قایل شویم. برای نمونه، ما می‌توانیم به مردی به نام جان، از سدهٔ هیجدهم رجوع کنیم که روشی مفید برای ما ارائه کرد تا حتی وقتی که توافق نداریم، باز متحد بمانیم.

در اصول اتحاد، در فروع محبت

این جمله را به آگوستین نسبت می‌دهند که: «در اصول، اتحاد؛ در مسائل غیرحتمی، آزادی؛ در همه چیز، محبت.» اگر این سخن به‌راستی از آگوستین باشد، پس همین روش او برای برخورد با موضوع دشوار اختلاف‌نظر در کلیسا بوده است. این اصل مفیدی است که به ما در خصوص متحد ماندن به هنگام اختلاف‌نظر، کمک می‌کند. جان وسلی این کلمات قصار را دوست می‌داشت و در هنگام موعظه کردن برای متدیست‌های اولیه، آنها را با قدری جرح و تعدیل به‌کار می‌برد.

جوامع اولیهٔ متدیست، از مردمانی با طبقات اجتماعی و پیشینه‌های گوناگون تشکیل شده بود. وسلی خیلی سریع متوجه جدایی بر مبنای طبقهٔ اجتماعی شد، و آن مشکل را تاحدی این‌گونه حل کرد که از ثروتمندان خواست به شکلی لباس نپوشند که آنان را از فقرا جدا سازد. در باب موضوع تفرقه به‌خاطر آموزه، وسلی راه‌حل دیگری پیدا کرد، و آن را در موعظهٔ مشهورش «روح کاتولیک»[1] (واژهٔ *کاتولیک* در اینجا به معنای کلیسای کاتولیک رومی نیست، بلکه به معنی *جهانی*[2] است) تشریح نمود.

وسلی معتقد بود که تنها راه متحد ماندن کلیسا این است که نحوهٔ تشخیص اصول از فروع را بیاموزیم، دریابیم که چطور تفاوت در فروع را بپذیریم، و بعد مصمم باشیم که نگذاریم این تفاوت‌ها بر ایمان مشترک‌مان سایه بیفکنند. او اعتقاد داشت که محبت و سرسپردگی به عیسی اصول را تشکیل می‌دهند. غیر از این، هر چیز دیگر جزو فروع محسوب می‌شد. منظور وسلی این نبود که چیزهای دیگر اهمیت ندارند؛ منظورش این بود که آنها چیزهایی هستند که نباید باعث جدایی ما شوند.

وسلی تفاوت عقیده را مجاز می‌شمرد، اما همچون پولس از متدیست‌ها استدعا می‌کرد که نگذارند تفاوت‌ها مانع از محبت کردن به یکدیگر شود. وسلی در دو بخش از «روح کاتولیک» این موضوع را

---

1. Catholic Spirit; 2. Universal

به روشـــنی بیان می‌کند: «اگرچه تفاوت در عقیده یا نحوهٔ پرستش ممکن اســـت مانع از یگانگی ظاهری کامل شود، اما آیا باید اتحادمان در محبت را نیـــز تحت تأثیر قرار دهد؟ اگرچه مثل هم فکر نمی‌کنیم، آیا نمی‌توانیم یکدیگر را دوست بداریم؟ اگرچه هم‌عقیده نیستیم، آیا نمی‌توانیم یکدل باشیم؟قطعاً می‌توانیم.»

کمی بعد، وسلی در ادامهٔ موعظه‌اش مشخص‌تر سخن می‌گوید:

> من، از این‌رو، دیگر از کسی که در محبت با او متحد می‌شوم، نمی‌پرسم که «آیا تو از کلیســـای من هستی؟ از جماعت ما هستی؟»... من تجســـس نمی‌کنم که «آیا تو شام خداوند را به همان شـــیوه و حالتی دریافت می‌کنی که من می‌کنم؟»... نه، من از شما نمی‌پرسم... که آیا شما تعمید و شام خداوند را مجاز می‌شمارید یا نه. بگذارید همهٔ این چیزها مسکوت بماند: بعداً، اگر لازم باشد، در موسمی مناسب‌تر در موردش حرف خواهیم زد. تنها پرسش من در حال حاضر این است: «آیا چنانکه دل من با دل تو راســـت است، دل تو هم راست است؟» (۳۹/ ۱/ ۱۱)

ما می‌توانیم در نحوهٔ تفکر، در ســـبک پرستش، و شیوهٔ تعمید مورد تأییدمان، با دیگر مســـیحیان تفاوت داشته باشـــیم، و خواهیم داشت. اما هیچ‌یک از اینها اصل نیســـتند. تنها چیزی که اهمیت دارد این اســـت که دل‌هامان به عشـــق عیسی بتپند. اگر این را داشته باشیم، یک هستیم. پس ما می‌توانیم بار دیگر بگوییم: عیسی *خداوند است!*

اگر دل شـــما هم به عشق عیسی می‌تپد، پس دست مرا بگیرد تا با هم در مشارکت گام برداریم.

نه اینکه مهم نباشد، بلکه به اندازهٔ کافی اهمیت ندارد

یک‌بار در کلیســـایی بانشاط در شمال شـــرقی ایالات متحده موعظه کردم. همه چیز اعضای این کلیســـا مرا تحت تأثیر قـــرار داده بود. آنها

یکدیگر را محبت می‌کردند، و با شـور و حـال وصف‌ناپذیری خدا را می‌پرستیدند. بچه‌ها، نوجوانان، جوانان و بزرگسالان و سالخوردگان همه با هم، همچون یک بدن جمع شده بودند. بودن با آنها برای من الهام‌بخش بود. پس از جلسه به دفتر شبان کلیسا رفتم تا وسایلم را جمع کنم و منتظر شبان بمانم تا مرا به فرودگاه ببرد. خیلی زود دریافتم که یک جلسهٔ بسیار مهم قرار اسـت برپا شود، پس از دفتر او خارج شدم و در محوطهٔ انتظار نشسـتم. با وجودی که قصد استراق سمع نداشـتم، اما در باز بود و من هم می‌توانسـتم آنچه را که گفته می‌شد بشنوم. آنها آرام و با صدای پایین حرف می‌زدند، پس فهمیدم که موضوع مهمی پیش آمده است.

شـبان گفت: «ما می‌دانیم که باید از فرقه‌مان جدا شـویم، چون در موضوعات بنیادین با آنها اختلاف داریم. و ما می‌دانیم که کلیسـا از این جدایی پشـتیبانی می‌کند- ۹۲ درصد اعضا رأی بـه جدایی از این فرقه و پیوسـتن به یک فرقهٔ جدید داده‌اند. تنها سـؤال این است که مالکیت ساختمان با چه کسی است؟»

مردی گفت: «درست است. این یک معضل است. به‌لحاظ فنی، فرقهٔ کنونی ما صاحب این ملک است. اگر جدا شویم، باید از اینجا نقل مکان کنیم. وکلای ما فکر می‌کنند که می‌شود موضوع را به دادگاه کشید، اما این به بهای از دست دادن کلی پول تمام خواهد شد. با این همه، اتفاق‌نظر بر این است که در دادگاه بجنگیم. مردم احساس می‌کنند که این کلیسا *مال آنهاسـت*. آنها بابتش پول داده‌اند، در ساخت و سازش سهیم بوده‌اند، در اینجا تعمید گرفته‌اند و ازدواج کرده‌اند، و در همین‌جا هم عزیزان‌شان را به خاک سپرده‌اند.»

جلسـه حدود پانزده دقیقه‌ای طول کشید، و بعد آنها ادامهٔ بحث را به زمانی دیگر موکول کردند. شبان از دفترش بیرون آمد و گفت: «معذرت می‌خواهم، جیم. یک جلسهٔ فوری بود. برای رفتن به فرودگاه آماده‌ای؟» گفتم: «بله». می‌توانم بگویم که او در مسـیر فرودگاه، در بزرگ‌راه هنوز عمیقاً در فکر آن جلسه بود. او پرسید: «آیا حرف‌های ما را شنیدی؟»

گفتم: «بله. قصد نداشتم اما...»

او پرسید: «نه. اتفاقاً خوشحالم که شنیدی. دوست دارم بدانم که نظرت در این باره چیست. آیا فکر می‌کنی که ما باید موضوع حفظ ساختمان کلیسا را به دادگاه بکشانیم؟»

گفتم: «آیا واقعاً دوست داری بدانی من چه فکر می‌کنم؟»

گفت: «خواهش می‌کنم، بگو. ناراحت نمی‌شوم.»

گفتم: «خب، من فکر نمی‌کنم که شما باید کار را به دادگاه بکشید. در واقع، من اصلاً فکر نمی‌کنم که باید از فرقه خود جدا شوید.»

او در حالی که اندکی عصبانیت در صدایش پیدا بود، گفت: «جیم، جدی می‌گویی؟ چطور می‌توانیم در فرقه بمانیم؟ این فرقه زیادی لیبرال شده. ما نمی‌توانیم با گروهی که فقط چیزی را باور می‌کنند که بتوان اثباتش کرد، هم‌پیمان بمانیم».

پرسیدم: «آیا فرقهٔ شما الوهیت عیسی، واقعیت رستاخیز یا خدای تثلیث را انکار کرده؟»

گفت: «نه. اما آنها بر اصولی صحه می‌گذارند که هیچ پشتوانهٔ کتاب‌مقدسی ندارد. در واقع، آنها دارند اقتدار کتاب‌مقدس را انکار می‌کنند.»

پرسیدم: «آیا آنها به زبان آورده‌اند که: "ما اقتدار کتاب‌مقدس را رد می‌کنیم"؟»

گفت: «نه. ولی با موضعی که اتخاذ کرده‌اند- که مخالف تعلیم کتاب‌مقدس است- عملاً دارند آن را انکارمی‌کنند.»

باز پرسیدم: «رد کردنِ کتاب‌مقدس یا رد کردنِ برداشت شما از آنچه که فکر می‌کنید کتاب‌مقدس تعلیم می‌دهد؟»

گفت: «جیم، من فکر کردم که تو یک مسیحی محافظه‌کار هستی. تو دربارهٔ عیسی و از کتاب‌مقدس وعظ می‌کنی.»

میان رد کردنِ کتاب‌مقدس و رد کردنِ تفسیری خاص در مورد کتاب‌مقدس، چه تفاوتی وجود دارد؟

گفتم: «من نه لیبرال هستم نه محافظه‌کار. من یکی از شاگردان عیسی هستم. من فقط تلاش می‌کنم تشخیص بدهم که چه چیزی اصل است

و چه چیزی فرع. از نظر من، تعلیم اساسی موجود در اعتقادنامهٔ مسیحی اصل است. هر چیز دیگر فرع به‌شمار می‌رود. نه اینکه مهم نباشد، فقط آن‌قدر اهمیت ندارد که به‌خاطرش از کسانی که در باور به اصول با من مشترکند، جدا شوم. من واقعاً با موضع کلیسای شما بر سر این موضوع موافقم، اما به‌خاطرش تن به جدایی نمی‌دهم، چون از نظر من فرع است.»

او گفت: «خب، به نکتهٔ منصفانه‌ای اشاره کردی. حدس می‌زنم که من و اکثریت کلیسا بر این باوریم که این موضوع یک اصل است. به همین علت است که می‌خواهیم جدا شویم.»

به او گفتم که من از قلب و اشتیاقی که برای وفادار ماندن به خدا دارد، تقدیر می‌کنم. من این شبان و خانواده‌اش و اعضای کلیسایش را خیلی دوست دارم. آنها راه جدا شدن را انتخاب کردند، انتخابی که من تأییدش نمی‌کردم، اما درک کردم و پذیرفتم. من در یگانگی با آنها می‌ایستم. با وجودی که با انتخاب‌شان مبنی بر جدا شدن مخالفم، اما آنان در مسیح برادران و خواهران من هستند، و از نگاه من همهٔ ما یکی هستیم. آنها هنوز به همان اصولی معتقدند که من هستم، و این مبنای *یگانگی* ماست. ما بر سر چیزی که من فرعش می‌دانم با هم اختلاف‌نظر داریم، و به همین‌خاطر من محبت را تقدیم‌شان می‌کنم.

چالش‌های پیش رو برای متحد کردن کلیسا

تا جایی که در خصوص شقاق‌های عمده در کلیسا دیده‌ام، این دودستگی‌ها از عدم توافق بر سر آموزه‌ها به‌وجود آمده‌اند. باز می‌خواهم به اندرز پولس در فصل سوم نامهٔ کولسیان برگردم و به سه مورد عامل دیگر جدایی در کلیسا، از نزدیک نگاهی بیندازم: نژاد، جنسیت و طبقهٔ اجتماعی. در آیه‌های زیر، پولس به‌طور خاص این تفاوت‌ها را ذکر می‌کند:

> در این انسان جدید، یونانی یا یهودی، ختنه‌شده یا ختنه‌ناشده، بربر یا سکایی، غلام یا آزاد دیگر معنی ندارد، بلکه مسیح همه چیز و در همه است. (کولسیان ۱۱:۳)

> دیگر نه یهودی معنـــی دارد نه یونانی، نه غــلام نه آزاد، نه مرد نه زن، زیرا شـــما همگی در مسیح عیسی یکی هستید. (غلاطیان ۲۸:۳)

به واژهٔ *این* در کولسیان ۱۱:۳ توجه کنید. اشارهٔ واژهٔ "این" به چیست؟ به کلیســـا است. *اکلسیا* اجتماع خاصی اســـت که ریشه در جهانی دیگر دارد- پادشـــاهی آســـمان. زمانی که اجتماع به نام عیسی گرد می‌آیند، از این دنیا و تقســـیم بندی‌های طبیعی‌اش فراتـــر می‌روند و یک قوم متحد می‌شوند.

ما چگونه متحد می‌شـــویم؟ هر دو آیه واضح‌اند: در مســـیح. مسیح در همه اســـت، و هویت بنیادین ما را تغییر می‌دهد. ما قومی هســـتیم که مسیح در وجودمان مســـکن گزیده است. این واقعیت، تفاوت‌های ما را از میان نمی‌برد. مردها همچنان مرد می‌مانند و زن‌ها، زن؛ بدن مســـیح از افراد دوجنســـه[1] تشکیل نشده است. کسانی که یونانی هستند و آنانی که یهودی‌انـــد، از نظر قومیتی یونانی و یهودی باقـــی می‌مانند. و آنهایی که برده بودند، وقتی پا از اجتماع مســـیحی بیرون می‌گذارند، همچنان برده بودند. پولس در اینجا می‌گوید که در اجتماع گردآمده، همهٔ ما در مسیح یک هستیم.

آیا پیش آمده اســـت که با گروهی متفاوتی از مســـیحیان احساس یگانگی کرده باشید؟ چه چیزی این یگانگی را به وجود آورده است؟

راه‌حل دســـته‌بندی‌های جنســـیتی، نژادی و اجتماعی این نیست که تفاوت‌ها را از بین ببریم، بلکه باید این تفاوت‌ها را در نور عیســـی ببینیم. جنبش پنتیکاستی در ایالات متحده، در اوایل سدهٔ بیستم میلادی، به‌طرز خیره‌کننده‌ای متنوع بود. ســـیاه و سفید و لاتین‌تبار، در کنار هم پرستش می‌کردند و زنان در امر خدمت نقش مهمی داشتند. آنها شیفتهٔ گفتن این جمله بودند که: «خطی که رنگ‌ها را از هم جدا می‌کند، با خون عیســـی

1. Androgynous

شسته شده است.» علتش این بود که آنها اتحاد خود را در روح‌القدس می‌دیدند. مرد و زن، سیاه و سفید، دارا و ندار- همه از یک روح سیراب می‌شدند. آنها برابری را نه به‌واسطۀ نادیده گرفتن تفاوت‌ها، بلکه با یافتن منبع وحدت، در عین کثرت، کشف کرده بودند.

منشأ حقیقیِ «وحدت در عین کثرت» خدای تثلیث است. خدای تثلیث نه سیاه است نه سفید؛ نه مرد است نه زن؛ شخصیت‌های الاهی، متمایز و در عین حال متحدند. سرین جونز[1] می‌نویسد: «خدا در ذات اساساً کثیر، عمیقاً ارتباطی، و بی‌نهایت فعال است.» پدر از پسر و روح‌القدس متمایز است، و اصلاً هویت او در همین تمایز است که معنی می‌یابد. با وجود این، پدر، پسر و روح‌القدس یکی هستند، سکونت متقابل دارند، و متقابلاً وابسته‌اند. به همین دلیل است که کلیسا هم متمایز است و هم متحد. اجتماع خوب و زیبا آیینه‌ای است از خدای تثلیث.

تمایزات جنسیتی و نژادی را نباید کم‌اهمیت جلوه داد، بلکه باید بر آنها به‌عنوان جزیی از آفرینش زیبای خدا صحه گذاشت. بیرون از کلیسا همین تمایزات موجب بدگمانی و تفرقه می‌شوند، و موانعی برای جامعه به‌شمار می‌روند؛ در درون کلیسا می‌توان از آنها تقدیر به عمل آورد و بر آنها مهر تأیید زد. ان. تی. رایت می‌نویسد:

> این تمایزات... در مسیح نامربوط می‌شوند... این موانع و عادت‌ها... نه طبیعی هستند و نه عادی. در نهایت، آنها آفرینش انسان را به‌صورت خدا، انکار می‌کنند... اختلاف در پیشینه، ملیت، رنگ، زبان، جایگاه اجتماعی و غیره را باید باید ابراز محبت و احترام نسبت به افراد و گروه‌ها، نامربوط تلقی کرد.

من با واژۀ *نامربوط* کمی مخالفم، چون تمایزات ما سر جای خود باقی می‌مانند و اصولاً جزیی از زیبایی بدن مسیح محسوب می‌شوند.

---

1. Serene Jones

نژاد، جنسیت و طبقهٔ اجتماعی در عین‌حال که نامربوط نیستند، وقتی موضوع وحدت به میان می‌آید، به‌قول وسلی جزو فرعیات به‌شمار می‌روند. اصل، هویت ما به‌عنوان کسانی است که مسیح در وجودشان مسکن گزیده است. اما رایت موضوع را به‌سمت درستی هدایت می‌کند: این تفاوت‌ها در حقیقت در برابر موضوع محبت، نامربوط به حساب می‌آیند. نه مدارا هدف اولیهٔ ما است نه برابری، بلکه بزرگترین هدف ما محبت است. تمرکز اصلی ما بر مسیح خداوند است. از این جهت است که می‌گوییم: عیسی *خداوند است!*

اگر قلب شما هم به عشق عیسی می‌تپد، پس دست مرا بگیرید تا با هم در مشارکت گام برداریم.

رویای ریچارد

ریچارد جی. فاستر یکی از مهمترین کتاب‌ها را در قرن گذشته در زمینهٔ شکل‌گیری شخصیت روحانی نوشته است: *انضباط روحانی*. اندکی پس از موفقیت اولیه این کتاب، ریچارد با مشکلی روبه‌رو شد: افراد، نه گروه‌ها، با هدف رشد روحانیِ شخصی، این کتاب را تنهایی مورد استفاده قرار می‌دادند. ریچارد معتقد بود که انضباط‌های روحانی- با ریشه‌هایی که در کلیسای قدیم دارند- با این هدف به‌وجود آمده بودند که مسیحیان را با هم متحد سازند، نه اینکه از هم جدای‌شان کنند. او تحت هدایت روح‌القدس تصمیم گرفت تا برای مدت هجده ماه از نوشتن و موعظه کردن کناره‌گیری کند. او طی این دوره، به صدای خدا گوش داد، و پیامی صریح دریافت کرد: دیوارهایی که کلیساها را از هم جدا می‌کنند، باید فرو بریزند.

او طی رویایی که بی‌شباهت به رویای مارتین لوتر کینگ نبود، از امیدی تازه برای کلیسا لبریز شد. او رویایش را چنین بیان می‌کند:

> در حال حاضر ما قومی پراکنده‌ایم. سالیان درازی است که وضعیت کلیسای مسیح بدین منوال بوده است. اما

چیز جدیدی در شــرف وقوع اســت. خدا بــار دیگر قوم خود را گرد هم مـی‌آورد، و از آنان اجتماعی فراگیر از افراد بامحبت می‌ســازد، و آنکه نگاهدارندهٔ اصلی این اجتماع و پرجلال‌ترین عضو آن است، خودِ عیسی است. اگرچه گویی از میان شیشه‌ای کدر... لیکن من مردمی را می‌بینم.

من یک شبان روســتاییِ اهل ایندیانا را می‌بینم که شبانی از شهر نیوجرزی را در آغوش گرفته و با هم برای صلح جهانی دعا می‌کنند. من مردمی را می‌بینم.

من یک راهــب کاتولیک از تپه‌های کنتاکــی را می‌بینم که دوشــادوش یک مبشر باپتیست از خیابان‌های لوس آنجلس ایســتاده است، و با هم قربانی شکرگزاری را تقدیم می‌کنند. من مردمی را می‌بینم.

من فعالان اجتماعی مراکز شهری هنگ کنگ را می‌بینم که به واعظان پنتیکاستی محله‌های سائو پائولو پیوسته‌اند و با هم بر حال گمشــدگان روحانی و فلاکت بینوایان می‌گریند. من مردمی را می‌بینم.

من کارگرانی از ســووتو[1] و ملاکانی از پرتوریا می‌بینم که به حرمت مســیح به یکدیگر احتــرام می‌گذارند و همدیگر را خدمت می‌کنند. من مردمی را می‌بینم.

من هوتو و توتســی، صرب و کروات، مغول و چینیِ هان، آمریکایی آفریقایی‌تبار و آمریکایی انگلیســی‌تبار، لاتین‌تبار و سرخپوســت را می‌بینم که یکدیگــر را محبت و مراقبت می‌کنند و آنچه دارند با هم قســمت می‌کنند. من مردمی را می‌بینم.

من طبقهٔ تحصیل‌کرده را با طبقهٔ عوام، نخبگان را با محرومان، ثروتمندان را با مسکینان می‌بینم. من مردمی را می‌بینم.

---

۱. Soweto - یکی از محله‌های حومهٔ شهر ژوهانسبورگ آفریقای جنوبی. م.

این رویا تجدیدحیاتی روحانی به‌وجود آورد، نوعی احیای روحانی در خدمت کلیساها که ریچارد و دیگران آن را در سال ۱۹۸۸ پایه‌ریزی کردند. به‌واسطهٔ این سازمان مسیحی و دیگران گام‌های بزرگی برداشته شده است. این رویا قوی و نیرومند است، چون به اعتقاد من، این رویایی است که خدا برای قوم خود دارد.

آیا می‌توانی به من محبت کنی؟

من فکر می‌کنم که این فصل خوانندگان زیادی را به چالش کشیده، یا ممکن است موجب رنجش آنان شده باشد. من یک موضع جسورانه دارم: ما باید همهٔ کسانی را که بر عیسی توکل دارند، صرف‌نظر از آموزه و نژاد یا آداب و رسوم‌شان، برادران و خواهران خود بدانیم. می‌دانم که بعضی از چیزهایی که جزو فروع برشمردم، برای دیگران اصول محسوب می‌شوند و ارزش جنگیدن دارند. من به موضع این قبیل افراد احترام می‌گذارم، و دعا می‌کنم که شما هم به موضع من احترام بگذارید. من هنوز در جستجو هستم، هنوز برای هدایت روح‌القدس تلاش می‌کنم. دعا می‌کنم چنانکه نسبت به شما محبت دارم شما نیز نسبت به من محبت داشته باشید؛ محبت کردن و پذیرفتن یکدیگر به‌عنوان عضو بدن مسیح و اشخاص بااهمیت، حتی اگر با نظر یکدیگر مخالف باشیم. می‌دانم که ما بر سر یک چیز توافق داریم، و آن چنان قوی است که ما را متحد نگاه می‌دارد، اینکه: *عیسی خداوند است!*

اگر قلب شما هم به عشق عیسی می‌تپد، پس دست مرا بگیرید تا با هم در مشارکت گام برداریم.

پرورش روح
محبت کردن مخالفان

جان وسلی نه تنها روشی مفید برای متحد ماندن در عین مخالفت آموخت، بلکه در همان موعظه پنج روش را مطرح کرد که ما با کمک آنها می‌توانیم محبت خودمان را به آنانی که با ما متفاوتند یا بر سر فروع با ما مخالف هستند، ابراز نماییم:

۱) با آنها همچون دوست رفتار کنید.
۲) در مورد آنها بد نیندیشید و بد نگویید.
۳) برای آنها دعا کنید.
۴) آنها را برای انجام کار نیک تشویق کنید.
۵) در خدمت با آنها همکاری کنید.

این پیشنهادهای بی‌نظیر به ما کمک می‌کنند تا نه تنها با هم‌کیشان مسیحی خود، که با ما متفاوتند، مدارا کنیم، بلکه ایشان را محبت کنیم.
این هفته در مورد کلیسا یا دوست یا یک هم‌کیش مسیحی فکر کنید که به کلیسایی غیر از کلیسای خودتان تعلق دارد. شاید شما کسی یا کلیسایی محلی را می‌شناسید که آموزه‌ها و آدابش با کلیسای شما فرق می‌کند. ببینید آیا می‌توانید چند رهنمود، یا همهٔ رهنمودهای وسلی را اجرا کنید. اما چگونه؟ نمونه:

با آنها همچون دوست رفتار کنید. کسی را برای ناهار دعوت کنید. اگر یک کلیسا است که احساس می‌کنید به سویش هدایت می‌شوید تا از این طریق با آنها ارتباط برقرار کنید، در جلسات‌شان شرکت و با آنها پرستش کنید.

در مورد آنها بد نیندیشید و بد نگویید. از برشمردن تفاوت‌های‌تان، چه در حضور شخص چه در حضور دیگران، خودداری کنید. فقط روی وجوه اشتراک متمرکز باشید.

برای آنها دعا کنید. آن شخص یا آن کلیسا را موضوع ویژهٔ دعاهای این هفته خود قرار بدهید.

آنها را برای انجام کار نیک تشویق کنید. در خلال ناهار یا پرستش، یا هروقت که در تماس هستید، حتماً آن شخص را برای کاری نیکو که قبلاً انجام داده، تشویق کنید. سؤال‌هایی بپرسید تا معلوم شود آن شخص یا کلیسا چه خدمتی انجام می‌دهد و آن را تأیید کنید.

در خدمت با آنها همکاری کنید. اگر امکان داشت، ببینید که آیا می‌توانید در کنار آن شخص (یا کلیسا) کار کنید، چه در خدمتی که انجام می‌دهد، و چه در خدمتی که خودتان مشغول انجامش هستید. کار کردن با دیگری، رشتهٔ اتحادی به‌وجود می‌آورد که بر تفاوت‌ها غالب می‌شود.

تمرین‌های دیگر

علاوه بر موارد بالا، در این هفته زمانی را برای دعا اختصاص دهید؛ نه تنها برای آنهایی که با شما متفاوتند، بلکه برای بدن مسیح و رهبرانش. از دو روش زیر می‌توانید پیروی کنید:

۱) برای اتحاد کلیسا دعا کنید. وقتی برای اتحاد کلیسا دعا می‌کنید، از تمرکز بر اختلاف‌نظر یا آداب متفاوت دست می‌کشید و بر آن کسی که همهٔ ما را متحد کرده است، متمرکز می‌شوید.

۲) برای شبانان و رهبران دعا کنید. اتحاد کلیسا به روش‌های جدید، به احتمال زیاد از جانب رهبران شروع خواهد شد. برای شبانان و دیگر رهبران کلیسا دعا کنید تا صاحب همان رویایی شوند که ذهن ریچارد فاستر را تسخیر کرده بود. اگر دوست دارید، از رویای ریچارد به‌عنوان راهنمای دعا استفاده کنید.

فصل پنجم

اجتماع صلح‌جو

استن[1] یکی از دانشجویان سـابقم، در مورد بخشایش و آشتی خیلی چیزها به من آموخت. او جوانی بلندقد، خوش‌تیپ، ورزشـکار و کم‌رو بود. همیشه ته کلاس می‌نشسـت و هیچ‌وقت حرف نمی‌زد و به‌ندرت با کسـی تماس چشـمی برقرار می‌کرد. یک روز او سرزده به دفترم آمد و وقتی نشـست، داشت می‌لرزید. او سـرش را در دستانش گرفته بود و تا پنج دقیقه نمی‌توانسـت حرف بزند؛ فقـط هق‌هق می‌زد، و من هم منتظر ماندم تا آرام شود. سـرانجام گفت که نیاز به کمک دارد. او گفت که شـب قبل، دست به خودکشـی زده بود؛ بعد افزود: «اما باز مثل همهٔ کارهای دیگری که می‌کنم، شکسـت خوردم.» به او گفتم خوشحالم که شکسـت خورده. او نگاهی طولانی به من کـرد، در واقع، اولین تماس چشمی واقعی که تا به آن زمان با ما داشت. انگار می‌خواست ببیند، آیا در امان هست یا نه. به نرمی گفتم: «استن، هر چی دلت می‌خواهد می‌توانی به من بگویی».

---

1. Stan

او گفت: «الآن پنج سال است که مورد سوءاستفادهٔ جنسی قرار می‌گیرم. وقتی این قضیه شروع شد، سیزده ساله بودم. مردی که از من سوءاستفاده می‌کند، یکی از دوستان قدیمی خانواده‌مان است. او برای من مثل عمو بود- من را با خودش به اردو می‌برد، به من یاد می‌داد چطور ورزش کنم. من به او اعتماد داشتم. بعد سوءاستفاده‌ها شروع شد. او به من گفت که اگر به کسی بگویم، اتفاق‌های بدی برایم خواهد افتاد، و بعد همه خواهند فهمید که من چه آدم بدی هستم. شما اولین کسی هستید که من تا به‌حال این مطلب را برایش تعریف کرده‌ام.» باز به من نگاه کرد، گویی می‌خواست ببیند آیا دارم او را داوری می‌کنم یا نه.

پرسیدم: «پس احساس می‌کردی در تله افتاده‌ای؟ به همین دلیل بود که دست به خودکشی زدی؟»

استن گفت: «بله. با خودم فکر کردم که این تنها راه خلاصی است. بعد از آن دیشب یاد حرف‌هایی افتادم که شما سر کلاس در مورد خدا و امید زده بودید. برای همین است که خواستم با شما حرف بزنم.»

او یک ساعت حرف زد. حس می‌کردم که استن نیاز دارد با یک مشاور متخصص صحبت کند، و خوشبختانه ما در دانشگاه این خدمات را به‌صورت رایگان ارائه می‌کنیم. من برایش وقت گرفتم، و او مدت یک ماه هر هفته دو بار به جلسهٔ مشاوره می‌رفت. یک‌بار او را در محوطهٔ دانشگاه دیدم؛ او برایم از دور دست تکان داد. حالش خوب نبود، اما سعی می‌کرد ظاهر را حفظ کند. دفعهٔ بعد که او را دیدم در عبادتگاه دانشگاه بود، در همان روزی که من داشتم در مورد پذیرش و بخشایش خدا موعظه می‌کردم. استن دنبال من به دفترم آمد و خواست با هم صحبت کنیم. با لیوانی قهوه در دست، نشست تا گفتگو کنیم.

پرسید: «حقیقت دارد؟»

گفتم: «چی حقیقت دارد؟»

«آن چیزهایی که در عبادتگاه گفتید- در مورد محبت و بخشایش بی‌قید و شرط خدا؟»

گفتم: «من به تک تک کلماتش ایمان دارم، استن.»

پرسید: «خب، چطوری این کار را می‌کنید؟»
گفتم: «منظورت این است که چطوری تجربه‌اش می‌کنم؟»
گفت: «آره. من در نوجوانی به کلیسا می‌رفتم، اما هیچ‌وقت این پیام را نشنیده بودم. تنها چیزی که به خاطر دارم، این مطلب است که ما باید سخت‌تر تلاش کنیم تا راهی جهنم نشویم.»
گفتم: «خدا از تو نمی‌خواهد که سخت‌تر تلاش کنی، استن. او فقط می‌خواهد تو را محبت کند، و تو هم در عوض او را محبت کنی. وقتی تو با تمام قلبت خدا را محبت می‌کنی، همه چیز سر جای خودش قرار می‌گیرد.»
او، انگار که روحش تشنه باشد، گفت: «من واقعاً می‌خواهم این محبت را بشناسم.»
گفتم: «بیا دعا کنیم.»
من دعا کردم که خدا خودش را بر استن مکشوف سازد و به قلب او وارد شود. استن زیر لب گفت: «بله، خدایا خواهش می‌کنم به قلب من وارد شو.» دعای ما فقط پنج دقیقه طول کشید، اما وقتی سر جای‌مان نشستیم و به هم نگاه کردیم، متوجه شدم که چهره‌اش عوض شده است. صورتش از شادی می‌درخشید.
او پرسید: «حالا چکار کنم؟»
گفتم: «کتاب‌مقدس داری؟»
گفت: «نه.»
گفتم: «آیا دوستان مسیحی داری که به جلسات‌شان بروی؟»
گفت: «نه.»
گفتم: «پس من ترتیب هر دو را خواهم داد. برای پنجشنبه شب‌ها برنامه‌ای نگذار.»

او گفت که همین کار را خواهد کرد. من به دو تا از دانشجوهایم که ایمان فعالی داشتند زنگ زدم و از آنها خواستم با استن آشنا شوند. به آنها گفتم که قرار است برایش یک کتاب‌مقدس ببرم. آنها پرسیدند که

اشـــکالی ندارد اگر آنها ترتیب این کار را بدهند. گفتم، نه حتماً. آنها هم پول‌شان را روی هم گذاشتند و برای استن یک کتاب‌مقدس خریدند. آن پنجشـــنبه شـــب او زودتر از موعد آمد و با کتاب‌مقدس جدیدش و یک دفترچهٔ یادداشت در ردیف جلو نشســـت. هرچه می‌گفتم، او یادداشت می‌کرد، و کتاب‌مقدســـش را ورق می‌زد و سعی می‌کرد هر آیه‌ای را که من ارجاع می‌دادم، پیدا کرده بخواند. داشـــتم در این مورد تعلیم می‌دادم که ما چطور در مســـیح خلقت تازه‌ای هستیم. استعاره‌ای که به‌کار بردم، تبدیل کرم ابریشـــم به پروانه بود. استن داشت لبخند می‌زد؛ از این تمثیل خوشـــش آمده بود. بعد، هر دو دوست تازه‌اش او را برای نوشیدن قهوه بیرون بردند و آن شب تا دیروقت با هم حرف زدند.

او داستانش را برای آنها تعریف کرد، و دانشجوهای دیگر هم نه تنها او را داوری نکردند بلکه به او گفتند که دوســـتش دارند. استن دوستانی پیدا کرد. هیچ‌وقت برای جلســـات مشـــارکت پنجشـــنبه شب‌ها غیبت نمی‌کرد. حدود یک ماه بعد از آنکه اســـتن از خدا خواسته بود به قلبش وارد شـــود، به دفترم آمد و گفت: «اگر برای شـــما اشکالی نداشته باشد، می‌خواهم در جلسهٔ مشارکت دانشگاه شهادت زندگی خودم را در میان بگذاریـــم.» او فقط یک ماه بود که با ما همراه شـــده بود و این‌قدر خوب زبان و اصطلاحات ما را یاد گرفته بود. «شهادت زندگی خودم را در میان بگـــذارم»! به او گفتم که می‌تواند. هفته بعـــد، او را معرفی کردم و گفتم: «استن می‌خواهد داستان خودش را در مورد کشف محبت خدا با شما در میان بگذارد.» او بلند شـــد و برای دقیقه‌ای با لکنت شروع به حرف زدن کرد، اما بعد بر اوضاع مســـلط شد و به شـــرح داستان خودش پرداخت. او هیچ چیزی را کتمان نکرد. کاملاً شـــفاف ســـخن می‌گفت و موضوع سوءاستفاده‌ای که از او شده بود و نفرتی که از خودش داشت و اقدام به خودکشی‌اش را هم تعریف کرد.

وقتی شـــروع کرد به گفتن اینکه چطور خدا به فریادش رسید و وارد قلبش شد، چهره‌اش عوض شـــد، درست همان‌طوری که قبلاً در دفترم تغییر کرده بود. او گفت که چطور گرمی پذیرش و بخشایش خدا را حس

کرده، و زندگی‌اش دستخوش تغییر شده بود. او گفت: «فقط یک چیز دیگر مانده که باید بگویم» و بعد از کمی مکث گفت: «من زمانی یک کرم ابریشم بودم. اما عیسای مسیح در من زندگی می‌کند. و من اکنون یک پروانه‌ام!» همۀ حاضران داشتند گریه می‌کردند. استن نشست و من به طرف وسط سالن به راه افتادم. احساس کردم که بعد از این شهادت دیگر جای تعلیم دادن نیست. دیگر نیازی به آن نبود. یک زن جوان دستش را بلند کرد و بعد سرپا ایستاد و گفت: «من هم وقتی جوان‌تر بودم مورد سوءاستفاده قرار گرفتم. آن قضیه یک سال ادامه داشت. من این بار را مدتی طولانی است که بر دوش خودم حمل می‌کنم، اما شجاعت استن الهام‌بخش من شد. من هم امشب می‌خواهم از این درد خلاص شوم.» ما برایش دعا کردیم، و از خدا خواستیم دردش را التیام ببخشد.

استن یک چیز دیگر هم به من یاد داد. او چند ماه بعد به دفترم آمد و گفت: «من یک سؤال دارم. از آنجایی که خدا همۀ گناهان من را بخشوده، پس تصور می‌کنم که گناهان آن مردی را هم که به من تجاوز می‌کرد، خواهد بخشود. من می‌خواهم با او دربارۀ عیسی حرف بزنم و به او بگویم که هرچه را با من کرده خواهم بخشید. آیا به نظر شما این فکر خوبی است؟»

ما در تمرین‌های پرورش روح‌مان با این موضوع مواجهیم که "آسیب‌دیدگان آسیب می‌زنند". استن دامنۀ بخشایش را به همان شیوه‌ای گسترش می‌دهد که ما بخشایش را دریافت می‌کنیم. آیا شما کسی را می‌شناسید که بتواند مثل استن عمل کند؟

من مات و مبهوت شده بودم. او اکنون آماده بود تا کسی را که باعث شده بود او تا سرحد مرگ برود، ببخشاید، مردی که پنج سال روح او را دریده بود. همۀ ذرات وجودم می‌خواست فریاد بزند: «نه، نباید او را ببخشی!» متوجه شدم که دلم از بخشودن این مردی که هرگز او را هم ندیده بودم، بسیار فاصله دارد. پیش از هر جوابی، دعا کردم. بعد گفتم: «اگر احساس می‌کنی که هدایت شده‌ای تا او را ببخشی، پس من

جلویت را نمی‌گیرم. اما خواهش می‌کنم مراقب باش. او به احتمال زیاد به حرف‌هایت گوش نخواهد کرد. بخشـــودن یک فرد اشارهٔ تلویحی به مقصر بودن او است، و او ممکن است منکر تقصیر خود بشود.»

اســـتن گفت: «من آماده‌ام. می‌خواهم او آنچه را که من می‌دانم بداند. شاید اگر او در مورد محبت و بخشایش خدا بداند، زندگی‌اش را عوض کند.» با این‌حال، حرف من در مـــورد اینکه آن مرد در موضع انکار قرار می‌گیرد، درســـت بود. او طوری رفتار کرد که گویی اصلاً اتفاقی نیفتاده اســـت، و گفت که نمی‌خواهد دربارهٔ خدا چیزی بشنود. اما استن کاری کرد که باعث شـــگفتی من شد. موقع جدا شـــدن، او به مرد گفت: «من تو را می‌بخشـــم. اما می‌خواهم یک چیـــز را بدانی. تو دیگر هرگز از من سوءاستفاده نخواهی کرد. من دیگر از چیزی نمی‌ترسم. من یک پروانه‌ام.»

روایت نادرست: فقط زمانی که می‌بخشیم، بخشوده خواهیم شد و شفا خواهیم یافت

من افتخار داشته‌ام که در برنامه‌های رادیویی مسیحی بسیاری شرکت کنم. به‌طور معمول، مجری برنامه با من در مورد محتوا یا نظرات مطرح‌شده در کتاب‌هایم مصاحبه می‌کند. در خیلی از این برنامه‌ها خط تلفن را برای شـــنوندگان باز می‌گذارند تا آنها هم به بحث ملحق شـــوند، و موافقت یا مخالفـــت خود را با من بیان کنند یا اگر در مورد موضوع برنامه پرسشـــی دارند، مطرح نمایند. با این‌حال، من خیلی زود متوجه شدم که این به‌ندرت اتفاق می‌افتد. شنوندگان بیشـــتر مایل‌اند داستان‌های خودشان را تعریف کنند و در آخر همهٔ این تماس‌ها یک جملهٔ مشترک شنیده می‌شود: «کسی به من آسیب زده- خواهش می‌کنم کمکم کنید تا او را ببخشم.»

اغلب پای خیانت در میان اســـت، که معمولاً شخصی در حق همسر خود مرتکب شده است: شوهری زنش را رها کرده تا با زنی دیگر باشد، یا برعکس. گاهی مردم می‌خواهند کمی شـــجاعت پیدا کنند تا خودشان را به‌خاطر اشـــتباهات بســـیاری که مرتکب شـــده‌اند، ببخشند. زنی که نمی‌توانســـت جلوی هق‌هق گریه‌اش را بگیرد، از سال‌هایی می‌گفت که

با تصمیم‌های غلـــط و مصرف مواد مخدر به باد رفته بود، و می‌گفت که الآن به جایی رسیده که به‌خاطر نابود کردن زندگی‌اش، حتی از بخشیدن خودش هم ناتوان اســـت: «من آن‌قدر اشـــتباه کرده‌ام که دیگر نمی‌توانم خودم را ببخشـــم.» یک‌بار مردی با صدای لرزان می‌گفت: «همسرم من و بچه‌ها را گذاشـــت و رفت. اصلاً نمی‌دانم کجاست، اما هنوز دوستش دارم، و اگر حاضر باشـــد برگردد او را می‌پذیرم. آیا این درست است؟ به گمانم، اگر همین حالا در بازمی‌شد و او وارد می‌شد، می‌بخشیدمش. آیا فکر می‌کنید من باید این کار را بکنم؟»

فرقی نمی‌کرد که موضوع گفتگوی برنامه چه باشد، می‌توانم به جرأت بگویم که دســـتِ‌کم دو تماس از تلفن‌های هر برنامه به مسئلهٔ بخشایش اختصاص داشت: آیا می‌توانم ببخشم؟ آیا باید ببخشم؟ چطوری ببخشم؟ این داستان‌های واقعی از زندگی آدم‌ها و پرسش‌ها همیشه باعث می‌شد که قدری درنگ کنم و روی دو نکته قوی تأمل نمایم: اول، مردم دوست دارند از دردی که دیگران برای‌شـــان ایجاد کرده‌اند، خلاص شـــوند (و گمان می‌کنند که بخشودن علاج درد است). دوم، بخشودن کسانی که به ما لطمه‌ای وارد کرده‌اند، کار بسیار دشواری است.

یک روز، در حالی که رانندگی می‌کردم، به حرف‌های یک درمانگر[1] گوش می‌دادم که در برنامهٔ تماس با رادیو سخن می‌گفت. شخصی نومید به او زنگ زد و پرسید: «چطور می‌توانم کسی را ببخشم که به من آسیب زده است؟» با اشتیاق صدای رادیو را زیاد کردم تا پاسخ را بشنوم.

درمانگـــر با تحکم گفت: «خب، بگذار همین‌جا یک چیز را روشـــن کنم. بخشایش چیزی اســـت که تو برای خودت انجام می‌دهی. تو برای اینکه التیام پیدا کنی، نیاز به بخشـــودن داری. تا زمانی که آن شـــخص را نبخشی، دردت درمان نمی‌شود.»

این حرف او مرا به فکر انداخت- تو نمی‌توانی با نیروی اراده ببخشی. این درمانگر داشت اشتباه می‌کرد. روایت نادرستی که به خیلی‌ها آسیب

1. Therapist

وارد کرده، چیزی شبیه به این است: ما تنها زمانی که می‌بخشیم، بخشوده خواهیم شد و شفا خواهیم یافت. این روایت نادرست به ما می‌گوید که بخشایش چیزی است که *ما باید انجام بدهیم* چون خدا فرمان داده، یا از دردی که عدم بخشایش برای‌مان به‌وجود آورده، به تنگ آمده‌ایم. این روایت نادرست که ما باید عمل بخشایش را انجام بدهیم، باز نسخهٔ دیگری از روایت‌های کنترل است که ما به آسانی آن‌ها را می‌پذیریم، و برای‌مان بامفهوم به‌نظر می‌رسند، چون در ما این توهم را به‌وجود می‌آورند که می‌توانیم همه چیز را کنترل کنیم. اگر بخشایش چیزی باشد که ما آن را با قدرت خودمان انجام بدهیم، اگر موفق شویم سرفرازی، و اگر شکست بخوریم، سرافکندگی به بار می‌آورد. از این‌رو دندان بر هم می‌ساییم و سعی می‌کنیم شخصی را که به ما آسیب رسانده، ببخشیم. و شکست می‌خوریم.

در مورد این موضوع که روایت نادرست در نهایت حول این عقیده شکل می‌گیرد که "ما باید تصمیم به بخشیدن بگیریم"، چیست؟

ما شکست می‌خوریم، زیرا منبعی برای بخشیدن در *اختیار نداریم*. ما فی‌نفسه، صرف‌نظر از تلاش سخت‌مان، جسمی ضعیف داریم که قوت یا ظرفیت بخشیدن خطاهای دیگران را ندارد. تنها راهی که می‌توانیم دیگران را ببخشیم این است که به خدا اجازه دهیم در چارچوب فراروایت عیسی، که دشمنانش را بخشید و حتی به‌خاطرشان مرد، روایت تازه‌ای برای زندگی ما ترسیم کند. این به شفا- شفای خودمان- خواهد انجامید و برای اینکه بتوانیم کسی را که به ما آسیب زده ببخشاییم، این امر ضروری است.

روایت درست: وقوف به اینکه بخشیده شده‌ایم، به شفا و بخشایش منجر می‌گردد

استن چیزی را به من آموخت که عهدجدید تعلیم می‌دهد، اما من از فهمش عاجز مانده بودم. زندگی استن، داستانش، به بخشی از فراروایت عیسی تبدیل شده بود، و حال او می‌توانست در پرتو داستان صلیب-

یعنی این واقعیت که خدا در مسیح جهان را با خویشتن آشتی داده–، برای داستان خود روایتی تازه بنویسد. با همهٔ احترامی که برای مشاوران سکولار (غیردینی) قایلم، (که کارهای خیلی خوبی هم برای مردم انجام می‌دهند)، مشاوری که استن به دیدنش می‌رفت صرفاً توانست به ثبات فکری او کمک کند، نه اینکه شفایش دهد، و قطعاً نتوانسته بود دردش را به شادی تبدیل کند. به همین‌خاطر او باید زندگی خود را به داستان دیگری پیوند می‌زد تا به او کمک کند واقعهٔ غم‌انگیز را از زاویهٔ دیگری ببیند.

چنان که در مورد قربانیان تجاوز مرسوم است، استن خودش را سرزنش می‌کرد. او به من گفت که حتی نمی‌تواند خودش را ببخشد، چون آن واقعه، اگرچه حتی خودش در ارتکاب آن همدستی نداشته، بسیار شریرانه بوده است. استن فقط زمانی توانست با قدرت بخشش خاطرهٔ خود و شخص متجاوز را تسلی بخشد که زندگی و داستانش را به مثابه قسمتی از داستان خدا دید. عیسی گناهان او را – همهٔ آنها را– بر صلیب حمل کرده و اعلام نموده بود: «تمام شد!» عیسی او را بخشیده بود، و حال او هم برای بخشیدن قدرت یافته بود. او لازم نبود برای بخشیدن، از جانب خودش نیروی ارادهٔ زیادی صرف کند؛ آن امر، تداوم طبیعیِ فیض بود. روایت درست این است: فقط زمانی که می‌فهمیم بخشیده شده‌ایم، شفا می‌یابیم و توانایی بخشیدنِ دیگران را نیز خواهیم یافت.

بخشایش به معنای آن نیست که خود را مدام تسلیم و قربانی کنیم. چه زمانی احساس کرده‌اید به حد و مرز مناسبی نیاز دارید؟

استن صبح همان روزی که به مسیح گروید، از من پرسید که آیا آنچه موعظه می‌کنم، حقیقت دارد یا نه. آنچه من موعظه کرده بودم، به معنای دقیق‌تر، بر مبنای عبارتی از نامهٔ دوم قرنتیان بود: «اینها همه از خداست که به‌واسطهٔ مسیح ما را با خود آشتی داده و خدمت آشتی را به ما سپرده است. به دیگر سخن، خدا در مسیح جهان را با خود آشتی

می‌داد و گناهان مردم را به حساب‌شان نمی‌گذاشت، و پیام آشتی را به ما سپرد.» (دوم قرنتیان ۵:۱۸-۱۹)

این شرحی است آشکار از قطعیت و غایت‌مندیِ صلیب. خدا - در مسیح- گناهان ما را علیه خودمان نمی‌شمارد. او دست از شمردن برداشته و از قرار معلوم هرگز آنها را به حساب نخواهد آورد. خدا دیگر با ما نه بر مبنای گناهان‌مان، که بر پایهٔ ایمان‌مان برخورد می‌کند. عیسی برای همهٔ گناهان همهٔ مردم، در همهٔ زمان‌ها مرد- و این شامل شما هم می‌شود. آیا این را می‌دانید؟ آیا درک این واقعیت به شما آرامش خاطر می‌دهد؟ آیا از دانستن اینکه خدا علیه‌تان چیزی اقامه نخواهد کرد، خوشحال هستید؟ آن روز وقتی استن برای اولین‌بار به عبادتگاه قدم گذاشت، به همهٔ این پرسش‌ها با "نه" پاسخ می‌داد. اما وقتی داشت دفتر من را ترک می‌کرد، به لطف کار قدرتمند روح‌القدس، می‌توانست پاسخ مثبت بدهد.

طی سال‌ها، تغییری که در وجود استن دیده‌ام، همواره برایم معجزه‌ای مقدس بوده است، چیزی که من افتخار داشتم شاهدش باشم، اما درکش نکنم. سال‌ها بعد، من هم قدرت دگرگون‌کنندهٔ روایت را شناختم، و به مدد تمرین‌های روحانی برای درک آنچه که برای او اتفاق افتاده بود، راه‌هایی پیدا کردم. استن روایت داستان خود را در پس‌زمینهٔ داستان خدا از نو ترسیم کرد، و آن کار را در بطن اجتماع انجام داد. سپس الگوهای مخرب را به‌تدریج کنار گذاشت و در عوض بخشایش و آشتی را تمرین کرد. ولی توجه داشته باشید: او مجبور نبود دست به هیچ تلاشی بزند. در مورد او شفا انجام شده بود. زمانی که استن دانست که عیسی او را بخشیده است، او هم بخشیدنِ خود را آغاز کرد. وقوف به بخشوده شدن، سرآغاز فرایند شفا است.

اگرچه درد و رنجِ استن او را به ستوه آورده بود، اما شخص متجاوز را نبخشید تا احساسِ بهتری داشته باشد. او حتی پیش از آنکه آن مرد را ببخشد نیز احساس بهتری داشت. او احساس بهتری داشت چون قلبش با این خبر خوش گرم شده بود که گناهان، حتی *گناهان او*، بخشیده شده‌اند. اینکه استن سراغ فرد متجاوز رفت به‌خاطر مداوای خودش نبود،

بلکه این نتیجه و تداوم طبیعی فیضی بود که او یافته بود- یا شاید فیض او را یافته بود. ما تنها زمانی می‌توانیم ببخشیم که بدانیم بخشیده شده‌ایم، و یقین داریم که در پادشاهی قدرتمند و امن خدا زندگی می‌کنیم.

روایت عیسی

اما روایت عیسی در ارتباط با بخشایش و آشتی چیست؟
عیسی برای شاگردانش داستانی نقل کرد تا منظور خود را از بخشیدن دیگران، به‌خاطر بخشودگی خودمان، توضیح دهد. با وجود این، او این کار را وارونه انجام داد: داستانی که او گفت دربارۀ شخصی است که دِین کلانش بخشیده شده، اما خودش از بخشیدن دِین ناچیزی امتناع می‌ورزد. در این داستان، عیسی پول یا بدهی را به‌عنوان کنایه‌ای از بخشایش کلی به‌کار برده است:

> «از این‌رو، می‌توان پادشاهی آسمان را به شاهی تشبیه کرد که تصمیم گرفت با خادمان خود تسویه حساب کند. پس چون شروع به حسابرسی کرد، شخصی را نزد او آوردند که ده هزار قنطار به او بدهکار بود. چون او نمی‌توانست قرض خود را بپردازد، اربابش دستور داد او را با زن و فرزندان و تمامی دارایی‌اش بفروشند و طلب را وصول کنند. خادم پیش پای ارباب به زانو درافتاد و التماس‌کنان گفت: "مرا مهلت ده تا همۀ قرض خود را ادا کنم." پس دل ارباب به حال او سوخت و قرض او را بخشید و آزادش کرد.» (متی ۱۸:۲۳-۲۷)

در این مَثَل، پادشاهی شروع به حسابرسی می‌کند، و طی آن به شخصی می‌رسد که مبلغ بسیار گزافی به او بدهکار است: ده هزار قنطار. شخص بدهکار نمی‌تواند از عهدۀ پرداخت قرض خود بربیاید و از پادشاه طلب بخشایش می‌کند. در کمال شگفتی، پادشاه بدهی‌های آن مرد را می‌بخشد و او را آزاد می‌کند. او و کل خانواده‌اش ممکن بود باقی

عمر را به‌عنوان برده، در جایی دور یا در زندان سپری کنند. به لطف و رحمت پادشاه، او اکنون آزاد است.

شاید فکر کنید کسی که بدهی‌اش بخشیده شده، باید رئوف‌ترین، بخشنده‌ترین و سخاوتمندترین فرد روی زمین بشود. اما قضیه کاملاً برعکس است.

> «اما هنگامی که خادم بیرون می‌رفت، یکی از همکاران خود را دید که صد دینار به او بدهکار بود. پس او را گرفت و گلویش را فشرد و گفت: "قرضت را ادا کن!" همکارش پیش پای او به زانو درافتاد و التماس‌کنان گفت: "مرا مهلت ده تا همه قرض خود را بپردازم." اما او نپذیرفت، بلکه رفت و او را به زندان انداخت تا قرض خود را بپردازد.» (متی ۱۸:۲۸–۳۰)

مردی که قرض‌هایش بخشیده شده، سر راه به مرد دیگری برمی‌خورد که مبلغ بسیار ناچیزی به او مقروض است، تنها یکصد دینار (در حدود دستمزد دو سه ماه یک کارگر). نکتهٔ تکان‌دهندهٔ داستان در اختلاف عظیم دو مبلغ بدهی است. ده هزار قنطار تقریباً *ششصد هزار برابر* یکصد دینار است. حتی با وجودی که مرد از پرداخت چنین بدهیِ گزافی معاف شده، اما حاضر به بخشیدنِ بدهکار خود نمی‌شود و او را گرفته به زندان می‌اندازد!

وقتی پادشاه در جریان وقایع قرار می‌گیرد، مرد بی‌گذشت را دوباره به حضور فرامی‌خواند تا در مورد این شرارت از او بازخواست کند: «"ای خادم شرور، مگر من محض خواهش تو تمام قرضت را نبخشیدم؟ آیا نمی‌بایست تو نیز بر همکار خود رحم می‌کردی، همان‌گونه که من بر تو رحم کردم؟" پس ارباب خشمگین شده، او را به زندان افکند تا شکنجه شود و همه قرض خود را ادا کند» (متی ۱۸:۳۲–۳۴). پادشاه مرد بی‌گذشت را به زندان می‌اندازد تا همهٔ بدهی‌اش را، که هرگز قادر به پرداختش نخواهد بود، تسویه کند.

اما نکتهٔ این مَثَل چیست؟ پرسشـــی را که این مَثَل برای پاسخ گفتن به آن طرح شـــده اســـت، از یاد نبرید: ما تا چه اندازه و تا چند مرتبه باید یکدیگر را ببخشـــیم؟ پادشاه همان خداســـت، و ما آن مردی هستیم که به پادشـــاه مبلغی بدهکار اســـت که قادر به پرداختش نیســـت. ما هرگز نمی‌توانیم امیدی به کســـب بخشـــایش خدا داشـــته باشـــیم. گناهان ما بســـیار بزرگند و برای بازپرداختِ تاوان آنها به خدا هم کاری از دســـت ما ساخته نیست. با این‌حال، پادشـــاه از سر رحمت و لطف خود بدهی غیرقابل‌پرداخت را می‌بخشـــد. خدا نیز در مســـیح دقیقـــاً همین کار را می‌کند و قرض‌های غیرقابل‌پرداخت ما را می‌بخشاید. آن شخص برای بخشیده‌شدنِ بدهی‌هایش شایستگی نداشت، ما نیز لیاقت بخشیده‌شدن نداریم. در اینجا نکته کاملاً روشـــن اســـت: آنچه ما به‌خاطرش بخشیده شده‌ایم، بسیار بیشـــتر از آن چیزی است که برای بخشیدنش فراخوانده شده‌ایم.

در مـــورد عدم تعادل میان بخشایشـــی که دریافـــت می‌کنیم، در مقایسه با بخشایشی که باید از خود نشان دهیم، در دفتر یادداشت روزانه‌تان بنویسید.

بگذارید بی‌پرده بگوییم، وگرنه ممکن اســـت فکر کنید که می‌خواهم روایت نادرستی را اشاعه بدهم مبنی بر اینکه: برای بخشیدن باید از نیرو یا ارادهٔ خودتان مایه بگذارید. عیســـی این داســـتان را تعریف کرد تا در اتخاذ روایت درست به ما کمک کند. اگر مدتی روی نحوهٔ بخشیده شدن خودمان تعمق کنیم، به ما کمک خواهد کرد تا دیگران را ببخشیم. استن بدون اینکه عبارات مذکور از انجیل متی را خوانده باشد، این موضوع را درک کرد. او گفت: «از آنجایی که خدا همهٔ گناهان من را بخشیده است، من هم می‌خواهم با آن شـــخص متجاوز در مورد عیسی حرف بزنم، و بگویم اگرچه در حق من خطا کرده، او را می‌بخشم.»

روایت اســـتن طی زمانی نســـبتاً کوتاه، تغییر عجیبی کرد و او از آن روایتی نوین ارائه داد: خدا همهٔ گناهان مرا بخشـــیده است، بنابراین، من

هم می‌توانم آنانی را که نسبت به من گناه کرده‌اند، ببخشم. ولی توجه داشته باشید: این زمانی اتفاق افتاد که روایت بزرگتر به‌خوبی در جای خودش قرار گرفت؛ آن وقت بود که او توانایی بخشیدن دیگران را پیدا کرد. اگر همان روزی که استن از سال‌های رنجش برایم گفت، به او می‌گفتم: «استن، تو باید آن مرد را ببخشی، و همچنین خودت را هم باید ببخشی»، به او صدمهٔ شدیدی زده بودم. او مجبور می‌شد از خودش مایه بگذارد (روایت نادرست) و آن‌وقت نه توان بخشیدن خودش را داشت نه بخشیدن آن مرد را.

آیا فقط زمانی بخشوده می‌شویم که ببخشیم؟

داستان عیسی با به زندان افتادن مرد بی‌گذشت و عذاب کشیدنش تا آخر عمر، به پایان می‌رسد. سپس عیسی به شاگردانش می‌گوید: «به همین‌گونه پدر آسمانی من نیز با هر یک از شما رفتار خواهد کرد، اگر شما نیز برادر خود را از دل نبخشید.» (متی ۱۸:۳۵)

در اینجا ممکن است به اشتباه بیفتیم و فکر کنیم که بخشیده شدن ما مشروط به توانایی خودمان در بخشیدن است، یا اینکه بخشایش چیزی است شبیه مبادله: شما می‌بخشید، بعد خدا هم شما را می‌بخشد. خیلی‌ها دعای ربانی را بر زبان می‌آورند («خطاهای ما را ببخش، چنانکه ما نیز خطاکاران خود را می‌بخشیم») و چنین نتیجه می‌گیرند که آنچه به ما شایستگی بخشیده شدن را می‌بخشد، توانایی‌مان در بخشیدن دیگران است.

لحظه‌ای درنگ کرده، در مورد اظهار نظر ولف[1] فکر کنید که می‌گوید، عیسی از طریق ما می‌بخشد. این چه تأثیری بر تعامل ما با دنیای اطراف‌مان می‌گذارد؟

اما این هم روایتی نادرست است، و چنان عمیقاً در وجود مردم ریشه دوانده که لازم است آن را تحلیل کنیم. عیسی فقط سعی دارد به ما نشان

1. Miroslav Volf

دهد که چقدر بیهوده است که ما بخشایش گناهان بی‌شمار خود را از سوی خدا بپذیریم و بعد از بخشیدن گناهان معدودی (یا حتی بسیاری) که کسی در حق ما کرده، خودداری کنیم. این خیلی بی‌معنی است که مورد بخشایش خدا قرار بگیریم و باز حاضر نباشیم کسانی را که به ما آسیبی رسانده‌اند، ببخشیم.

اجتماعی که بخشیده شده، باید اجتماعی شود که می‌بخشد. بخشایش خدا نسبت به ما نامحدود است؛ چطور ممکن است که بخشایش ما نسبت به دیگران محدود باشد؟ نکتهٔ او در همین جاست. تبدیل کردن داستان به نوعی مبادله، گرایش ما را به شریعت‌گرایی نشان می‌دهد. ناتوانی من در بخشیدن دیگران معمولاً در حس عدالت خودم ریشه دارد. ما فکر می‌کنیم که *این انصاف نیست*، *ناعادلانه است که کسی را ببخشم که به من صدمه زده است*. چرا؟ زیرا آنها بخشایش ما را کسب نکرده‌اند. درست. اما آیا ما هم دوست داریم که با خودمان همین‌طور رفتار کنند؟ عیسی به ما می‌گوید: «بسیار خوب، اگر این چیزی است که دنبالش هستید، بفرمایید. اگر به‌دنبال عدالت هستید، عدالت نیز نصیب‌تان خواهد شد.» یواکیم جرمایاس[1] پژوهشگر عهدجدید، همین مطلب را به‌گونه‌ای دیگر بیان می‌کند: «وای بر تو اگر روی حقوقت پافشاری کنی؛ آنوقت خدا هم روی حقوقش پا می‌فشارد و نظارت می‌کند تا حکمش با سخت‌گیری هرچه تمام‌تر اجرا شود.»

بنابراین، دل‌تان می‌خواهد که چطور با شما رفتار کنند؟ با رحمت یا با عدالت؟ آیا جرأت و جسارت این را داریم که وقتی پای خطاکاران‌مان به میان می‌آید، به خدا نگاه کنیم و از او حقوق خودمان را مطالبه کنیم، اما چون نوبت به خطایای خودمان رسید، از او رحمت بطلبیم؟ یک بام و دو هوا نمی‌شود.

کلمات عیسی در دعای ربانی به ما یادآوری می‌کنند که لازم است مکرراً این را بشنویم: شما خیلی مورد بخشایش قرار گرفته‌اید؛ بنابراین،

---

1. Joachim Jeremias

باید ببخشید. کار ساده‌ای نیست، ولی غیرممکن هم نیست. به مجردی که در داستان بزرگتر بخشیده‌شدنِ خودمان حسابی جا بیفتیم، آن‌وقت می‌توانیم ببخشیم- و این فرایندی است که اغلب زمان می‌برد. جای تعجب نیست که پولس هم در نامه‌های خود همین را تعلیم می‌دهد.

دیدگاه پولس

پولس رسول در دو جا *اکلسیا* را به بردباری و بخشیدن یکدیگر تشویق می‌کند، و در هر دو جا مبنای تعلیم او این است که خدا ما را بخشیده است:

> نسبت به یکدیگر بردبار باشید و چنانچه کسی نسبت به دیگری کدورتی دارد، او را ببخشاید. چنانکه خداوند شما را بخشود، شما نیز یکدیگر را ببخشایید. (کولسیان ۱۳:۳)
> با یکدیگر مهربان و دلسوز باشید و همان‌گونه که خدا شما را در مسیح بخشوده است، شما نیز یکدیگر را ببخشایید. (افسسیان ۳۲:۴)

در این دو عبارت من هم *الگو* و هم *قدرت* بخشایش را می‌بینم. پولس بخشیدن را به ما پیشنهاد نمی‌کند. او به ما فرمان می‌دهد که «نسبت به یکدیگر بردبار» و «مهربان باشیم». این کار چگونه عملی می‌شود؟ با بخشیدن. همان‌طور که مسیح ما را بخشید، ما هم می‌بخشیم. این کاری نیست که ما انجام بدهیم- چیزی است که ما در آن مشارکت می‌کنیم. این می‌شود الگوی بخشایش. ال. گریگوری جونز[1] مطلبی گفته که خواندنش در اینجا مفید است: «الگوی بخشودگیِ ما، و نیز شاگردی‌مان به‌عنوان قوم بخشوده و بخشنده، همان است که در مسیح می‌یابیم.»

پس تصورناپذیر است که ما به‌طور ارادی کسانی را که در حق‌مان بدی کرده‌اند نبخشیم، زیرا خودمان نیز بخشیده شده‌ایم. ان. تی. رایت

1. L. Gregory Jones

چنین توضیح می‌دهد: «پولس در اینجــا دو نکته را بیان می‌کند... اول، بسیار ناشایست است که کسی که شادی و رهایی حاصل از بخشودگی را شــناخته بخواهد از سهیم کردن دیگران در این برکت امتناع بورزد. دوم، نبخشیدن کسی که مســیح هم‌اکنون او را بخشیده، کاری بس گستاخانه است.»

اما پیش از آنکه به بخشش جامهٔ عمل بپوشانیم، باید متوجه باشیم که ما این کار را به تنهایی انجام نمی‌دهیم. توانایی ما برای بخشــیدن نه تنها الگو، بلکه قدرت خود را از مســیح می‌گیرد. میروسلاو ولف این نکته را به زیبایی بیان می‌کند: «مسیح از طریق ما می‌بخشد، و به همین دلیل است که ما هم می‌توانیم ببخشیم.» پس عیسی هم *الگو* و هم *قدرت* بخشایش و آشتی است.

همهٔ ما محتاج بخشایش هستیم

وقتی من تازه از مدرســـه علــوم دینی فارغ‌التحصیل شـــده بودم و سال‌های اول خدمتم را در کلیسای محلی سپری می‌کردم، فرصت یافتم تا به‌طور مرتب با اســتاد و مربی سابقم، ریچارد جی. فاستر دیدار داشته باشم. در این زمان ریچارد واعظ و نویسنده‌ای مشهور و بسیار محترم در عالم مسیحیت بود. او پیشنهاد کرد که ما هفته‌ای یک‌بار همدیگر را ببینیم تا موضوعات مربوط به زندگی‌مان را با هم در میان بگذاریم و با هم دعا کنیم. من همیشه با اشـتیاق وافر در این دیدارها شرکت می‌کردم. او هر هفته نکتهٔ تازه‌ای به من می‌آموخت.

یکــی از چیزهایی که او به من آموخــت، به‌طرز خاصی در تمام این سال‌ها با من مانده است. چند هفته‌ای بود که من با خدا دست به گریبان بودم چون اگرچه او را دوســت داشتم ولی تمایل داشتم به بی‌راهه بروم. واقعاً می‌خواســتم این بار سنگین را از شانه‌هایم بردارم، قدرت این الگو را درهم‌بشــکنم، و ته دلم می‌دانســتم که باید این موضوع را نزد کسی اعتراف کنم. در عین‌حال می‌خواســتم که وجههٔ خوبی پیش ریچارد داشــته باشم، از این‌رو تصمیم گرفتم پیش او لب به اعتراف باز کنم. طی

ملاقات بعدی‌مان، ریچارد گفت: «جیم، آیا چیزی هست که تو بخواهی در موردش اعتراف کنی؟» جا خوردم و نمی‌دانستم او از کجا ممکن بود خبردار شده باشد که من قصد اعتراف کردن دارم. مِن‌مِن‌کنان گفتم: «خب، آره، یک چیزی هست. می‌خواهم اعتراف کنم» اما او حرفم را قطع کرد و گفت: «من با کمال خوشحالی اعتراف تو را خواهم شنید و بخشایش خدا را بر تو اعلام خواهم کرد، اما اول تو باید اعتراف من را بشنوی.» خشکم زده بود. مگر ممکن است که ریچارد فاستر بزرگ و روحانی هم گناه بکند؟ و از آن تکان‌دهنده‌تر، مگر می‌شود که او پیش من به گناهانش اعتراف کند. من که قابل نبودم. برای چند لحظه کاملاً گیج شده بودم. بعد با خجالت گفتم: «بسیار خوب.»

سپس ریچارد به گناهانی که آن هفته مرتکب شده بود، اعتراف کرد. سال‌ها بعد به این یقین رسیدم که اعتراف او نه به این خاطر بود که باید حتماً پیش من اعتراف می‌کرد، بلکه برای این بود که چند چیز دیگر به من یاد بدهد. اول اینکه، همۀ ما گناهکاریم. فکر کنم که او می‌دانست که برای من به بت تبدیل شده، و می‌خواست بدانم که همۀ ما انسانیم. دوم، او می‌خواست ترس من بریزد. او می‌توانست تردید و دودلی مرا برای اعتراف کردن ببیند، از این‌رو به شیوه‌ای مسیح‌گونه راه را به من نشان داد. سوم، او می‌خواست ما به هم نزدیک‌تر شویم. ما با گشودن سفرۀ دل‌مان برای همدیگر، وارد سطح جدیدی از اعتماد شدیم. من یقین دارم که اعتراف آن روز صبح به ما اجازه داد تا به‌طرزی جدید نسبت به همدیگر اعتماد پیدا کنیم.

رعایت حدود بخشش

این بحث کامل نخواهد بود، اگر من در مورد بخشایش و آشتی دو هشدار را ذکر نکنم. اولی در رابطه با حفظ حدود مناسب است. در دنیا رنج، خشونت و مصیبت فراوانی وجود دارد، و ما نمی‌توانیم انتظار داشته باشیم مردم به محبت‌مان با لطف و بزرگواری پاسخ دهند. اگرچه ما خوانده شده‌ایم تا با بخشیدن محبت کنیم، اما باید مراقب باشیم که

چه زمان و چگونه این کار را انجام می‌دهیم. اگرچه ما به صلح و آشتی خوانده شده‌ایم، اما خوانده نشده‌ایم که مورد سوءاستفاده قرار بگیریم یا بگذاریم کسی مدام به ما آسیب بزند. اگرچه خوانده شده‌ایم تا بارهای یکدیگر را برداریم، اما باید اول خود را از زیر بار افراد یا شرایطی که از ما سوءاستفاده می‌کنند یا می‌توانند به ما صدمه بزنند، برهانیم. بخشیدن به معنای مورد سوءاستفاده قرار گرفتن نیست.

در یکی از گروه‌های جوانانی که من رهبری می‌کردم، مرد جوانی بود که مادرش او را در سه‌سالگی رها کرده بود. طی سال‌هایی که مادرش درگیر مصرف مواد مخدر و به تبع آن از دست دادن شغل‌های گوناگون بود، پدربزرگ و مادربزرگش او را بزرگ کرده بودند. سالی یک‌بار، درست سر بزنگاه سروکلهٔ این زن در زندگی جوان پیدا می‌شد و سعی می‌کرد رابطه‌شان را از نو برقرار کند. چند هفته‌ای دور و بر او می‌پلکید و به‌خاطر کارهایی که با او کرده بود (مانند حبس کردنش در زیرزمین به مدت دو روز)، و آنچه برایش نکرده بود (مثل مادر بودن) اظهار تأسف می‌کرد. جوان حسابی از پا درآمده بود. می‌خواست مادرش را ببخشد، اما ضمناً می‌دانست که باز نومید خواهد شد.

من برایش توضیح دادم: «آنچه واقعاً می‌خواهی این است که مورد محبت او قرار بگیری، اما او در حال حاضر صلاحیت این کار را ندارد، و تا مدتی طولانی، و شاید هیچ‌وقت نداشته باشد. تو می‌توانی او را به‌رغم خطاهایی که در حقت انجام داده ببخشی، اما آن‌قدر بزرگ شده‌ای که بتوانی جلوی ادامهٔ خطاها را بگیری. شاید عجیب به‌نظر برسد، اما تو باید برای او حد و مرزی بگذاری. می‌توانی به او بگویی که دوستش داری، و او را می‌بخشی، اما باید این را هم بگویی که دیگر اجازه نمی‌دهی احساساتت را جریحه‌دار کند.» این حرف روی او خیلی تأثیر گذاشت، و توانست برای آن زن حد و مرزی تعیین کند. از آن روزها سال‌های زیادی گذشت. آخرین باری که با او حرف زدم، به من گفت که مادرش هرگز رویه‌اش را تغییر نداده، اما او هم نگذاشته بود که باز مورد سوءاستفاده قرار گیرد. او که اکنون بالغ بود، ازدواج کرده و خودش هم پدر شده بود،

به من گفت که یاد گرفته بدون اینکه مورد سوءاستفاده قرار بگیرد، آدم‌ها را ببخشد.

کمینگاه بخشش

هشـدار یا اخطار دوم در مورد بخشــش و آشــتی به زمانی مربوط می‌شــود که نیاز ما به احساس بخشیده‌شــدن، امکان لطمه دیدنِ کسی را که می‌بخشیم یا از او بخشــش می‌طلبیم، نادیده می‌گیرد. زمانی یکی از همکارانم تصدی برنامه‌ای را بر عهده داشــت که در آن با گروهی از شبانان از نزدیک کار می‌کرد. در یکی از جلسات، یکی از شبانان به گروه گفت که باید چیز مهمی را اعتراف کند. او برخاســت و به‌سوی همکارم آمد، در برابرش زانو زد و گفت که نیاز به بخشش او دارد، چون در دلش نسبت به او خشم و احساسات بد را جای داده است- بعد در برابر گروه آن احساســات را فهرست‌وار برشمرد. همکارم می‌گفت: «دستپاچه شده بودم و در خلال این رویداد، احساس خجالت می‌کردم.» او هرگز متوجه احساســات منفی آن شبان نشــده بود، و حالا او و باقی گروه در جریان قرار گرفته بودند.

این نوع درخواســت بخشــش باعث بنای جماعت نمی‌شود- این یکجور خودشیفتگی اســت. و گاهی از روی بدخواهی انجام می‌گیرد، یعنی روشــی است برای حمله کردن به کســی که وانمود می‌کنیم با او قصد آشــتی و مصالحه داریم. آن شــبان باید اعتراف خود را در خلوت انجام می‌داد. و حتی آن موقع هم این خطر وجود دارد که شــخص بیش از آنکه بخواهد رابطه‌ای را تحکیم یا تقویت کند، قصد داشته باشد عقدهٔ دلش را ســر طرف مقابل خالی کند. دوســتم اندرو نام این را «کمینگاه بخشــش» می‌گذارد. شخصی شما را برای صرف قهوه دعوت می‌کند، و هنوز قهوهٔ شما به نیمه نرســیده اعلام می‌کند که چیزی در دلش هست که باید با شــما در موردش صحبت کند. بار دیگر می‌گویم، این مربوط به جریحه‌دارشــدنِ احساس کسی است که شما ندانسته باعث رنجشش شده‌اید. شــخص مزبور اغلب می‌گوید: «اما من می‌خواهم به اطلاعت

برسانم که تو را بخشیده‌ام.» این یک مصالحهٔ واقعی نیست. این فقط نمایشی از بخشش است، که عمل آشتی حقیقی را لوث می‌کند.

اگر ما واقعاً کسی را بخشیده‌ایم، لزومی ندارد که او را باخبر سازیم. اگر قضیه از این قرار است که می‌خواهید طرف مقابل بداند که از نظر شما نیاز به تغییر دارد، این کاملاً بحث دیگری است. این اسمش آشتی نیست، بلکه تذکر دادن است (نگاه کنید به فصل ششم). اگر کسی واقعاً دیگری را بخشیده، بهتر است که این موضوع را از طریق دعوت کردنش برای صرف قهوه و عمیق‌تر کردن رابطهٔ دوستی از طریق گفتگوی سالم، و شاید دعا با یکدیگر، ابراز کند. اگر شما به چنین جایگاه مبارکی رسیده‌اید که شخص دیگری را ببخشید، پس بگذارید این بین شما و خدا باقی بماند. کلام خدا می‌گوید، محبت انبوه گناهان را می‌پوشاند. (اول پطرس ۸:۴)

قدرتی که در ضعف کامل می‌شود

طی چند سال پس از فارغ‌التحصیل شدن استن، من تماس خیلی کمی با او داشتم. اما او همهٔ تلاش خود را برای برقراری ارتباط دوباره با من می‌کرد و سالی یک‌بار به من زنگ می‌زد. او پس از اتمام کالج به نیروی دریایی پیوست و جزو نیروهای ویژه و زبدهٔ تفنگداران دریایی[1] شد. چند سال بعد به من خبر داد که ازدواج کرده و سال بعد از آن گفت که فرزند اول‌شان به دنیا آمده است.

همچنین به من گفت که خدا او را در خدمت به کسانی که مورد سوءاستفادهٔ جنسی قرار گرفته‌اند، به‌کار برده است. او به‌طور مرتب شهادت زندگی خودش را برای جوانانی که سعی می‌کردند از مصیبتی خلاص شده، زندگی‌شان را جمع‌وجور کنند، بازگو می‌کرد. از او پرسیدم که به آنها چه می‌گوید و او در جوابم گفت: «من فقط داستان خودم را برای‌شان تعریف می‌کنم. به آنها می‌گویم که چطور به پروانه تبدیل شدم

1. Navy Seals

و اینکه آنها هم می‌توانند این را تجربه کنند.» هرچه درک و فهمم بیشتر می‌شود، واضح‌تر عیسی را می‌بینم که چطور مداخله کرد و ظرف چند ماه زندگی یک انسان را دگرگون نمود. عیسی استن را در داستان خودش نوشت، و استن دیگر هیچ‌وقت مثل گذشته‌اش نشد.

خدا به همهٔ ما پیام مصالحه را داده است- اینکه خدا، در مسیح جهان را با خودش آشتی داده است (دوم قرنتیان ۵:۱۸-۱۹). اولین جایی که ما فراخوانده شده‌ایم تا این آشتی را تمرین کنیم، با یکدیگر است. بخشایش هدیه‌ای است که ما آن را دریافت می‌کنیم و به دیگران می‌بخشیم. وقتی چنین کنیم، اجتماع‌مان هم مانند خدای‌مان خوب و زیبا می‌شود.

پرورش روح

تجربهٔ کردنِ آشتی و مصالحه

آشتی و بخشش در عمل جامهٔ واقعیت به تن می‌کنند. داستان عیسی باید ملکهٔ زندگی ما شود. این هفته، برای پرورش روح، سه تمرین به شما توصیه می‌کنم. حداقل یکی از آنها را انتخاب کنید، تمرینی که با حال و هوای کنونی شما سازگار است، اما اگر امکانش بود، هر سه را اجرا کنید.

سه تمرین

۱) *به دیگران اجازه دهید تا از جانب شما ببخشایند.* ممکن است کسی به شما آسیبی جدی وارد کرده باشد، که بخشیدنش برای شما غیرممکن باشد. حتی ممکن است، به‌رغم الزامی که برای بخشیدن احساس می‌کنید، در شرایطی باشید که نخواهید او را ببخشید. در اینجا است که اجتماع مسیحی می‌تواند کمک بزرگی باشد. آنانی که به هنگام مشارکت در پای صلیب کنار شما می‌ایستند، می‌توانند دعای بخشش را برای آن شخص آغاز کنند.

نحوهٔ انجام کار از این قرار است:

• شخصی را که می‌خواهید ببخشید، اما هنوز آمادگی بخشیدنش را ندارید، تعیین کنید.

• یکی از دوستان مسیحی و صمیمی خود را انتخاب کنید و از او بپرسید که آیا حاضر است این بار را برای شما حمل کند- بار نابخشودن. از دوست خود بخواهید به‌جای شما این چالش را بپذیرد؛ *این بار را برای شما حمل نماید.* (کولسیان ۱۳:۳)

• در صورتی که پذیرفت، از او بخواهید که روزی ده دقیقه برای آن شخص و نیز برای شما دعا کند، و از خدا بخواهد که درک شما را در مورد بخشیده‌شدنِ خودتان از جانب خدا، عمیق‌تر کند.

یکی از راه‌های آموختن شیوهٔ بخشیدن دیگران این است که به برادران و خواهران خودمان در مسیح اجازه دهیم کسانی را ببخشند که ما قادر به بخشیدن‌شان نیستیم. دانستن اینکه یکی دیگر دارد بار ما را بر دوش می‌کشد، به‌خودی‌خود رهایی‌بخش است. یکی از اعضای گروه شاگردان ما به یکی دیگر از اعضای گروه اجازه داده بود که بارش را بر دوش بکشد. او می‌گفت: «همین که می‌دانم لورا برای آن فرد و برای من دعا می‌کند، فشار را از روی دوشم برداشته است. احساس می‌کنم گرهٔ نابخشودگی در حال بازشدن است.»

عضو دیگر گروه تصمیم گرفت این کار را با سرپرست روحانی‌اش انجام دهد. او یک صبح را برای گفتگو در مورد این مسئله تعیین کرد و سرپرستش هم موافقت کرد با او این تمرین را انجام دهد. او گفت که فقط با انجام ترتیبات لازم، در مسیر شفا قرار گرفته است.

۲) *گام‌هایی برای بخشیدن شخصی که به ما آسیب زده.* شاید در وضعیتی هستید که فکر می‌کنید آمادگی لازم را دارید که خودتان شخص مورد نظر را ببخشید. در این صورت، برخی گام‌ها می‌تواند در این روند به شما کمک کند.

• هویت. قبلاً گفتیم که نکتهٔ کلیدی درمورد بخشش، همانا درک این واقعیت است ک خود از جانب خدا بخشیده شده‌ایم. این مستلزم تفکر عمیق بر آیاتی از کتاب‌مقدس است که بخشایش ما را اعلام می‌کنند. آیه‌های زیر را یا از بَر کنید و روی آنها تعمق نمایید. آیات زیر اعلان فوق‌العاده‌ای از هویت تازهٔ ما، مصالحهٔ ما و انگیزه‌ای برای اعلام آشتی کردن با دیگران است:

> پس اگر کسی در مسیح باشد، خلقتی تازه است. چیزهای کهنه درگذشت؛ هان، همه چیز تازه شده است! اینها همه از خداست که به‌واسطهٔ مسیح ما را با خود آشتی داده و خدمت آشتی را به ما سپرده است. به دیگر سخن، خدا در مسیح جهان را با خود

آشتی می‌داد و گناهان مردم را به حساب‌شان نمی‌گذاشت، و پیام آشتی را به ما سپرد. (دوم قرنتیان ۵:۱۷-۱۹)

• *دیدگاه.* من دعا کردن برای کسی را که سعی دارم او را ببخشم بسیار مفید یافته‌ام. این معمولاً به کسب آگاهی تازه نسبت به آن شخص و موقعیتش، کمک می‌کند. خیلی وقت‌ها، به‌واسطهٔ هدایت روح‌القدس، من به درکی تازه از آن شخص و زندگی او نایل می‌شوم. یکی از بهترین عباراتی که می‌توانید روی آن تأمل کنید، این است: *آسیب‌دیدگان آسیب می‌زنند.*

این یک حقیقت کلی است. کسانی که به دیگران صدمه می‌زنند، خودشان صدمه دیده‌اند. به یاد دارم که از دست شخصی عصبانی بودم که پشت سرم حرف‌های بدی در موردم زده بود. من دو ماه در مورد روش‌های ضربه زدن متقابل به او فکر کردم- البته روش‌های مسیحی! حرف‌هایی را که می‌خواستم به او بزنم تا با نیروی زبانم او را در هم بکوبم، مدام در ذهنم تمرین می‌کردم.

بعد به‌عنوان شاگرد مسیح تصمیم گرفتم به راهی بهتر متوسل شوم! شروع کردم به دعا کردن برای آن شخص و از خدا خواستم در مورد زندگی او به من دیدی تازه ببخشد. چیزی نگذشته بود که کسی به دیدنم آمد که آن شخص را خیلی خوب می‌شناخت و - بدون اینکه مرا تحریک کند- درد و کشمکش فوق‌العاده‌ای که را که او در زندگی تجربه می‌کرد برایم شرح داد. وقتی متوجه شدم که رفتار ناراحت‌کنندهٔ او احتمالاً واکنشی به دردها و آلام خودش بوده، حس تلافی‌جویی را در من کاهش داد.

۳) *اگر در کلیسای شما عشای ربانی برگزار می‌شود، در آن چیز تازه‌ای ببینید.* خیلی از کلیساها آیین عشای ربانی، یا شام خداوند را به‌طور مرتب به‌جا می‌آورند. اگر در کلیسای شما این آیین برگزار می‌شود، تشویق‌تان می‌کنم تا با نگاهی تازه به این مجرای فیض نزدیک شوید. در مرکز آیین عشای ربانی

یادآوری این حقیقت قرار دارد که مسیح جهان را با خود آشتی داد. همین مطلب را ال. گریگـــوری جونز بدین‌ترتیب توضیح می‌دهد: «قربانی مســـیح به ما خائنین و گناهکارانِ بخشـــوده و مصالحه‌یافته، جایگاهی جدید می‌بخشـــد، و ما را در اجتماعی متشکل از همقطارانی درهم‌شکسته، اما احیاشده، جای می‌دهد.»

بر این حقایق عالی که خود شـــما هم در آنها شـــریک هستید، قدری تأمل کنید: عیسی به زندگی شما جایگاهی جدید می‌بخشد، روایتی تازه برای زندگی شما ترسیم می‌کند، و این شام تجربهٔ ملموس آن است.

در یکی از تمرین‌هایی که پیش‌تر در همین کتاب انجام دادیم، از شما خواستم با استفاده از روش "دو در چهار" با خدا وقت بگذرانید؛ یعنی دو ساعت با خدا و چهار ساعت نیکوکاری. این تمرین با مفهوم بالا تناسب کامل دارد. شـــاید بتوانید زودتر- یعنی ســـی، چهل دقیقه پیش از شروع جلسه- در کلیسا حاضر شوید، ســـاکت و آرام بنشینید و روی پرستش تعمق کنید. شـــاید بخواهید در حالی که ساکت و آرام در برابر محراب یا عبادتگاه نشسته‌اید، دوم قرنتیان ۵:۱۷-۱۹ را چند بار بخوانید.

فصل ششم

اجتماع مشوق

تام اسمیت شخصی خاص، و شبانی خاص- به بهترین مفهوم کلمه- است. داستان او هم خاص است. او ده سال پیش در ژوهانسبورگ آفریقای جنوبی "سریع‌السیر" خدمت می‌کرد. او مردی جوان، و خادمی بااستعداد بود و مدارج ترقی را با سرعت طی می‌کرد و آماده می‌شد تا روزی رهبری یک جماعت بزرگ و موفق را بر عهده بگیرد. او به زودی به موقعیتی بالا در کلیسایی عظیم[1] دست پیدا کرد.

متأسفانه او داشت از پا درمی‌آمد. خدمت، به شغل و وظیفه تبدیل شده بود و دیگر او را اقناع نمی‌کرد. تام و همسرش زمانی را صرف دعا کردند تا بفهمند که در این رابطه چه باید کرد. آنها تصمیم گرفتند از تلاش بی‌امان برای رسیدن به موفقیت دست بردارند و برای آموختن معنای پیروی مسیح و جزو اجتماع پیروان مسیح بودن، وقت بگذارند.

آنها هرچه را که داشتند، فروختند و برای تمدید قوا و استراحت یک‌سال راهی ایالات متحده شدند. تام در جستجوی این بود که ببیند آیا

---
1. Megachurch

برای خدمت و کلیسا علاقه‌ای در او مانده است. طی دورهٔ استراحت و تفکر، شور و اشتیاق تازه‌ای در وجودش پدیدار شد. او در زمینه خدمت به اجتماع مسیحی به شیوه‌ای نوین، به رویایی تازه دست یافت و با همین رویا به آفریقای جنوبی برگشت تا بگذارد در این راه تازه و پرمخاطره خدا راهبرش باشد. آنچه در زیر می‌آید توصیف خود او از اجتماعی است که آنها به‌وجود آوردند: کلیسای ظرف خاکی.[1]

در نوامبر سال ۲۰۰۳ چند زائر با هم دعا می‌کردند و هدایت خدا را برای اجتماع خودشان می‌طلبیدند. ما در جستجوی استعاره‌ای کتاب‌مقدسی بودیم که بتواند بیانگر ضرب‌آهنگ گروه ما باشد. بعد از چند هفته مطالعه و تمییز صدای خدا، به اتفاق به فصل چهارم نامهٔ دوم قرنتیان رسیدیم. در این قسمت پولس ما را به ظروف خاکی تشبیه می‌کند که مسیح را همچون گنجینه‌ای در خود نگاه می‌دارند: «اما این گنجینه را در ظروفی خاکی داریم، تا آشکار باشد که این قدرت خارق‌العاده از خداست نه از ما.» (دوم قرنتیان ۷:۴)

این استعاره چشم‌مان را گرفت و آن را به‌عنوان منادیِ کتاب‌مقدسی خود انتخاب کردیم. به‌دنبال ظرفی سفالی گشتیم که برای ما در حکم یادآوریِ تصویری باشد. پس از کلی جستجو، و فهمیدن این که این ظرف‌ها چه بی‌دلیل گرانند، ظرف دلخواه‌مان را پیدا کردیم. ظرف ما گلدانی بود که آن را در گلخانه‌ای پیدا کردیم و درونش پر بود از خاک و خرده‌چوب.

در پایان یکی از جلسات، این گلدان را درون کیسهٔ بزرگی گذاشتیم و آن را روی کف بتونی ساختمان شکستیم. این کار نماد شکستگی ما بود؛ هر یک از اعضای کلیسا تکه‌ای از سفال شکسته را به خانه برد. همهٔ ما روی تکه سفال‌مان

1. Claypot Church

دعایی نوشـــتیم و دفعهٔ بعد گرد هم آمدیم تا گلدان را از نو سرهم کنیم. اگرچه تکه‌های گلدان را به هم چسبانده‌ایم، اما هنوز شکل ناقصی دارد. با وجود این، وقتی شمع روشنی را درونش قرار می‌دهیم، نور باشکوهی از آن بیرون می‌تابید.

تام و اعضای کلیسایش اصلاً قصد ایجاد یک کلیسای بزرگ را نداشتند، آنها فقط می‌خواستند یک کلیسا *باشند*، برای همدیگر و اجتماع‌شان. تام از همهٔ اعضای کلیسایش خواست تا به منظور حفظ این درخشندگی به موارد زیر متعهد بمانند. او نامش را گذاشته پاسخ به شش فراخوان:

۱) هـــر روزه از طریق دعا، خواندن کتاب‌مقدس یا دیگر اعمال روحانی به خدا «متصل شوید».

۲) هفته‌ای سه مرتبه با یکدیگر و نیز با کسانی که اصلاً مسیح را نمی‌شناسند، «همسفره شوید».

۳) نپرسید: «عطای روحانی من چیست؟» بلکه بپرسید: «من از چه لحاظ برای این اجتماع عطا هســـتم؟» و عطایای خود را در اختیار اجتماع قرار بدهید.

۴) با کســـی که (از لحاظ نژادی، دینی، طبقاتی و غیره) با شما فرق دارد، دوست شوید.

۵) روحیـــهٔ خدمتگزاری- پویایـــی در فروتنـــی- را در خود پـــرورش دهید، و طی آن در صدد توزیع منابع موجود خود (از قبیل وقت، سرمایه و استعداد) با نیازمندان باشید.

۶) برای استفاده از وقت خود، ضرب‌آهنگی سالم پیدا کنید- حاشیه و شبات داشته باشید و بیشتر از هفته‌ای پنجاه ساعت کار نکنید.

میان دو پرسش مذکور در فراخوان شمارهٔ ۳ چه تمایزی می‌بینید؟ این درک چه تأثیری بر زندگی شما می‌گذارد؟

به‌علاوه، هر عضو یک تعهد بسیار مهم دیگر هم دارد که به او کمک می‌کند نسبت به تعهدات دیگرش پایبند بماند. تام چنین توضیح می‌دهد:

> هر عضو حداقل با یک نفر از اعضای خانواده‌ای دیگر تیمی را تشکیل می‌دهند تا نسبت به یکدیگر پاسخگو باشند. این پاسخگویی در حیات اجتماع ما نقش معیار و مشوق را بازی می‌کند. ما اعضا را تشویق می‌کنیم که با اعضای گروه خود حداقل ماهی یک‌بار ملاقات کنند و یکدیگر را به محبت و انجام اعمال نیکو برانگیزانند. (عبرانیان ۱۰:۲۴-۲۵)

این اجتماع یک عادت خاص دیگر هم دارد. هر ساله در پایان ماه دسامبر تام از اعضای کلیسایش می‌خواهد تا کل ماه ژانویه را به تمییز و تشخیص بپردازند. تام به شوخی می‌گوید: «برای کل ماه ژانویه من شبان هیچ‌*کدام‌تان* نیستم.» او از اعضای کلیسایش می‌خواهد که خود را تفتیش کنند و تشخیص بدهند که خدا آنها را برای کجا فراخوانده است. اگر هدایت شدند تا یک سال دیگر در کلیسای کلِی‌پات بمانند، از آنها خواسته می‌شود تا در جلسهٔ آخرین یکشنبهٔ ژانویه حضور به هم رسانند، با هم گلدان سفالین دیگری را بشکنند، و هرکس دعایی روی تکهٔ خودش بنویسد، و سپس یکشنبهٔ بعد آن گلدان را از نو به هم بچسبانند.

داستان ظرف خاکی آشکارکنندهٔ اهمیت تعهد و پاسخگویی است- دو چیزی که این روزها به‌طور روزافزون از حیات کلیسا محو می‌شوند. آنها کلیسای بزرگی نیستند- حدوداً یکصد نفر- اما دارند به‌صورت گروهی به شباهت مسیح متشکل می‌شوند. در حالی که کلیساهای ما میزان انتظار و تعهد را پایین می‌آورند، کلیسای کلِی‌پات با دلیری از آن حد فراتر می‌رود. آنها در برابر روایت نادرستی ایستاده‌اند که بسیاری از اعضا و نیز رهبران و واعظان کلیساهای ما بدان پایبندند.

روایت نادرست: اجتماع در خدمت نیازهای من

وقتی ما اصطلاحاتی از قبیل *قانون حیات* یا *عهدها* را می‌شنویم، آنها را غیرضروری و شریعت‌گرایانه دانسته، از ذهن‌مان خط می‌زنیم. این به‌خاطر روایت نادرست و فراگیری است که می‌گوید: اجتماع وجود

دارد تا در خدمت من و نیازهای من باشد. اجتماع نباید به من بگوید که چه بکنم- تصمیم با من است.

آیا با نویسنده موافق هستید که تعهد و پاسخگویی در کلیساهای زمانۀ ما بسیار کمیاب شده‌اند؟ چرا؟

ما در فرهنگی مصرفی زندگی می‌کنیم. هر روزه با ما به مثابه مشتری رفتار می‌کنند و این به جایی منجر می‌شود که باور کنیم برآورده شدن همۀ نیازهامان، حق مسلم ماست. ما لوس شده‌ایم. صفات شخصیتی دنیای مدرن، یعنی خودشیفتگی، در فرهنگ ما فراگیر شده و حتی بر کلیساهای ما هم سایه افکنده است. پدیدۀ «کلیساگردی»[1] نشان می‌دهد که ما با روایت مصرفی خو کرده‌ایم. همچنین زمانی آشکار می‌شود که با ما به‌گونه‌ای غیر از مصرف‌کنندگان رفتار می‌شود. چند سال پیش من برای گروهی از شبانان در مورد این روایت نادرست صحبت می‌کردم، و یکی از آنها داستانی تعریف کرد که این مطلب را به‌خوبی نشان می‌دهد. او می‌گفت: «یک سال پیش، من احساس کردم که خدا مرا خوانده تا اعضای کلیسای‌مان را به مطالعۀ بیشتر کتاب‌مقدس تشویق کنم. من از بالای منبر آنان را به چالش کشیدم تا هفته‌ای یک ساعت کتاب‌مقدس بخوانند. البته از ابتدا، بلکه در مواقع مختلف از ده تا بیست دقیقه شروع کنند. بعد از پیشنهاد این چالش در چند یکشنبه، خانمی که سال‌ها عضو کلیسا بود پیش من آمد و گفت: "می‌خواهم بدانید که من دارم این کلیسا را ترک می‌کنم." علت را جویا شدم و او گفت: "چون زمانی که من به این کلیسا پیوستم، خواندن کتاب‌مقدس جزو قرارداد نبود."»

شاید رفتار کردن با اعضای کلیسا همچون مصرف‌کنندگان و تلاش برای رفع نیازهای‌شان باعث شود احساس راحتی کنند، اما پایین آوردنِ سطح توقع از آنها به‌عنوان شرکت‌کنندگانی فعال، امکان دگرگونی واقعی را کاهش می‌دهد. شاید در نهایت کلیسایی بزرگ با جمعیت انبوه شویم،

---

1. Church shopping

اما اجتماعی که به شباهت مسیح متشکل شده‌اند، نخواهیم شد. این مستلزم تعهدی است که به مذاق مصرف‌کنندهٔ عادی چندان خوش نمی‌آید.

روایت درست: اجتماع زندگی مرا شکل می‌دهد

اجتماع خوب و زیبا از مسـیحیان راحت‌طلب تشـکیل نشده، بلکه شامل مردان و زنانی مسیح‌گونه است که در زندگی با خدا و یکدیگر در حال رشـدند. برای اینکه به چنین اجتماعی تبدیل شویم، به یک روایت تازه، یک روایت کتاب‌مقدسی نیاز داریم، تا به‌واسطهٔ آن رفتارمان را از نو شـکل دهیم. روایت درست در ارتباط با حقوق و مسئولیت‌های اجتماع این است: *وجود اجتماع برای شکل دادن و هدایت کردن روح من است. اجتماع حق دارد رفتار معینی از من انتظار داشته باشد، و می‌تواند فضای پاسخگویی و تشویق را که من بدان نیاز دارم، فراهم کند.*

اکلیسای مسیح از همان آغاز به‌وسـیلهٔ ابزارهای متعدد، شکل دادنِ شـخصیت روحانی را تمرین کرده است: پرستش جمعی، شکستن نان، تعلیم رسـولان، روزهٔ گروهی و پاسخ‌گو سـاختنِ یکدیگر برای داشتن زندگی خداپسندانه. از همان ابتدا، تبدیل شدن به شباهت مسیح هدف و مسئولیت کلیسا بوده است. (عبرانیان ۱۰:۲۴-۲۵)

اگر کلیسـا چنین *مسئولیتی* دارد، پس از این *حق* نیز برخوردار است که اعضایش را به انجام برخی رفتارهای خاص تشویق کند. ما می‌توانیم و باید بخشش و آشتی را به همهٔ جویندگانش ارائه کنیم، و همهٔ کوبیدگان و بدکاران را پذیرا باشـیم. اما پذیرش بدین معنا نیست که از کسانی که به اجتماع ما ملحق می‌شـوند، چیزی نخواهیم. من متوجه هستم که این رویکرد باعث ایجاد ناراحتی می‌شـود. ما اکـراه داریم از اینکه از مردم بخواهیم در برابر گناه ایسـتادگی کنند، و در به چالش کشیدن آنان برای رشـد در زندگیِ مبتنی بـر دعا مرددیم، و چندان مایل نیسـتیم به مردم بگوییم در کل چگونه باید رفتار کنند. به گمانم، این ناراحتی تا اندازه‌ای خوب است، چون ما باید نسـبت به سلطه‌گری یا بازیچه قرار دادن و یا سوءاستفاده از قدرت، ترسی سالم داشته باشیم.

ناراحتی ما از مشاهدۀ سوءاستفاده از قدرت ناشی می‌شود. شما در این رابطه شاهد چه چیزهایی در کلیسا بوده‌اید؟

با وجودی که این دغدغه‌ها واقعی هستند، اما از بار مسئولیت ما برای تشویق اعضای اجتماع‌مان به برخی رفتارهای خاص، چیزی نمی‌کاهند. اجتماع خوب و زیبا مسئولیت دارد، و از این‌رو حق هم دارد که مردم را به‌سوی زندگی خداپسندانه هدایت کند، و این دو در کل یکی هستند.

نقش کلیسا در شکل دادن به شخصیت روحانی فقط برای پرورش روحانی خود ما نیست- هدف این است که کلیسا با انجام این رسالت ما را به‌سوی مأموریت مسیحی پیش براند. ما برای پرستش دور هم جمع می‌شویم، و با این کار زبان باستانی خانوادۀ خود را می‌آموزیم، روایت‌های خانوادگی‌مان را نقل می‌کنیم، و لحظات مقدس خود را مصور می‌سازیم. همچنین به ندای روح‌القدس که از طریق موعظه و سرود با ما سخن می‌گوید، گوش فرامی‌دهیم. با انجام این کارها ما به‌صورت یک قوم متشکل می‌شویم، اجتماعی که توسط خدای‌مان که یگانه نیکوست، در حال تبدیل شدن به نیکویی است. اما پس از آن، فرستاده می‌شویم. ما که اکنون به مردمانی تازه تبدیل شده‌ایم، با الهام از پیوندی که با یکدیگر و داستان کهن داریم پس از پرستش به دنیا می‌رویم تا آن را عوض کنیم. ما این کار را با حضور خود در دنیا انجام می‌دهیم. ما چاره‌ای نداریم جز اینکه در آن تفاوت ایجاد کنیم، زیرا ما برای دنیایی که چیزی جز مرگ نمی‌شناسد، رایحۀ خوش مسیح قیام‌کرده‌ایم. ما همچنین متفاوت، عاری از خودخواهی و سخاوتمندانه رفتار می‌کنیم، و با این کار بدون گفتن کلمه‌ای، وعظه می‌کنیم. و البته در زمان مناسب، با سخنانی مناسب موعظۀ کلامی هم می‌کنیم و داستان امید خودمان را برای کسانی که تشنۀ شنیدن هستند، بازمی‌گوییم. شکل می‌گیریم و فرستاده می‌شویم. نمی‌توانیم یکی را بدون دیگری داشته باشیم.

من اجتماعی را می‌پسندم که نسبت به سعادتم علاقه نشان بدهد، اجتماعی که بی‌واهمه از من بخواهد که نسبت به رشد روحانی خودم و

خدمت به دیگران تعهد بسپارم؛ اجتماعی که جسارت لازم را برای ارائهٔ الگویی قابل اعتماد از دگرگونی داشته باشد، و پس از پاسخ‌گو شمردنم، از من پشتیبانی کند تا بتوانم از عهدهٔ تعهداتم برآیم. من اجتماعی می‌خواهم که برای تبدیل شـــدنم به خودِ واقعی‌ام، مرا به چالش وادارد: کسـی که مسیح در او مسکن گزیده اســت، نوری برای جهان، نمکی برای زمین، رایحهٔ خوش مســیح برای دنیای در حال مرگ. من اجتماعی می‌خواهم که هویتـــم را به من یادآوری کند و با محبت- با آرامش و هشـدار- بر من نظارت نماید، تا بتوانم به شایســـتگی دعوتی که از من به عمل آمده زندگی کنم.

ولی ما چطور می‌توانیم بدون داوری یا افتادن به ورطهٔ شریعت‌گرایی، ایــن کار را انجـام دهیم؟ چگونه این را به‌شــیوهٔ آن یگانــه‌ای که ما را نامشروط دوست می‌دارد و صرف‌نظر از اعمال‌مان، می‌بخشد و مصالحه می‌دهد، انجام دهیم؟ چگونه می‌توان به‌طور همزمان تســلی‌بخش بود و چالشگر؟ به عقیدهٔ من این مستلزم سه چیز است: ۱) یادآوری هویت‌مان به یکدیگر، ۲) نشـــان دادنِ خودِ واقعی‌مان به یکدیگر، و ۳) شـــجاعت داشتن برای پاسخ‌گو دانستنِ یکدیگر.

اجتماع هویت‌مان را به ما یادآوری می‌کند

من طی یک هفتهٔ پرچالش تصمیم گرفتم به کلیسا نروم. از مسافرت و نمره دادن به برگه‌های امتحانی دانشجویان خسته بودم و سعی داشتم با یادآوری همهٔ کارهای نیکی که آن هفته برای خدا انجام داده بودم، غیبتم را توجیه کنیم. اوایل هفته برای انجام خدمت کلیســایی رفته بودم و این آخرین توجیهی بود که لازم داشـــتم تا با خیال آسوده بخوابم و در مورد غیبت از جلسه احساس گناه نکنم. بعد همسرم به من یادآوری کرد که آن یکشـــنبه قرار است به پسرمان به‌خاطر تکمیل دورهٔ پذیرش عضویت در کلیســا، کتاب‌مقدس هدیه بدهند. دیگر مجالی برای خوابیدن نبود. پس آماده شـــدم، همچون دیگر یکشنبه‌های ســال برای رفتن به کلیسا سوار اتومبیل شدیم.

در ســالن کلیسا سر جای همیشگی نشستیم، و جلسه شروع شد. در همان اوایل جلسه سرود محبوب من، ″عیسی امید پر جلالم″ را خواندیم که چنین آغاز می‌شود:

عیسی امید پر جلالم،
به آسمان باشد او رهبرم.
وارث نجات، مِلک خدا؛
مولود روحم شسته مرا.

بعد نوبت به دسته سرایندگان می‌رسد:

تا دم آخر شاهد هستم،
محبت او را سرایم!
تسلیم اویم خوانم سرود،
در انتظارم تا او آید زود.

این ســرود به آرامی هویتم را به من یادآوری می‌کرد. این داستان من است: من امیدی مبارک دارم که عیسی منجی من است؛ من وارث نجات هســتم؛ خدا مرا بازخرید کرده اســت؛ من مولود روح هستم، و با خون عیسی پاک شده‌ام.

دیتریــش بونهوفر[1] بر تأثیر اجتماع بر فرد صحه گذارده می‌گوید: «فرد مسیحی به مسیحیان دیگر نیاز دارد تا از کلام خدا با او سخن بگویند. او در مواقعی که دچار تردید یا دلسردی می‌شود، مکرراً به آنها نیاز دارد.» شما چه زمانی این لحظات را در زندگی خود و اجتماع‌تان تجربه کرده‌اید؟

این فراروایتی اســت که به داستان من تبدیل شده است، داستانی که عیسی نام من را در آن، و آن را در من نوشته است. همین هویت مرا شکل می‌دهد. من می‌دانم کیســتم: محبوب، بخشــوده، پاک‌شده، زنده‌شده و

1. Dietrich Bonhoeffer

مقدرشده برای شادی ابدی. هنگامی که سرود می‌خوانیم، اجتماع مسیحی به من یادآوری می‌کند که کیستم. اجتماع از چنین قدرتی برخوردار است. همهٔ ما به یک داستان واحد پیوند خورده‌ایم، و وقتی این را می‌گوییم هویت حقیقی‌مان را به یاد می‌آوریم. در نامه به عبرانیان، نویسنده به مخاطبانش می‌گوید: «به‌واسطهٔ همین اراده، ما یک‌بار برای همیشه، از طریق قربانیِ بدن عیسای مسیح تقدیس شده‌ایم.» (عبرانیان ۱۰:۱۰)

مرگ و رستاخیز عیسی، برای آنانی که ایمان دارند، قربانی فدیه‌کننده بود. همان‌طور که قربانی گاو یا بز می‌توانست گناه فرد یا گروهی را بردارد، قربانی عیسی- برهٔ خدا- هم گناهان جهان را برداشت. آنانی که به نام او گرد می‌آیند اجتماعی تقدیس‌شده‌اند، که به‌واسطهٔ قربانی او مقدس گردیده‌اند. ما از طریق‌های این دنیا جدا شده‌ایم. ما اکلسیا- کسانی که از دنیا فرا خوانده شده‌اند- هستیم. ما نور جهان، نمک زمین و شهری ساخته بر فراز تپه هستیم.

به همین دلیل است که پولس با دلیری مخاطبان نامه‌هایش را «مقدسان» (Saints- از همان ریشهٔ کلمه یونانی که برای مقدس به کار برده می‌شود، hagios) خطاب می‌کند. در واقع، او تقریباً در همان نامه‌هایش به همین ترتیب مخاطبان را مورد خطاب قرار می‌دهد:

> به مقدسان و برادران وفادار در مسیح که در شهر کولسی هستند. (کولسیان ۲:۱)
>
> از پولس و تیموتائوس، غلامان مسیح عیسی، به همهٔ مقدسان فیلیپی که در مسیح عیسایند، از جمله ناظران و خادمان. (فیلیپیان ۱:۱)

او آنان را «مقدسان» خواند، چون کسانی که اعتمادشان را بر عیسی می‌گذارند و از او به‌عنوان خداوند و نجات‌دهنده‌شان پیروی می‌کنند، حتی زمانی که می‌دانند رفتارشان با هویت‌شان همخوانی ندارد، باز مقدس‌اند. به‌عبارتی دیگر، ما همین حالا هم مقدس هستیم، با وجود این، می‌آموزیم که چگونه مقدس *باشیم*.

ما با کار عیســـی است که مقدس شده‌ایم، اما رفتار ما اغلب با هویت راستین‌مان نمی‌خواند. ما سقوط‌کرده، درهم‌شکسته، مستعد سرگردانی و ترک خدایی هســـتیم که دوستش داریم. پولس با جسارت این عبارت را بیان کرد: «همه گناه کرده‌اند و از جلال خدا کوتاه می‌آیند» (رومیان ۳:۲۳). مقدس اما درهم‌شکســـته؛ این جزو هویت ماســـت. و این دلیل دیگری است که من رسم کلیسای کلِی‌پات را می‌پسندم. آنها گلدان را می‌شکنند و به هر کس تکه‌ای می‌دهند. زمانی که گلدان را ســـرهم می‌کنند، دیگر آن گلدان کامل نیســـت- هیچ اجتماع یا کلیسایی کامل نیست- اما ظرف خاکی حاوی گنج است، یعنی مسیح که از ترک‌های گلدان بیرون می‌تابد. او از جهاتی به‌واسطهٔ شکستگی‌های ما بیشتر می‌درخشد، یعنی زمانی که به خدا اجازه می‌دهیم ما شفا دهد و احیا سازد.

چند دقیقـــه وقت بگذارید و در دفتر یادداشـــت‌های روزانهٔ خود جملهٔ «مقدس اما شکسته. شکسته اما مقدس» را بنویسید. روی این عبارت به ظاهر متناقض تأمل کنید، و بعد در این باره بنویسید که آنها چطور می‌توانند واقعاً سازگار باشند.

مقدس اما شکسته. شکسته اما مقدس. شکسته اما قادر به حمل کردنِ حضور و قدرت مسیح. این تعادل حائز اهمیت است. برخی کلیساها بر تقدس در چارچوب رفتارهای معینی پافشاری می‌کنند. آنها نگاه‌شان را از عیسی برگرفته، و بر قواعد متمرکز شده‌اند، و به افرادی اهل داوری و ریا تبدیل گشته‌اند. در برخی دیگر هم ندای تقدس اصلاً شنیده نمی‌شود. اجتماع خوب و زیبای شاگردان عیســـی باید آگاهانه این تعادل را حفظ کند: ما مقدسیم، ما شکسته‌ایم، و خوانده شده‌ایم تا مقدس و خداپسندانه زندگی کنیم. اجتماع مسیحی هویت‌مان را به ما یادآوری می‌کند. اجتماع مسیحی داســـتانی را بازمی‌گوید که ما پیوسته نیاز داریم بشنویم. حافظهٔ ما خوب نیســـت، و دنیایی که در آن زندگی می‌کنیم داستان متفاوتی در گوش‌مان زمزمه می‌کند. حقیقتی که ما نیاز به شـــنیدنش داریم، تنها نزد اجتماع پیروان مسیح است.

اجتماع به ما نشان می‌دهد چه می‌توانیم بشویم

ما نه تنها به یادآوری در مورد هویت‌مان نیازمندیم، بلکه برای اندیشیدن به هویت‌مان کسی باید ما را در زندگی روزمره به چالش بکشد. این شامل تشویق کردن، پند دادن و نظارت محبت‌آمیز بر یکدیگر می‌شود. اجتماع خوب و زیبا خصلتی به‌وجود می‌آورد که در آن مردم تشویق می‌شوند تا به‌طور مرتب (برخی هرروزه، برخی دیگر هفتگی و غیره) در فعالیت‌های خاص شرکت کنند تا به مردمانی تبدیل شوند که حقیقتاً هستند. این یعنی به‌وجود آوردن انتظارات بالا. باید از هر یک از اعضا خواست که در فعالیت‌های رشددهنده شرکت کند، از خلوت با خدا گرفته تا دوست شدن با آدم‌هایی که بیرون از منطقهٔ امن و آسایش ما هستند، و ملاقات ماهیانه با یک دوست «تشویق‌کننده».

در یک کلام، کلیسا از مردم می‌خواهد که بر جلالی که هم‌اکنون از آنِ آنهاست تأمل کنند. وقتی ما به خدا وصل می‌شویم، قوت پیدا می‌کنیم. مسیح، که در ما ساکن است، خود را در شکستن نان آشکار می‌کند، درست همان‌طور که در راه عمائوس کرد. روحی که هدایت ما را بر عهده دارد از توانایی‌های منحصربه‌فرد ما به‌عنوان هدایایی برای شاگردان دیگر استفاده می‌کند. آنانی که به قوت پادشاهی خدا می‌ایستند، طبیعتاً منابعی را که در اختیار دارند به نیازمندان هم می‌دهند.

اینها قانون نیستند، بلکه فرصت‌هایی برای ما هستند تا کسانی باشیم که بدان فراخوانده شده‌ایم. این کاری است که ما ذاتاً انجام می‌دهیم. مسیحیان خلقتی تازه، با ظرفیت‌هایی تازه هستند. اکنون ما می‌توانیم با فرمانروای جهان هستی تعامل داشته باشیم. می‌توانیم از برقراری ارتباط عمیق با مردم- اعم از مسیحی و غیرمسیحی- شادمان شویم. ما شریک طبیعت الاهی هستیم (دوم پطرس ۴:۱)، و غرض این است که زندگی ما موهبتی برای دیگران باشد. ما تحت نظام اقتصادی خاصی زندگی می‌کنیم: اقتصاد پادشاهی خدا. آنچه را که با دیگران در میان می‌گذاریم، از دست نمی‌دهیم. ما موظف نیستیم، بلکه خوانده شده‌ایم تا طبق دعوت‌مان زندگی کنیم.

باید به این تمرین‌ها به‌عنوان فرصت نگاه کنیم و با هیجان و شادمانی به سمت‌شان برویم. سگ من از فکر اینکه ممکن است او را برای گردش بیرون ببرم، هیجان‌زده می‌شود. اگر من با کفش تنیس وارد اتاق شوم، او از فرط هیجان می‌لرزد. اگر قلاده به‌دست نزدیکش شوم، دیوانه می‌شود. من به سختی می‌توانم به او قلاده ببندم، چون با خوشحالی وصف‌ناپذیری بالا و پایین می‌پرد. ما تنها زمانی می‌توانیم چنین کنیم که هویت‌مان را به ما یادآوری کنند و یادمان بدهند که این چیزها چطور عمل می‌کنند. من عاشق روش پولس برای تشویق مسیحیان رُم هستم: «ای برادران، من اطمینان دارم که شما خود از نیکویی مملو، و از معرفت کامل برخوردارید و به پند گفتن به یکدیگر نیز توانایید» (رومیان ۱۴:۱۵). او به آنها ایمان داشت و دعوت‌شان کرد تا مطابقش زندگی کنند. اجتماع مسیحی قدرت دارد به ما بگوید کِه هستیم و ما را برای تبدیل شدن به آنچه می‌توانیم بشویم، به چالش وادارد.

یکی از آیه‌های محبوب من را می‌توانید در عبرانیان بیابید. این آیه دعوتی است صریح به اینکه یکدیگر را برای زندگی کردن به‌عنوان شاگردان عیسی به چالش بکشیم: «در فکر آن باشیم که چگونه می‌توانیم یکدیگر را به محبت و انجام اعمال نیکو برانگیزانیم. و از گرد آمدن با یکدیگر دست نکشیم، چنانکه بعضی را عادت شده است، بلکه یکدیگر را بیشتر تشویق کنیم» (عبرانیان ۲۴:۱۰-۲۵). به جمله توجه کنید: «در فکر آن باشیم». ما باید در مورد اینکه چگونه می‌توانیم مشوق هم‌ایمانان مسیحی خود به محبت و نیکوکاری باشیم- به معنای تحت‌اللفظی: یکدیگر را برانگیزیم- فکر کنیم. ما به کسانی نیاز داریم که ما را تشویق کنند انسان‌هایی بشویم که مسیح از ما انتظار دارد.

اجتماع از اینکه ما را پاسخ‌گو بداند، واهمه‌ای ندارد

همهٔ این چیزها روی کاغذ خوب به‌نظر می‌رسند، اما در زندگی واقعی این کار با فراز و نشیب بسیار، و نیز پیروزی و شکست، غافلگیریِ مسرت‌بخش و دلسردشدن‌های عمیق همراه است. پاسخ‌گویی مستلزم

فصل ششم

هنر تشویق و توبیخ است. تشویق زمانی لازم است که ما بینش یا قوت خود را برای نیکو جنگیدن از دست می‌دهیم. ما به دوست نزدیکی احتیاج داریم که به ما نیرو ببخشد و دلگرممان سازد، درست مانند پولس و همکارانش به هنگام دیدار از کلیساهایی که پولس تأسیس کرده بود: «آنان در آن شهر نیز بشارت دادند و بسیاری را شاگرد ساختند. سپس به لستره و قونیه و انتاکیه بازگشتند. در آن شهرها شاگردان را تقویت کرده، آنان را به پایداری در ایمان تشویق کردند» (اعمال ۱۴:۲۱-۲۲). در فصل بعد کتاب اعمال رسولان، یهودا و سیلاس همین کار را انجام می‌دهند: «یهودا و سیلاس نیز که نبی بودند، با سخنان بسیار، برادران را تشویق و تقویت کردند.» (اعمال ۱۵:۳۲)

تشویق جزو ضروریِ پاسخ‌گویی است. ما اغلب در مورد پاسخ‌گویی منفی فکر می‌کنیم، و آن را نوعی تعامل از جنس محبتِ عاری از ظرافت می‌دانیم. اما، در واقع، پاسخ‌گویی به هنر تشویق به اندازهٔ هنر حفظ معیار بالا، بها می‌دهد. بسیاری چیزها در زندگی ما را دلسرد می‌کنند و از پا درمی‌آورند و به همین‌خاطر ما همیشه به دلگرمی احتیاج داریم. هر یک از ما به یک هم‌ایمان مسیحی نیاز داریم که باور داشته باشد ما مهم هستیم و می‌توانیم کارهای فوق‌العاده انجام دهیم. هر یک از ما به شاگردی دیگر محتاجیم که وقتی موفقیتی به‌دست می‌آوریم برای‌مان کف بزند و وقتی شکست می‌خوریم دست‌مان را بگیرد و بالا بکشد.

البته تشویق، روی دیگری هم دارد که پند دادن است. پند دادن یعنی هشدار دادن، مراقب بودن و راهنمایی کردنِ دیگران. پولس خطاب به مسیحیان کولسی گفت: «با کمال حکمت یکدیگر را پند و تعلیم دهید.» (کولسیان ۳:۱۶)

زمانی که ما زندگی خودمان را به روی کسی دیگر باز می‌کنیم، با این امید است که او هر وقت صلاح می‌بیند، بدون رودربایستی با هشداری ما را آگاه کند. من با چهار مرد دیگر در یک گروه پاسخ‌گویی بودم. ما هر هفته دور هم جمع می‌شدیم تا آنچه را که طی هفتهٔ گذشته در زندگی‌مان رخ داده بود با هم در میان بگذاریم. برای هر یک از ما کاملاً عادی بود که شخصی دیگر ما

را به چالش بکشد. این کار هیچ‌وقت با بدخواهی یا از سر بدجنسی صورت نمی‌گرفت. کاملاً برعکس؛ این کار با دقت کامل و با محبت انجام می‌شد.

برای مثال، من مدتی درگیر چندین مراسم سخنرانی شده بودم، و در عین‌حال که کار خدمت خوب پیش می‌رفت، اما عوارضش را روی بخش‌های دیگر زندگی‌ام می‌دیدم. هم‌گروهی‌ها خستگی را در چهرهٔ من می‌دیدند، و وقتی در مورد دور ماندن از خانواده‌ام می‌گفتم، می‌توانستند احساس گناه را در صدایم بشنوند، مخصوصاً که در آن زمان بچه‌هایم کوچک بودند. یکی از آنها با ملایمت گفت: «جیم، من فکر نمی‌کنم لازم باشد تو هر دعوتی را بپذیری. هرچند روشن است که کار خوبی می‌کنی، اما به نظر من این کار به روح تو و خانواده‌ات صدمه می‌زند.» دیگران هم با نظر او موافق بودند. بعد ما در این مورد حرف زدیم که چطور با همکاری آنها تصمیم بگیرم کدام دعوت را بپذیرم. ما به یک طرح کلی رسیدیم، و آنها هم برای کمک به تصمیم‌گیری به من پیشنهاد همکاری دادند و دعا کردیم که چطور باید به دعوت‌ها پاسخ بدهم. آنها پا پیش گذاشتند و به خود جرأت داده، به من پند دادند و بعد پیشنهاد کردند که گوشه‌ای از بار را بگیرند. این اجتماعی مسیحی، به بهترین شکلش بود.

پاسخ‌گو دانستنِ اشخاص کار آسانی نیست؛ به تشخیص نیاز دارد. پولس به ایمانداران تسالونیکی گفت که با مردم به روش‌های معین و متناسب با شرایط‌شان رفتار کنند: «ای برادران، از شما استدعا می‌کنیم که کاهلان را هشدار دهید؛ کم‌جرئتان را تشویق کنید؛ ضعیفان را حمایت نمایید؛ و با همه بردبار باشید» (اول تسالونیکیان ۱۴:۵). من عاشق افعال به‌کار رفته در این آیه هستم: *هشدار دهید*، *تشویق کنید*، *حمایت کنید* و *بردبار باشید*. به این می‌گویند دستورزبان اجتماعِ مسیحی. به‌طور قطع تشویق لازم است، و به همین ترتیب حمایت کردن از دیگران و بردبار بودن. اینها خصوصیات شاگرد عیسی است، و فقط در اجتماع مسیحی است که به‌وجود می‌آیند، نه در تنهایی و انزوا. اما فعل اول، یعنی *هشدار دادن* (پند دادن) چیزی است که بسیاری از ما با آن راحت نیستیم. این هم جنبهٔ دیگری از محبت است.

اگر دوستانم تصمیم می‌گرفتند به من پند ندهند، چه می‌شد؟ اگر آنها از ترس جریحه‌دارشدن احساساتم، رویشان را برمی‌گرداندند، چه می‌شد؟ آنوقت آنها در حق من محبت نکرده بودند، چون بنا به تعریف ما محبت کردن یعنی «خوبی دیگری را خواستن». من دلایل خودداری از پند دادن را می‌فهمم: نکند فلانی از پند ما ناراحت شود؟ نکند او گروه را ترک کند؟ اگر تشخیص من اشتباه باشد، چه؟ اینها پرسش‌های خوبی هستند، اما نباید جلوی کار دشوار و ضروری پنددادن را بگیرند. اگر بناست که ما در محبت مراقب یکدیگر باشیم، پس باید بر ترس از بیان حقیقت به دوست خود، غلبه کنیم. هرچند، همیشه باید حقیقت تلخ را با چاشنی محبت شیرین کرد.

روشی بنیادین

در سدهٔ هجدهم، متدیست‌های اولیه یکی از پاک‌ترین نمونه‌های قدرت پاسخگویی در اجتماع بودند. رهبر آنان، جان وسلی برای مردمان بی‌شماری موعظه می‌کرد، و هزاران تن ایمان می‌آوردند. جورج وایتفیلد[1] دوست دیرین جان او را تشویق می‌کرد تا در فضای باز برای تودهٔ عظیم مردم موعظه کند. بنا به رأی اکثریت مردم، وایتفیلد واعظی به مراتب بهتر از وسلی بود. او برای مخاطبان بیشتری موعظه می‌کرد و نسبت به وسلی شاهد گرویدن مردمان بیشتری به مسیح بود. اما در روش تعلیم آنها به مردم پس/از ایمان آوردن، یک تفاوت وجود داشت. وایتفیلد هیچ برنامه‌ای نداشت: او گمان می‌کرد کسانی که زندگی‌شان را تسلیم مسیح می‌کنند، کلیسایی را می‌یابند و زندگی مسیحی را دنبال می‌کنند.

اما وسلی اصرار داشت که مردم به گروهی که او انجمن می‌نامید ملحق شوند. این انجمن‌ها کارشان بسیار شبیه کلیساها بود (به غیر از دادن عشای ربانی، چراکه وسلی به‌عنوان انگلیکن راستین می‌خواست که مردم در کلیسای انگلیکن هم حضور یابند). در این انجمن‌های متدیست

---

1. George Whitefield

مردم را تشویق می‌کردند تا در هفته چندین بار موعظه‌های وسلی یا یکی دیگر از خادمان را بشنوند. علاوه بر این، از آنها می‌خواستند به کلاسی ملحق شوند که متشکل از دوازده نفر و یک رهبر بود. هر هفته آنان را به چالش می‌گرفتند تا به جلسه کلاس بیایند و با صداقت کامل وضعیت روحانی خود را با هم‌قطاران در میان بگذارند. وسلی در این مورد تا اندازه‌ای جدی بود که اگر کسی در این جلسات شرکت نمی‌کرد، دیگر به او اجازه برگشت نمی‌دادند، مگر اینکه پیش خود او بروند و توضیح بدهند چرا غایب بوده‌اند.

اگرچه شاید روش وسلی در دنیای کنونی ما کاربرد نداشته باشد، اما یقیناً در زمان خودش روشی کارآمد بود. او برای رشد کردن به شباهت مسیح در متن اجتماع مسیحی، به مردم *روش* ("متد"، از همین‌روست که او و پیروانش را متدیست می‌نامند) خاصی پیشنهاد کرد. جنبش متدیست به‌سرعت گسترش پیدا کرد و به رشد خود ادامه داد و شمار اعضای آن اعجاب‌آور شد. وسلی از پیروانش چیزهای زیادی مطالبه می‌کرد، اما در عوض شاهد دگرگونی‌های زیادی هم بود. جنبش متدیست اکنون یکی از جنبش‌های بزرگ مسیحی است. کار وسلی را نسل‌های بعد از او هم ادامه دادند. با این‌حال، جورج وایتفیلد چنین میراثی از خود به‌جا نگذاشت. وایتفیلد با وجودی که یکی از بزرگترین واعظان به‌شمار می‌رفت، اما هیچ‌وقت جنبشی به راه نینداخت.

وسلی در مدخل یکی از یادداشت‌های روزانه‌اش به شرح زمانی می‌پردازد که نتوانسته بود در ناحیه‌ای که در آن موعظه کرده بود، انجمن و کلاس برپا کند. او بیست سال پس از بیداری بزرگ در ناحیه‌ای موسوم به پمبروکشایر[1] به آنجا بازگشت و از مشاهدهٔ اینکه هیچ اثری از موفقیت‌های بشارتی آنها بر جای نمانده، غم‌زده شد. او چنین نتیجه می‌گیرد:

> من بیش از هر زمان متقاعد شدم که وعظ کردن همچون رسول، بدون ملحق کردنِ بیدارشدگان و تعلیم طریق‌های

1. Pembrokeshire

> خدا بدیشان، کاری نیست جز فرزند آوردن برای قاتلان. چه وعظها که طی این بیست سال در پمبروکشایر ایراد شد! اما نه انجمنی در کار بود نه انضباطی، نه نظمی نه ارتباطی. و نتیجه این شد که از هر ده فرد بیدار شده، نه نفر اکنون به خوابی عمیق‌تر فرورفته‌اند.

اگرچه "فرزند آوردن برای قاتلان" بیان تندی است، اما نشان می‌دهد که *انضباط*، *نظم* و *ارتباط* برای وسلی تا چه اندازه اهمیت داشت. و البته برای ما هم باید اهمیت داشته باشد.

به چالش کشیدن آنانی که آمادگی دارند

من به تجربه، سه چیز آموخته‌ام. اول، مردم خودشان را تا سطح توقعی که از آنها دارید بالا می‌کشند. ما شکست می‌خوریم چون از یکدیگر انتظار پاسخ‌گویی و تعهد نداریم. دوم، مردم از روی حس ذاتی می‌دانند که وقتی چیزی آسان گرفته می‌شود، شانس اینکه چیز خوبی از آن بیرون بیاید بسیار اندک است. ما سطح انتظارمان را پایین می‌آوریم، چون تصور می‌کنیم که با این کار شمار بیشتری از مردم را جذب خواهیم کرد، اما در واقعیت به آنها این حس را القا می‌کنیم که چیزی برای ارائه کردن بدیشان نداریم. سوم، اگرچه در هر کلیسایی همه برای تعهد و دگرگونی آمادگی ندارند، اما خیلی‌ها هستند که آماده‌اند ولی به چالش کشیده نمی‌شوند. ما نهایت توجه را روی دعوت کردن مردم به کلیسا می‌گذاریم و به آنانی که تشنهٔ داشتن زندگی عمیق با خدا هستند، توجهی نمی‌کنیم.

وقتی من اولین‌بار تدریس مجموعهٔ شاگردی را آغاز کردم، در برابر جماعت‌مان ایستادم و برنامه‌هایم را برای‌شان شرح دادم: «من دنبال کسانی هستم که زندگی با خدا برای‌شان امری جدی است و بخواهند تعهد بسپارند- تعهدی عمیق. من سی هفته از وقت شما را می‌خواهم- چند ساعتی در هفته برای خواندن مطالب و پرداختن به تمرین‌های پرورش روح، و بعد اینکه هر هفته به‌صورت گروهی دور هم جمع شویم

تا وضعیت‌مان را با هم در میان بگذاریم. در این دوره فقط می‌توانید سه جلسه غیبت داشته باشید. اگر نمی‌توانید چنین تعهدی را قبول کنید، تشویق‌تان می‌کنم که اصلاً ثبت‌نام نکنید. اگر جدی هستید، می‌خواهم برایم بنویسید که چرا می‌خواهید در این برنامه شرکت کنید. من مطلب شما را می‌خوانم و به شما می‌گویم که آیا پذیرفته شده‌اید یا نه.»

بعدها خیلی‌ها به من گفتند که آن روز شوکه شده بودند. تا آن زمان هیچ‌کس چنین چالشی را مطرح نساخته بود. خیلی‌ها ترسیده بودند. اما بیش از چهل نفر دلایل خود را برای پیوستن به برنامه نوشتند تا شاید یکی از بیست‌وپنج جای خالی را بگیرند. انتخاب‌شدگان با هیجان خاصی گروه‌بندی شدند، گویی برای انجام کار مهمی انتخاب شده‌اند. سطح تعهد بالا بود: آنها متعهد بودند که مطالعه کنند، در تمرین‌ها شرکت کنند و برای در میان گذاشتن تجربیات خود در گروه حاضر شوند. همهٔ شرکت‌کنندگان تغییری ماندگار در زندگی خود تجربه کردند. من همین راهکار را طی سه سال بعد نیز استفاده کردم، و بیش از صد نفر در این برنامه شرکت کردند. تأثیر این برنامه بر افراد و نیز بر کل کلیسا مشهود بود.

دالاس ویلارد معتقد است که در هر کلیسایی تقریباً ۱۰ درصد از اعضا آمادهٔ رشد و خواهان تلاش برای حصول آن هستند. به گمان او کلیسا برای روشن کردن آتش در وجود ۹۰ درصد بقیه، بیش از اندازه پافشاری می‌کند، و از به چالش کشیدن ۱۰ درصدی که بیکار نشسته‌اند ولی خواهان کمک هستند، غافل می‌ماند. به‌زعم دالاس، اگر ما همان ۱۰ درصد را به چالش بکشیم، آنها رشد می‌کنند و در نهایت منشأ دگرگونی در دیگران می‌شوند. به اعتقاد او، این روش را همهٔ رهبران بزرگ در تاریخ مسیحیت، و از جمله برجسته‌ترین آنها، یعنی خود عیسی، به‌کار برده‌اند. عیسی روی یک گروه کوچک از پیروانش سرمایه‌گذاری سنگینی کرد، و آنها هم به نوبهٔ خود دنیا را دگرگون کردند.

با این‌حال، من می‌خواهم در موردی هشداری بدهم که به تجربه فراگرفته‌ام: "قاعدهٔ ۸۰/ ۲۰". یعنی اینکه ۸۰ درصد از کار کلیسا توسط

۲۰ درصد از اعضا انجام می‌گیرد. برخی از افراد ذاتاً خادم هستند، ذاتاً اهل عمل‌اند و هر دعوتی را برای خدمت اجابت می‌کنند. ما بیشتر مایلیم کسانی را به‌کار بگیریم که هرچه از آنها خواسته می‌شود با طیب خاطر انجام می‌دهند. این کار اغلب منجر به فرسودگی می‌شود. ما باید کل اجتماع مسیحی را به چالش بگیریم و درگیر کنیم. خیلی از کلیساها به اندازهٔ کافی همه را به‌کار نمی‌گیرند، و از این‌رو بیش از اندازه روی عدهٔ انگشت‌شماری فشار وارد می‌سازند، و اینها هم اغلب کسانی هستند که با نه گفتن مشکل دارند.

در بسیاری از اجتماعات مسیحی ما، خدمت به انجام کارهایی برای منفعت کلیسا (مثلاً خدمت کردن در یکی از کمیته‌ها، کمک به فعالیت‌ها و مناسبت‌های کلیسایی) محدود شده است. این فقط یک بخش از خدمت است، اما بخش‌های دیگری هم هستند. ما گاهی احساس می‌کنیم که انگار خدمت به کلیسا مهمتر از خدمت به بیماران و نیازمندان است. خدمت یکی از جنبه‌های شاگردی است، اما خودِ خدمت، شاگردی محسوب نمی‌شود. ترتیبات کنونی برای انجام خدمات خاص به کلیسا، با سپردن مسئولیت‌های متعدد به عده‌ای اندک، فشار بیش از اندازه بر آنها وارد می‌کند، در حالی که بقیه در کنار گود می‌مانند. به‌جای قاعدهٔ ۸۰/ ۲۰ ما باید کل اجتماع مسیحی را تشویق به خدمت مطابق الگویی متعادل و فراگیر کنیم تا همهٔ شاگردان در این کار سهیم باشند.

یک سال تشویق

یک سال تابستان، من دو هفته با دالاس ویلارد کار کردم و در کلاسی که در آن در مورد روحانیت و خدمت تعلیم می‌داد، دستیارش بودم. او در مورد شکل‌گیری روحانی و معضلاتی که شاگردان عیسی در فرایند رشد با آنها روبه‌رو هستند، بحث‌های طولانی داشت. طبق نتیجه‌گیری او، کلید موفقیت این است که شخص دیگری را کنار خود داشته باشیم تا بر وضعیت روحانی ما نظارت داشته باشد، کسی که ما را به جلو براند و کمک‌مان کند تا به شخصیت مطلوبی که می‌خواهیم تبدیل شویم، و

در آخر کار بپرسد: «چطور پیش می‌روی؟» برای لحظه‌ای سکوت بر فضای کلاس حکمفرما شد. می‌خواستم از دالاس بخواهم که در مورد من این وظیفه را بر عهده بگیرد. بعد متوجه شدم که من هم باید همین کار را برای او بکنم. فکر اینکه به استاد فرزانه و مسیح‌گونه‌ام بگویم: «دالاس، اشکالی ندارد اگر سفرۀ دلت را پیش من باز کنی و بگذاری برای کارهایت از تو توضیح بخواهم؟» مضحک به نظر می‌رسید.

به هر روی این کار را کردم. و در کمال حیرت او هم بدون لحظه‌ای درنگ پذیرفت. داشتیم با هم به‌سوی فرودگاه می‌رفتیم. تا رسیدن به فرودگاه سی دقیقه وقت داشتیم و چهل‌وپنج دقیقه هم در خود فرودگاه بیکار بودیم. در خلال این مدت او زوایایی از زندگی‌اش را که نیاز به تلنگری کوچک داشتند با من در میان گذاشت، و من هم همین کار را کردم. نیاز من به تلنگر خیلی بیشتر از او بود؛ ولی منظورم را متوجه می‌شوید. ما موافقت کردیم که برای یک سال در دعا هوای هم را داشته باشیم، و هر بار که ملاقات می‌کنیم، حال روحانی یکدیگر را جویا شویم. تا پایان آن یک سال سه بار دیگر موفق شدیم با هم ملاقات کنیم و هیچ‌وقت از پرس‌وجو در مورد حال روحانی یکدیگر غافل نشدیم.

دانستن اینکه دالاس از آنچه قرار بود انجام دهم، خبر دارد، و اینکه قرار است روی من حساب کند تا در دعا و تشویق دوشادوش بایستم، آن سال خیلی به من کمک کرد. می‌توانستم در برخی زمینه‌ها چند گام واقعی بردارم، و باور بکنید یا نه، برای دالاس هم وضعیت همین‌طور بود. این به من نشان داد صرف‌نظر از اینکه چه کسی هستیم، یا زندگی ما در پادشاهی خدا از چه ژرفایی برخوردار است، باز برای رشد در رسیدن به شباهت مسیح، به تشویق، پند و چالش نیاز داریم؛ لازم است به یک اجتماع تشویق کننده پاسخگو باشیم.

پرورش روح
یافتن یک دوست مسئول‌شمارنده

این هفته شخصی را پیدا کنید که بتواند شما را تشویق کند و با محبت بر شما نظارت داشته باشد. توصیهٔ من این است که کسی را پیدا کنید که از گروه یا کلیسای خودتان باشد (البته اگر در گروه یا کلیسایی عضویت دارید). در غیر این صورت دنبال دوستی قابل اعتماد بگردید. این شخص می‌تواند همسرتان باشد، هرچند این را توصیه نمی‌کنم. شاید بهتر باشد که از یک دوست خوب بخواهید این کار را برای‌تان انجام دهد، کسی که اگر از او بخواهید تمرین زیر را با شما انجام دهد، زیاد غافلگیر نشود.

در اینجا کلید موفقیت در یافتن کسی است که با او احساس امنیت بکنید. قرار است با این شخص دربارهٔ وضعیت روحانی خودتان صحبت کنید، بنابراین، ضروری است که با او راحت باشید. اگر حس می‌کنید که ممکن است این شخص شما را مورد داوری قرار دهد یا نسبت به آنچه می‌گویید به شیوه‌ای غیرمحبت‌آمیز واکنش نشان دهد، در این صورت باید شخص دیگری را انتخاب کنید.

وقتی شخص مورد نظرتان را پیدا کردید، حتماً برایش روشن کنید که از او چه می‌خواهید. هیچ لازم نیست که آن شخص هم سفرهٔ دلش را پیش شما باز کند؛ شما از دوست خود نمی‌خواهید که روحش را در برابر شما عریان سازد، بلکه از او می‌خواهید که از شما پرسش‌هایی بکند و به جواب‌های شما گوش بدهد، و در صورت نیاز تشویق کند یا پند بدهد.

هنگام ملاقات، از پرسش‌های زیر استفاده کنید. اطمینان حاصل کنید که دوست‌تان آنها را از شما بپرسد، و اگر مایل بود، شما هم اینها را از او بپرسید:

۱) وضعیت روحانی‌ات چطور است؟

۲) در حال حاضر از چه بابت نیاز به تشویق داری؟

۳) آیا مانعی وجود دارد که نگذارد زندگی کامل‌تری با خدا داشته باشی؟

اینها پرسش‌های بزرگی هستند و پاسخ‌های خوبی می‌طلبند. و اگر آزادانه و با صداقت به آنها جواب بدهید، به بحثی پرثمر منجر خواهند شد.

اگر شخص مزبور فقط برای پرسیدن این سؤال‌ها آنجا است و قرار نیست به نوبهٔ خود به آنها پاسخ بدهد، تعجب نکنید اگر تصمیم گرفت خودش نیز به آنها جواب بدهد- مخصوصاً وقتی شما شفافیت و صداقت نشان داده‌اید. مردم علاقمند شناختن و شناخته شدن هستند، و وقتی احساس امنیت کنند، معمولاً خیلی چیزها برای گفتن دارند. ما در عصری زندگی می‌کنیم که همه حرف می‌زنند ولی کسی گوش نمی‌دهد. اگر از خودتان اشتیاق برای شنیدن نشان می‌دهید، پس برای این کار آماده باشید. مردم تشنهٔ مکانی امن هستند تا مطالب اعماق وجودشان را بر زبان بیاورند.

اما مراقب باشید که چه می‌گویید و چقدر می‌گویید. هیچ‌وقت نمی‌توانید از واکنشی که طرف مقابل به حرف‌های شما ابراز می‌کند مطمئن باشید، مگر اینکه با او رابطه‌ای دیرپا داشته باشید و زیروبم شخصیتش را بشناسید. اگر موضوع تکان‌دهنده‌ای را با او در میان بگذارید، ممکن است این تمرین به جای بدی بینجامد. با یک حساب سرانگشتی فقط آن چیزهایی را با شخص مزبور در میان بگذارید که طاقت شنیدنش را دارد. اگر می‌خواهید موضوع عمیق‌تر و دردناک‌تری را با کسی در میان بگذارید، به شما توصیه می‌کنم نزد شبان یا متخصص بهداشت روانی بروید، چون آنها برای روبه‌رو شدن با این‌گونه مسائل یا مشکلات، آموزش‌های خاصی دیده‌اند که دیگران ممکن است در موردش چیزی ندانند.

از همه مهمتر، راحت باشید. اگر اولین باری است که چنین کاری می‌کنید، با نگرانی و دغدغه آن را شروع نکنید. این تمرین طرح شده تا موهبت باشد، نه بار. با رویکرد مثبت و انتظار شادمانه سراغش بروید. اگر اوضاع برای‌تان ناراحت‌کننده است، گفتگو را به‌شکلی غیررسمی دنبال کنید. شاید اعتماد کردن به طرف مقابل قدری زمان ببرد. باز تأکید می‌کنم، راحت باشید. این قبیل تعاملات با عجله پیش نمی‌روند. با وجود این، اگر بتوانید به مقصود برسید، گنجی ارزشمندتر از طلا یافته‌اید.

یک دغدغه دیگر: در موقع انتخاب شخص مورد نظرتان از میان اعضای گروه، به این واقعیت توجه داشته باشید که این کار می‌تواند به جریحه‌دار شدن احساسات منجر شود. ممکن است کسی را هیچ‌یک از اعضای گروه انتخاب نکنند. سعی کنید نسبت به این قضیه حساس باشید، و اگر لازم بود از آن شخص بخواهید طرف مقابل شما شود- هیچ اشکالی ندارد که به بیش از یک نفر پاسخگو باشید.

فصل هفتم

اجتماع سخاوتمند

خانمی جلسهٔ کلیسا را قطع کرد و گفت: «برادر جیم، مردی پشت خط است که واقعاً باید با شما صحبت کند.»
پرسیدم: «می‌تواند تا پایان جلسه صبر کند؟ می‌شود من بعداً با او تماس بگیرم؟»
او در حالی که نگرانی شدید از چهره‌اش پیدا بود، گفت: «از صدایش پیداست که به‌شدت مضطرب است».
به تلفن جواب دادم.
به شخصی که آن سوی خط بود گفتم: «آیا کمکی از دست من ساخته است؟»
گفت: «بله، لطفاً. برادر، من به کمک شما نیاز دارم. سه روز است که چیزی نخورده‌ام. می‌توانید قدری پول به من بدهید تا خوارکی بخرم؟»
گفتم: «نه، نمی‌توانم به شما پول بدهم، اما می‌توانم شما را به جایی ببرم و هرچه خوردید، پولش را بدهم.»

به نظر می‌رسید واقعاً خوشحال شده است. آدرسش را از او پرسیدم و گفتم که تا ده دقیقه دیگر آنجا خواهم بود. او در محلهٔ ناامنی بود، اما فقط کمی از عصر گذشته بود و هنوز هوا روشن بود. باید روراست بگویم: *از کمک کردن به این مرد وحشت داشتم.* از اینکه تنهایی به آن قسمت از شهر بروم و غریبه‌ای را سوار کنم و احتمالاً مورد اخاذی قرار بگیرم، می‌ترسیدم. روز طولانی‌ای داشتم و فقط می‌خواستم به خانه برسم، کفش‌هایم را درآورم و تلویزیون تماشا کنم. با وجود این، چیزی در درونم مرا به آن‌سو می‌کشید، پس تصمیم گرفتم او را، هر کس که بود، ناامید نکنم.

در حال رانندگی به مواردی فکر می‌کردم که توسط افرادی که به من زنگ زده یا به کلیسایم آمده بودند و با لحنی محزون داستان‌هایی ترحم‌برانگیز گفته بودند، سرکیسه شده بودم. پس از چند بار سرکیسه‌شدن، دیگر چشمم ترسیده بود. به همین دلیل بود که به مرد پشت خط تلفن گفتم که او را برای شام بیرون خواهم برد، ولی پولی به او نخواهم داد.

متأسفانه مشاهدهٔ شخص بینوا یا بی‌خانمانی که مشغول گدایی است، برای اکثر ما امری عادی است، ولی دربارهٔ موردی بنویسید که به‌طور خاص آن را به یاد می‌آورید. چه نکته‌ای برای شما برجسته بود؟ وقتی تصمیم گرفتید به او کمک کنید، چه فکری در ذهن‌تان سنگینی می‌کرد؟

وقتی که او را سوار کردم، ژولیده و تکیده بود، و کمی هم بیمار به‌نظر می‌رسید. بوی بدی هم می‌داد. به رستورانی رفتیم و او تا آنجا که توانست غذا خورد. اگرچه زیاد حرف نمی‌زد، متوجه شدم که ته‌لهجهٔ آلمانی دارد. او غذایش را نجویده می‌بلعید. در راه بازگشت برایم تعریف کرد که چند ماهی است که به آمریکا آمده و با عده‌ای از دوستانش زندگی کرده، اما سرانجام عذرش را خواسته‌اند و با سواری مفتی گرفتن[1] دست‌آخر گذارش به ویچیتا[2] افتاده است.

---

1. hitchhike; 2. Wichita

پس از شام او را به هتل ارزان‌قیمتی که در آن اقامت داشت، برگرداندم. هنگام پیاده شدن، به‌خاطر شام از من تشکر کرد. نام خودم و نام کلیسایم را پرسید، آنها را یادداشت کرد و پس از دست دادن، با شکم سیر از ماشین پیاده شد. من با احساسات درهم‌وبرهم به خانه برگشتم. از یک طرف احساس خوبی داشتم، اما از سوی دیگر سردرگم بودم و مطمئن نبودم که آیا کار خوبی انجام داده‌ام یا نه. آیا او گوش مرا بریده بود؟ بردن شخص گرسنه به رستوران و شام دادن به او کار خوبی است. اما اگر او در اتاقش یک کیف پر از پول داشته، و فقط خواسته از من سوءاستفاده کند، چه؟ یا اگر پول داشته و آن را خرج مواد مخدر کرده، چه؟ در مورد این موضوع احساسات ضدونقیضی داشتم. تصمیم گرفتم دیگر فکرش را نکنم و به خدا توکل کنم. اما شب، موقعی که داشتم به رختخواب می‌رفتم، هنوز در مورد درستی یا نادرستی این قبیل موقعیت‌ها، در سردرگمی بودم.

سه روایت نادرست: داوری، کمبود و استحقاق

راستش را بخواهید، من به دلیل تعصبم نمی‌خواستم به این مرد جوان کمک کنم. او اهل یک کشور دیگر بود، کثیف و بدبو بود و در محلۀ بدی هم اقامت داشت، یعنی همۀ چیزهایی که او را در کلیشه‌ای خاص قرار می‌داد و بهانه‌ای می‌شد تا نسبت به او سخاوتمند *نباشم*. بله، من به جوان کمک کردم، اما در بسیاری از مواقع دیگر از کمک به کسی که محتاج بوده است خودداری کرده‌ام. من دریافته‌ام که امتناع از کمک به دیگران به‌خاطر وجود سه روایتی است که من آنها را باور داشته‌ام. وقتی این سه روایت با هم ترکیب می‌شدند به من امکان می‌دادند تا بدون احساس گناه رویم را از افراد نیازمند بگردانم: روایت داوری، روایت استحقاق و روایت کمبود. وقتی این روایت‌ها را اتخاذ کنیم (که معمولاً می‌کنیم)، دیگر به‌سختی می‌توانیم شخص سخاوتمندی باشیم.

خدا به کسانی کمک می‌کند که به خودشان کمک می‌کنند. روایت اول خیلی معروف است: «خدا به کسانی کمک می‌کند که به خودشان کمک می‌کنند.» در واقع، خیلی از مردم معتقدند که این یک

روایت کتاب‌مقدسی است. ولی این‌طور نیست. این برگرفته از یکی از ویراست‌های *سالنامهٔ ریچارد بینوا*[1] است که بن فرانکلین در سال ۱۷۵۷ نوشته است. فرانکلین مسیحی نبود، بلکه خداباور[2] بود. او سخنان فوق‌العاده زیادی گفته است، اما این جمله از آنها به‌شمار نمی‌رود. این روایتِ داوری، سدی است در برابر سخاوتمندی، یک حفاظ ستبر در برابر لزوم کمک کردن به نیازمندان. از قرار معلوم، خدا فقط به کسانی کمک می‌کند که خودشان را بالا می‌کشند، عزم‌شان را جزم می‌نمایند و سخت کار می‌کنند. اگر حتی خدا حاضر نیست به افراد تنبل کمک کند، پس من که دیگر جای خود دارم. بدین‌ترتیب، می‌توانم بدون احساس گناه، به نیازمندان نگاه کنم و آنها را مورد داوری قرار دهم. داوری کردن باعث می‌شود احساس گناه ما از بین برود.

اما در عین حال می‌توانیم اوضاع مرتب خودمان را هم دستاویزی برای این تصور قرار دهیم که حتماً کاری کرده‌ایم که ما را مستحق این اوضاع خوب کرده است. می‌توانیم این خیال را در خودمان بپرورانیم که آنچه داریم ثمرهٔ لیاقت خودمان است، چون تلاش کرده‌ایم تا سزاوار دریافت آن بشویم. این روی دیگر روایت نادرستِ ما دربارهٔ عدالت است- اینکه وضعیت ما به‌نوعی باید با کارهای خوب‌مان ارتباط داشته باشد. اگرچه درست است که گناه کردن به نابودی روح ما منجر می‌شود، اما شاید در همهٔ عرصه‌های زندگی ما به بلای فوری نینجامد. کتاب‌مقدس مکرراً به ما یادآوری می‌کند که به حال گناهکاران کامیاب غبطه نخوریم. همچنین نباید در مورد کسانی که در نیاز مبرم هستند، داوری کنیم. هرچند ممکن است شرایط کنونی آنها به‌خاطر گناه، تنبلی یا تصمیمات بد باشند، اما افرادی که در این در شرایط قرار دارند ممکن است همیشه هم به‌طور مستقیم مسئول آن نباشند.

کدامیک از این سه روایتِ مانعِ سخاوتمندی، شما را اسیر کرده است؟ فکر می‌کنید دلیل چیست؟

1. Poor Richard's Almanac; 2. Deist

اگر بذل و بخشش کنم، خودم کم می‌آورم. روایت دوم، انسان را از سخاوتمندی بازمی‌دارد: اگر بذل و بخشش کنم، خودم کم می‌آورم. این روایتِ کمبود بر پایهٔ این عقیده بنا شده که هرچه ببخشم، از دست داده‌ام، هرچه را با دیگری سهیم شوم، از کفم داده‌ام و هرچه در اختیار دیگری بگذارم، به قیمت کمبود خودم تمام خواهد شد. این از جهتی حقیقت دارد. اگر برای مثال، قدری از شیرینی‌هایم را بدهم، برای خودم شیرینی کمتری باقی می‌ماند. این یک حساب دو دوتا، چهارتای ساده است: رقمی را از رقم اصلی بردار، رقم باقی‌مانده چیزی کمتر خواهد بود. این روایت با روایتِ ضدسخاوتمندی، یعنی روایت استحقاق خیلی خوب جور می‌شود.

آنچه دارم مال خودم است و باید در جهت لذت خودم به‌کار رود. موثرترین روایتی که انسان را از سخاوت بازمی‌دارد این است که می‌گوید: «آنچه دارم مال خودم است و باید در جهت لذت خودم به‌کار رود.» روایت استحقاق به ما می‌آموزد که آنچه داریم، اعم از پول، وقت یا توانایی، مال خودمان هستند و باید از آنها مطابق میل‌مان استفاده کنیم، و این اغلب به معنای به کار بردن آنها در جهت سود شخصی خودمان است نه منفعت دیگران. اگر من با این عقیده شروع کنم که هرچه دارم مال خودم است، و آن را به‌نحوی به‌دست آورده‌ام، یا سزاوارش هستم، آن‌وقت استحقاق دارم که هر طور مایلم آن را استفاده کنم. نحوهٔ استفاده از اموالم زیر صلاح‌دید خودم قرار می‌گیرد؛ من هستم که تصمیم می‌گیرم کِی، چگونه و چقدر ببخشم.

این سه روایت دست به‌دست می‌دهند و دژی سر به فلک کشیده در برابر سخاوتمندی می‌سازند. به منظور کشف حقیقت، ما باید روایت‌های کتاب‌مقدسی را به‌کار ببندیم. سه روایت مذکور نه تنها اشتباه هستند، بلکه مغایر با حقیقت می‌باشند و به زندگی خوب یا اجتماع خوب، که ما در پی آن هستیم، منتهی نمی‌شوند.

روایت‌های درست: درماندگی، تدارک و مباشرت

خدا به کسانی کمک می‌کند که خودشان نمی‌توانند به خود کمکی بکنند. مثل همهٔ روایت‌های نادرست، روایت «خدا به کسانی کمک می‌کند که به خودشان کمک می‌کنند» نیز دربرگیرنده قدری از حقیقت است. البته که خدا به کسانی کمک *می‌کند* که می‌توانند به خودشان کمک کنند، اما خدا در عین‌حال به آنها که *نمی‌توانند* به خودشان کمک کنند نیز یاری می‌رساند. اناجیل فهرست بلندی است از درماندگان، شکستگان و تحقیرشدگان، که با وجود وضعیت‌شان، خدا کمک*شان می‌کند*: زنی که حین زنا دستگیر شده بود، ایلعازر مرده، پطرسی که زیر قولش زده بود. در واقع، قضیه آسان‌تر می‌شود اگر بگوییم که خدا بیش از کمک به دولتمندان، به یاری نیازمندان می‌شتابد. این شاید بدین‌خاطر باشد که افراد نیازمند دستانی گشوده دارند، و تنها دستانِ گشوده‌اند که دریافت می‌کنند. اگر می‌خواهیم سخاوتمند باشیم، باید بر روایت حاکی از تعصب غلبه کنیم.

جای تأمل است که خدا از وجود انسان‌های دیگر، به‌مثابه دستان، پاها و قلب خودش، برای عملی کردنِ اراده‌اش استفاده می‌کند. چه زمانی این حقیقت را در مورد خودتان، چه به‌عنوان دهنده چه به‌عنوان گیرنده، تجربه کرده‌اید؟

کتاب‌مقدس به کرات به ما یادآوری می‌کند که گناهکار و درهم‌شکسته‌ایم. مزامیر پیوسته این را تعلیم می‌دهند که انسان سقوط‌کرده، درهم‌شکسته و خیره‌سر است. اگر روراست باشیم، به درماندگی کامل خود اقرار می‌کنیم. درست است که برای به‌دست آوردن زندگی خوب، خرید خانه و آوردن نان بر سر سفره، سخت کار کرده‌ایم. اما در واقع، ما موجوداتی وابسته هستیم که برای تک‌تک لحظات زندگی خود به رحمت خدا متکی می‌باشیم. بدون هوایی که نفس می‌کشیم و خورشیدی که حیات‌بخش است، حتی یک دقیقه هم دوام نمی‌آوردیم.

در حقیقـــت، هیچ‌یک از مـــا نمی‌توانیم به خودمان کمکـــی بکنیم. همهٔ ما نیازمند هســـتیم. همهٔ ما درمانده‌ایم و خدا ســـخاوتمندانه به ما کمک می‌کند. جالب اینجاســـت که او برای این کار از وجود انسان‌های دیگر استفاده می‌کند.

اگر همگی قسمت کنیم، همگی به اندازهٔ کافی خواهیم داشت. وقتی بنی‌اسرائیل در راه ســـرزمین موعود در بیابان ســـرگردان بودند، چیزی برای خوردن نداشـــتند. خدا غذای آنان را به شکل منا فراهم نمود. آنها نمی‌دانســـتند که منا چیســـت، و ما هم نمی‌دانیم (تحت‌اللفظی به معنای «این چیست؟»). ایشان به‌زودی دریافتند که منا خوراکی است که آنها را زنده نگاه می‌دارد. اما قرار بر این بود که ایشـــان آن را انبار نکنند. اگر آن را برای روز بعد انبار می‌کردند، فاســـد می‌شد. آنها بدین‌ترتیب آموختند که برای نان روزانهٔ خود به تدارک الاهی متکی باشـــند. قاعدهٔ دیگری که در ارتباط با جمع‌آوری منا وجود داشت، که به‌ندرت در موردش تعلیمی داده می‌شود، دربرگیرندهٔ حقیقتی ژرف پیرامون سخاوتمندی است. خدا به آنها فرمان داد فقط به اندازهٔ رفع احتیاج‌شـــان منا جمع کنند، نه بیشتر. بدین‌ترتیب، به همه به اندازهٔ کافی منا می‌رســـید. به ایشان گفته شده بود که با پیمانه‌ای موسوم به عومر[1] که حدود دو کوارت[2] می‌شود، منای مورد نیاز خود را اندازه بگیرند. (نگاه کنید به خروج ۱۶:۱۶-۱۸)

انســـان ذاتاً میل دارد ذخیره کند و بیش از نیازش بردارد. متأســـفانه، بعضی‌ها بیشتر برمی‌داشتند و در نتیجه به عده‌ای کم می‌رسید. اما زمانی که از عومر اســـتفاده می‌کردند، همه به قدر لازم داشتند، و هیچ کمبودی ایجاد نمی‌شد.

چـــرا ما بیش از نیازمان مصرف می‌کنیم؟ چـــون باور داریم که برای همه به اندازهٔ کافی نیســـت، و باید تا آنجایی کـــه می‌توانیم، برداریم. به این می‌گویند روایت کمبود. با وجود این، وقتی اقتصاد پادشاهی خدا را بفهمیم، می‌توانیم روایت ســـهیم‌کردن را جایگزین روایت کمبود کنیم.

---

1. Omer

۲. Quart– پیمانه‌ای در حدود یک لیتر. م.

اصل عومر نشان می‌دهد که *برای همه به اندازهٔ کافی هست– اما فقط زمانی که ما به سهم خودمان قانع باشیم.* متخصصان گرسنگی می‌گویند که برای ریشه‌کن کردن گرسنگی، در سیارهٔ ما به اندازهٔ کافی غذا هست، اما برخی (عمدتاً در جهان غرب و کشورهای توسعه‌یافته) بیش از اندازهٔ نیازشان مصرف می‌کنند، و از این‌رو عده‌ای دیگر با کمبود مواجه می‌شوند. یک شب من تا دیروقت بیدار بودم و داشتم یک برنامهٔ تبلیغی-تجاری[1] در مورد کاهش وزن تماشا می‌کردم. در این برنامه می‌گفتند که من تنها با پرداخت ۱۵۰ دلار در ماه، می‌توانم روزانه نیم‌کیلو وزن کم کنم- یعنی فقط ۵ دلار در روز. کانال‌های تلویزیون را عوض کردم و به یک برنامه تبلیغاتی از یک سازمان امدادرسان برخوردم که بچه‌ها را با شکم‌های باد کرده نشان می‌داد، و می‌گفت که تنها در ازای پرداخت ۳ دلار در روز می‌توان جلوی مرگ ناشی از گرسنگی یک کودک را گرفت. طنز تلخ نهفته در این دو پیام متضاد، روشن بود.

البته منظور از اصل عومر این نیست که (مانند کشورهای کمونیستی) اجباری یا به‌زور انجام شود، زیرا نه تنها خوب نیست، بلکه بد هم هست. اما وقتی مردم با هدایت روح‌القدس به تصمیماتی عومر-گونه می‌رسند (آه، اگر این را نخریده بودم، می‌توانستم پول بیشتری به آن یکی بدهم) اتفاق‌های خیلی خوبی می‌افتد. خدا جهانی را طراحی کرده است که در آن مادامی که ما به سهم خودمان قانع باشیم، همه به اندازهٔ کافی برخوردار خواهند شد.

در فصل ششم دیدیم که چطور اقتصاد پادشاهی خدا به طریقی متفاوت با اقتصاد دنیا عمل می‌کند. زندگی در معیتِ برکات وافر الاهی در برابر کمبود ما، چه تغییری می‌تواند در زندگی‌مان ایجاد کند؟

هر چه دارم مال خداست، تا برای جلالش به‌کار برده شود. در مقابل روایت «هر چه دارم مال من است»، این روایت درست قرار دارد: «هر چه

---

1. Infomercial

دارم مال خداست، تا برای جلالش به‌کار برده شود». هیچ‌یک از اموالم، از آنِ خودم نیست- اینها همه هدیه‌هایی است از جانب خدا. ما فریب این فکر را می‌خوریم که آنچه داریم، مال خودمان است، و از این‌رو، خودمان هستیم که تصمیم می‌گیریم چطور از آنها استفاده کنیم. در حقیقت، خدا زندگی بشر را چنان طراحی کرده است، که موجب می‌شود این توهم را باور کنیم. خدا به هر یک از ما قلمرو کوچکی سپرده تا در مورد آنچه که در آن اتفاق می‌افتد، پاسخ‌گو باشیم. این نقشهٔ خداست. او از ما می‌خواهد که مباشر باشیم؛ از این‌رو به ما بدن، استعداد و پول می‌دهد تا بتوانیم چیزهای خوب تولید کنیم.

اما این قلمروهای کوچک، از آنِ خودمان نیست. ما مباشران هدایای خدا هستیم؛ همه چیز از آنِ خداست. این همه چیز را تغییر می‌دهد. من دیگر نمی‌توانم بگویم: «آنچه دارم از آنِ خودم است و هرجور دلم بخواهد مصرفش می‌کنم.» بلکه می‌گویم: «آنچه دارم مال خودم نیست، بلکه از آنِ خداست» و از این‌رو باید از خود بپرسم: «چطور باید از هدایایی که به من داده شده استفاده کنم؟» این تغییر اساسی بر همهٔ تصمیمات روزانهٔ ما تأثیر می‌گذارد.

سخاوتمندی نگرش و وضعیتی درونی است، که اعمال فداکارانه به بار می‌آورد، و خدا هم درست به همین ترتیب با ما رفتار می‌کند. همکار من مت جانسن همین مطلب را به‌خوبی بیان می‌کند:

سخاوتمندی یعنی «دگر-محوری»، در صورتی که طمع یعنی خود-محوری، که واضحاً شیوهٔ متفاوتی برای بیان سومین روایت درست است. وقتی من اول به خودم و فقط به خودم فکر می‌کنم، آن‌وقت با دادن هر چیزی به دیگران مشکل دارم. اما آن روزهایی که بر پادشاهی خدا متمرکز هستم، وقتی به خدا، منابع و تدارک او فکر می‌کنم، به‌راحتی آنچه را که به من هدیه داده شده برای رفع نیاز دیگران می‌دهم، و در این فرایند خودم را مجرایی برای رسیدن منابع الاهی به نیازمندان می‌بینم.

الاهیات کفایت

مـــردم با پول و دارایی خود افراط و تفریـــط می‌کنند. عده‌ای بر پایهٔ ایـــن ایده که زندگی خوب معمولاً در پول و دارایی و برای شـــادمانی ما خلاصه شده است، انجیل کامیابی را موعظه می‌کنند و می‌گویند که وقتی ما کارهای درســـتی انجام می‌دهیم (برای مثال، به فلان سازمان مسیحی کمک مالی کنیم یا برایش به مدت ســـی روز دعا کنیم)، خدا هم برای ما تدارک می‌بیند. از ســـوی دیگر، برخی هم انجیل فقر را موعظه می‌کنند، و تعلیم می‌دهند که فقر تنها راه حقیقی برای روحانی شدن است. هر دو افراط و تفریط خطرناکند. انجیل کامیابی همان طمع است که زیر پوشش دین خود را پنهان کرده است. انجیل فقر هم خطرناک است. در فقر هیچ چیز روحانی‌ای وجود ندارد، و هیچ‌کس صرفاً به‌خاطر فقیرشـــدن انسان بهتری نشده است. دالاس ویلارد می‌گوید:

> ایده‌آل‌سازی از فقر *یکی از خطرناکترین توهمات مسیحیان دنیای معاصر است*. در ارتباط با ثروت، تنها انضباط روحانیِ حقیقی، مباشرت است- که خود مستلزم داشتن دارایی است و بخشیدن را هم شامل می‌شود...
> در کل فقیـــر بـــودن یکی از ضعیف‌تریـــن راه‌های کمک به فقیران است.

کامیابی و فقر تنها گزینه‌های پیش روی ما نیســـتند. شین کلیبورن،[۱] نویســـنده و وکیل، راه سومی را هم پیشنهاد می‌کند: «ما به راه سومی نیاز داریم، نه انجیـــل کامیابی نه انجیل فقر، بلکه انجیلی غنی که ریشـــه در الاهیات کفایت[۲] دارد.»

انجیـــل غنی را تنها می‌توان در پادشـــاهی خدا یافت، جایی که ما در آن به هرچه نیاز داریم، درســـت در وقت نیاز به‌نوعی دسترســـی داریم.

---

1. Shane Claiborne; 2. Theology of Enough

پادشاهی خدا مانند دستگاه خودپرداز نیست که هر وقت دل‌مان خواست از منابع بی‌پایانش برداشت و مصرف کنیم. پادشاهی خدا همچون ناظری است که منابع موجود خود را به کسانی تقدیم می‌کند که طریق‌های پادشاهی خدا را می‌فهمند. جایی که نیازی هست و کسی هم هست که توان برطرف کردنش را دارد، موجودی هیچ‌وقت تمام نمی‌شود.

با این حال، یکی از خطرات بزرگ در آمریکا، خود-رضامندی است. ما در جامعه‌ای ثروتمند زندگی می‌کنیم که ارزش‌هایش به کج‌راهه کشیده شده‌اند. پرسش بزرگ این است که، روح‌القدس اکنون من (فرد) و ما (جامعه) را به کدام سو هدایت می‌کند؟ اکثر مسیحیان غربی دیگر نه دنباله‌رو انجیل فقر هستند نه هوادار انجیل کامیابی. اکثریت مسیحیان غربی باید در فرهنگی افراطی، به مفهوم «الاهیات کفایت» دست پیدا کنند. چگونه تشخیص دهیم که چه چیزی کافی است؟ چه کسی قرار است در این مورد تصمیم بگیرد؟ اگر تصمیم‌گیری را بر عهدهٔ فرهنگ بگذاریم، می‌ترسم شبیه کسانی بشویم که به‌جای عومر (پیمانه) از سطل استفاده می‌کنند.

برای مثال، مجله آنلاین فوربز[1] برآورد کرده که یک شخص برای «خوب زندگی کردن» به چه مقدار پول احتیاج دارد. خوب زندگی کردن بر اساس معیارهایی که آنها محاسبه کرده‌اند، یعنی زندگی کردن در یک خانه به مساحت چهار هزار فوت مربع، داشتن یک خانه دیگر در مکانی زیبا (کنار دریا، کوهستان)، سه اتومبیل لوکس، هفته‌ای یک شب صرف شام در یک رستوران شیک و اعیانی، سه بار تعطیلات در سال، مدرسهٔ خصوصی برای بچه‌ها، کالج‌های درجه یک پس از فارغ‌التحصیلی از دبیرستان و یک نرخ پس‌انداز ۱ درصدی. حداقل پول لازم برای برآوردنِ هزینهٔ این نوع زندگی، دویست هزار دلار در سال است، اما در خیلی از شهرها این رقم بالاتر است. اگر معیار زندگی خوب این است، پس ما که با خیلی کمتر از اینها زندگی می‌کنیم از دادن معافیم، چون حقیقتاً خوب زندگی نمی‌کنیم.

---

1. Forbes Online Magazine

تشــخیص یعنی اینکه از خودمان بپرســیم، خدا چطور مرا هدایت می‌کند تا منابع مالی خودم را اســتفاده کنم؟ با توجــه به نیاز مبرمی که در جهــان وجود دارد، آیا خدا من و هم‌قطاران مســیحی‌ام را به زندگی کردن طبــق معیارهای "زندگی خوب" و دارایی‌های مادی فرامی‌خواند؟ این لزوماً بدان معنا نیســت که هرچه را داریم بفروشیم و با فقرا زندگی کنیم. اما به این معنا هست که به درآمد و دارایی‌مان از زاویهٔ دیگری نگاه کنیم- از زاویهٔ دید پادشاهی خدا.

حیطه‌های اصلی مباشرت

پول و دارایی برای ما یکی از راه‌های فراگیری ســخاوتمندی است. خدا چندین قابلیت دیگر نیز به ما عطا فرموده است. دعوت به مباشرت را می‌توان با به‌کار بردن پنج منبعی بیان کرد که برای سهیم کردنِ دیگران در اختیار ما قرار گرفته‌اند، البته اگر مایل به این کار باشیم.

روح. خدا بــه ما روحی عطا کــرده که چندین قابلیــت دارد. ما با روح‌مان می‌توانیم فکر کنیم، اســتدلال نماییم، احساس کنیم و به خاطر بیاوریم. *عقــل* و *عواطف* جنبه‌های حیاتــی روح و هدایایی فوق‌العاده برای ما هستند. ما به‌واسطهٔ روح‌مان است که شعر می‌سراییم و سمفونی تصنیف می‌کنیم، راه‌هایی برای ارتقای زندگی می‌یابیم، مشکلات‌مان را حل می‌کنیم، رویای فردایی بهتر برای خود می‌بینیم، در فقدان عزیزان‌مان به سوگ می‌نشــینیم و برای گناهان‌مان محزون می‌شــویم، و خاطراتی می‌ســازیم که زندگی‌مان را شکل می‌دهند و به آنها معنا می‌بخشند. روح ما موهبتی گرانبهاســت، و باید برای برکت دادنِ دیگــران به‌کار گرفته شود.

بدن. همچنین خدا به ما بدنی داده، و این اندام‌های شــگفت‌انگیز از قابلیت‌هایی باورنکردنی، همچون بینایی، بویایی، شــنوایی، بساوایی و چشایی برخوردارند. بدن ما دست دارد تا نگاه دارند و بگیرند و بکوبند و بنویســند؛ پاهایی دارد که ما را به جاهای عالی می‌برند. اگر ما برخی از این توانایی‌های جسمانی را برای مدتی از دست بدهیم، خیلی خوب به

ارزش آنها پی خواهیم برد. بدن ما را خدا به ما داده تا به‌وسیلهٔ آن امید و شفا برای دیگران به ارمغان بیاوریم.

استعداد. صِرف داشتن روح و جسم برای ما کافی است که همهٔ عمر را در شکرگزاری خدا به‌سر ببریم، با این‌حال او بیش از آنها به ما عطا کرده است. به هر یک از ما اندازه‌ای قدرت، سلامت و خصوصیات جسمی داده شده که منحصراً از آنِ ما هستند. قدرت، سلامت، زیبایی و تأثیرگذاری هدایایی از جانب خدا می‌باشند. خدا ما را با استعدادها و توانایی‌های منحصربه‌فرد آفریده است، و از آنها هم باید در جهت پیشبرد اهداف خدا استفاده کرد.

وقت. حتی با وجودی که ما این روزها از کمبود وقت گله‌مندیم، اما موهبت زمان نیز به ما داده شده است. در حقیقت، اکثر ما وقت زیادی در اختیار داریم تا توان و توجه‌مان را در آن سرمایه‌گذاری کنیم. مردم می‌گویند، وقت طلاست. شاید این حرف درست باشد، اما همیشه پول درآوردن بهترین راه بهره‌گیری از زمان نیست. کمتر کسی هست که در لحظات پایان زندگی خود آرزو کند که ای کاش پول بیشتری درآورده بود؛ اتفاقاً اکثر ما در چنین موقعیتی بیشتر آرزو می‌کنیم که ای کاش با عزیزمان وقت بیشتری گذرانده بودیم. دخترم، هوپ یک روز همین اواخر به من گفت: «بابا، می‌شود با ما بازی کنی؟» من برای به اتمام پروژه‌ای تحت فشار بودم، بنابراین، یک یا دو ساعت مونوپلی بازی کردن روش مناسبی برای استفاده از وقت به‌نظر نمی‌رسید. با وجود این، روح‌القدس در گوشم نجوا کرد که آن شنبه بعدازظهر را بهتر از این نمی‌توانم سپری کنم. پس دست از کارم کشیدم و مشغول بازی شدیم. دخترم آن یک ساعت از شادی می‌درخشید، و من (به‌خاطر غفلتم) توبه کردم. وقت هدیه‌ای است که خدا به ما داده تا از آن خوب استفاده کنیم، یعنی عمدهٔ آن را صرف چیزهایی بکنیم که بیشترین اهمیت را دارند.

در صورتی که هادی ما روح‌القدس باشد، اقتصاد پادشاهی خدا در ارتباط با وقت هم مانند پول به‌گونه‌ای متفاوت عمل می‌کند. شما در مورد وقت چه تجربه‌ای دارید؟

گنج. ما مباشـــران منابع مالی و مادی‌مان هستیم. هرچند ممکن است منابع ما کم یا زیاد باشند، اما خدا اینها را در اختیار ما قرار داده تا در جهت خیریـــت دیگران به‌کار ببریم. به‌طور قطع، ما می‌توانیم، و باید، هزینه‌های اولیه و ابتدایی خودمان را پرداخت کنیم. اما سوای هزینه‌ها، باید از منابع موجود برای برکت دادن دیگران استفاده کنیم. پول نه بد است و نه ریشهٔ بدی. *پول‌دوستی* است که ریشهٔ همهٔ بدی‌ها است (اول تیموتائوس ۶:۱۰). پول می‌تواند منبع برکت خوبی باشد. با آن گرسنگان سیر می‌شوند، مشکل نیازمنـــدان برطرف و بیمـــاران مداوا می‌گردند. پولی کـــه ما درمی‌آوریم می‌تواند در جهت تبدیل اجتماع‌مان به مکانی بهتر به‌کار برده شود.

در فصل ۲ کتاب اعمال رسولان شاهد سخاوت فوق‌العادهٔ مسیحیانِ کلیسای اولیه‌ایم: «مؤمنان همه با هم به‌سر می‌بردند و در همه چیز شریک بودنـــد. املاک و اموال خود را می‌فروختند و بهای آن را برحســـب نیاز هر کس بین همه تقسیم می‌کردند.» (اعمال ۲:۴۴-۴۵)

شاگردان عیســـی باید روی این آیه‌ها دقت کنند، چون در این میان چند اشـــتباه رایج وجود دارد که ممکن است به آسانی مرتکب‌شان بشویم. یکی از این اشـــتباهات، الگو پنداشـــتنِ آیهٔ فوق برای همهٔ اجتماعات مســـیحی و اصرار بـــر آن به‌عنوان روش معیار برای زندگی اســـت. به اعتقاد من این کار اشتباه اســـت. اول اینکه، کلیسا برای همیشـــه به این روش ادامه نداد. دوم، تحمیل کردن آن به‌عنوان یک قاعده بـــه همهٔ گروه‌ها، به‌مثابه رفتن به ســـمت شریعت‌گرایی است. سوم، اگرچه این شـــیوهٔ زندگی، ایده‌آل به‌نظر می‌رســـد، اما چنانکه در چند فصل بعد خواهیم دید، زندگی اشـــتراکی در عمل مایهٔ اســـتیصال است: «در آن ایام که شـــمار شاگردان فزونی می‌یافت، یهودیان یونانی‌زبان از یهودیانِ عبرانی‌زبان گله کردند که بیوه‌زنان ایشان از جیرهٔ روزانهٔ غذا بی‌بهره می‌مانند» (اعمال ۶:۱). معضل توزیع نابرابر باعث شـــد که شـــاگردان پا پیش بگذارند و برای اطمینان از رعایت انصاف، که روش خودشان بود، نظام تازه‌ای را پی‌افکنند (ن. ک. به اعمال ۶:۲-۷). آنان تصمیم گرفتند افرادی (موسوم به "شماس") را برای نظارت بر نحوهٔ استفاده از منابع منصوب کنند، تا شاگردان بتوانند روی وعظ و تعلیم تمرکز نمایند.

اما اشتباه متداول دیگر، به‌کلی غافل شدن از الگوی فصل ۲ کتاب اعمال، و کنار گذاشـــتن آن به‌عنوان یک رســـم قدیمی و غیرعادی و فاقد کاربرد برای روزگار ما اســـت. امروزه هم می‌توان از روشی مشابه استفاده کرد، و کسانی که به قصد خاصی گروهی زندگی می‌کنند، نوعی از این الگوه را با موفقیت بالا تجربه نموده‌اند. اگرچه خودِ من شخصاً برای این نوع زندگی دعوت نشـــده‌ام، اما ترجیح می‌دهم اموالم را، حتی به قیمت اغفال شدن، در دســـترس دیگران قرار دهم و هرچه در توان دارم به نیازمندان ببخشم. در بسیاری از جنبش‌های بزرگ در تاریخ کلیسا چیزی شبیه الگوی اعمال باب ۲ را می‌بینیم. این آیات شخصاً برای خود من چالش‌انگیزند.

من این تمرین را که می‌دانم خوب عمل می‌کند، پیشنهاد می‌کنم: هر آنچه در توان دارید به ســـازمان‌هایی بدهید که برای توزیع مواد غذایی، پوشـــاک و پول در میان نیازمندان بنا شده‌اند. در شـــهری که من در آن زندگی می‌کنم چندین ســـازمان وجود دارند که در این زمینه فوق‌العاده عمـــل می‌کنند. آنها مثل شماســـان فصل ۶ اعمال هســـتند. درهای آنها همیشه باز است، و می‌دانند چطور به برآورده شدن نیاز مردم کمک کنند. از این گذشـــته، آنها در پیدا کردن شغل به مردم کمک می‌کنند و خدمات دیگری ارائه می‌دهند که بســـیاری از کلیســـاهای محلی برای انجام‌شان تجهیز نشده‌اند.

اجتماع سخاوتمند

کمک مالـــی فعالیتی صرفاً فردی نیســـت و به برخی ســـازمان‌های خاص هم محدود نمی‌شـــود. کلیســـای محلی خودِ من خیلی چیزها در زمینهٔ ســـخاوتمندی به من آموخته است. کلیســـای متدیست چپل هیل یونایتد[1] در شـــهر ویچیتا، به لطف شـــاگردان عیسی که اقتصاد پادشاهی خدا را می‌فهمند، از بدو تأســـیس اجتماع مسیحی ســـخاوتمندی بوده اســـت. ما از همان روزهای اول تصمیـــم گرفتیم ۱۰ درصد از درآمدمان

---

1. Chapel Hill United Methodist Church

را مستقیماً برای نیازمندان، صرف‌نظر از اینکه به کدام کلیسا می‌روند، اختصاص بدهیم (ما نامش را "نوبر وجوهات" گذاشته‌ایم). چند سال پیش خواهر شبانِ جوانانِ کلیسای‌مان درگذشت، و خانواده‌اش هم توان پرداخت هزینه‌های خاکسپاری را نداشتند و چهار فرزندش هم عملاً مستمند شدند. کلیسای ما نه تنها هزینۀ خاکسپاری او را پرداخت (حتی با وجودی که او به کلیسا نمی‌آمد)، بلکه ما برای کمک به هزینۀ پوشاک و تحصیل فرزندانش بودجه‌ای اختصاص دادیم.

چندی پیش، شبانی میهمان برای استراحت به شهر ما آمد. او و همسرش وقتی به ویچیتا رسیدند دریافتند که اتاقی که به ایشان وعده داده شده بود، به دلیل شرایط پیش‌بینی نشده به شخص دیگری داده شده است. وقتی اعضای کلیسای ما از وضعیت آنها باخبر شدند، فوراً تصمیم گرفتند از پول صندوق نوبر وجوهات بــرای پرداخت اجارۀ آپارتمانی برای آن زوج استفاده کنند. بعد اعضای کلیسا جلسه‌ای تشکیل دادند تا ببینند برای تهیۀ اسباب و اثاثیه چه می‌توانند بکنند. در کمتر از یک روز آپارتمان به‌طور کامل مبله شده بود، و همۀ اینها به‌خاطر سخاوتمندی اجتماعی بود که بر کت دادن را آموخته بودند. البته کلیساهای بی‌شماری هستند که چنین می‌کنند، و این خبر خوشی است. اجتماع پیروان مسیح ذاتاً بخشنده‌اند، چون اقتصاد پادشاهی خدا را فهمیده‌اند.

راه‌های بسیار برای سخاوتمند بودن

عیسی فرمود دادن از گرفتن فرخنده‌تر است (اعمال ۳۵:۲۰). برای بسیاری از ما دادن از گرفتن خیلی راحت‌تر است. ریچارد فاستر یک‌بار به من خاطر نشان کرد که چقدر سخت است به خودمان اجازه دهیم خدمت شویم. او نامش را "خدمتِ مخدوم بودن" گذاشته بود، که به معنای تسلیم‌شدن از جانب ماست. وقتی دیگران نسبت به ما سخاوتمندند، برای بازپرداخت سخاوت‌شان احساس نیاز می‌کنیم. من یاد گرفته‌ام که بگذارم دیگران هدایای خودشان را با من قسمت کنند، و از تأمل روی سخاوتمندی آنان دریافته‌ام که من هم عمیقاً برکت می‌یابم. اجازه بدهید برای‌تان مثالی بزنم.

همسرم، مگان، با شادی و با اشتیاقش برای زندگی، و باوری که به من دارد، پیوسته باعث برکت من است. پسرم، جیکاب ساکت است، اما هر بار که لبخندش را می‌بینم، هدیهٔ شگفتی به من می‌بخشد. دخترم، هوپ به‌راستی سرچشمه امید است. یک‌بار به او گفتم که هروقت او در اطاق مطالعهٔ من می‌نشیدن و پازلش را درست می‌کند، من بهتر می‌نویسم. او بدون سروصدا کنار من می‌نشیند و با پازلش سرگرم می‌شود و هرازگاه دست از کار کشیده مرا بغل می‌کند. دختر دیگرمان، مدلین با وجودی که دیگر جسماً در میان ما نیست، اما در روح با من است و وفاداری خدا و قدرتی را که در ضعف کامل می‌شود، به من یادآوری می‌کند.

دوستم، پتریک[1] پشتیبانی سخت‌گیر است که با دقت از من و وقت و توانم مراقبت می‌کند، و هرگز از یادآوری آنچه در مسیح هستم، فروگذار نمی‌کند. دوستم، سی. جی[2] دائماً مرا تشویق می‌کند و هر روز خاطرنشان می‌سازد که ما در پادشاهی نیرومند خدا زندگی می‌کنیم. دوستم، مت در کمال متانت به من اندرزهای خردمندانه می‌دهد و برایم نمونه‌ای همیشگی از شباهت به مسیح است. دوستم، جیمی من را در قوتی که ثمرهٔ تقلاست، سخاوتمندانه سهیم می‌سازد و با ملایمت به من یادآوری می‌کند که به دستاوردم نگاه کنم، نه آنچه به‌دست نیاورده‌ام. دوستم، ترور[3] یک دوست صادق و قابل اعتماد است که به من اجازه می‌دهد خودم باشم؛ هدیهٔ او به من دوستیِ بدون داوری است.

دوستم اندرو در وقت نیاز، حکمت ژرفش را در اختیارم می‌گذارد، و همیشه هم این کار را با فروتنی انجام می‌دهد. شبانم، جف گنن[4] پیام‌هایی می‌آورد که برای من الهام‌بخش‌اند. با وجودی که او برای کل جماعت‌مان موعظه می‌کند، اما من اغلب احساس می‌کنم که انگار روی سخنش با من است. دوستانم، باب و آرلو برای پشتیبانی از خدمتم، سخاوتمندانه از پول خود مایه گذاشته‌اند. سخاوت آنان مرا حیرت‌زده می‌کند، و هروقت می‌خواهم از ایشان قدردانی کنم، می‌گویند که آن پول را خدا به آنها داده،

1. Patrick; 2. C.J.; 3. Trevor; 4. Jeff Gannon

و آنها هم کاری جز برگرداندن پول به خدا نمی‌کنند. همهٔ این افراد و خیلی‌های دیگر که من مجال آوردن نام‌شان را در این کتاب ندارم، هدایای خودشان را سخاوتمندانه می‌بخشند. این کار آسانی نیست، اما من می‌آموزم که چطور بدون احساس نیاز کردن به تلافیِ سخاوت‌شان، شکرگزار باشم.

گاهی سخاوتمندی افراد ناشناس باعث برکت ما می‌شود. بیشتر روزهای عمر کوتاه دخترمان مدلین، در بیمارستان گذشت. یادم هست که یک‌بار از نشستن روی صندلی‌های سرد و پلاستیکی به‌شدت خسته شده بودم و چیزی برای خوردن یا نوشیدن نداشتم. یکی از پرستاران به من گفت که اتاق رانلد مک‌دانلد[1] ته راهرو است. وارد اتاقی شدم که بیشتر شبیه خانه بود. صندلی‌های راحت و کاناپه، تلویزیون، قهوه و تنقلات. این اتاق به پناهگاه راحتی برای من و همسرم تبدیل شده بود. من هیچ‌وقت کسانی را که وقت و پول خود را صرف درست کردن این فضای راحت کرده بودند، نشناختم اما سپاسگزارم که منابع‌شان را در جهت برکت دادنِ خانوادهٔ من و خیلی‌های دیگر استفاده کردند.

برنامه‌ای برای تبدیل شدن به اجتماعی سخاوتمند

شادیِ بخشیدن را تجربه کنید. یک‌بار از کلیسایی دیدن کردم که جلسهٔ سالیانه "مباشرت" را در روز یکشنبه برگزار کرده بودند. پس از جلسه، از مردی شنیدم که به دوستش می‌گفت: «بیزارم از وقتی که کلیسا دربارهٔ پول حرف می‌زند. این احساس به من دست می‌دهد که تنها چیزی که آنها از من می‌خواهند، چکام است.» از شنیدن این حرف خیلی غمگین شدم. شبان اصلاً در این باره صحبتی نکرده بود که در مردم چنان احساسی به‌وجود آورد. در واقع، او از پرداختن به این مقوله دوری می‌جست. واضح بود که آن مرد، اصلاً با شادیِ بخشیدن آشنایی نداشت. روایت برکت دادن هنوز در او رسوخ نکرده بود. من عقیده دارم که باید در مورد برکت دادن تعلیم بدهیم و موعظه کنیم.

---

1. Ronald McDonald

یکی از بهترین موعظه‌هایی که دربارهٔ مباشرت شنیده‌ام از استاد و دوستم، کشیش جری وگت[1] بوده است. او بدون محافظه‌کاری پشت منبر ایستاد و در مورد برکات بسیاری سخن گفت که او و همسرش طی سالیان، به‌واسطهٔ بخشندگی به‌دست آورده بودند. از سخنان او اصلاً بوی غرور و خودستایی به مشام نمی‌رسید. او و همسرش صرفاً مباشران منابعی بودند که در اختیارشان قرار داده شده بود. او حتی یک‌بار هم به احساس گناه متوسل نشد، اما وقتی موعظه‌اش تمام شد، اشتیاق من برای بخشیدن آنچه در توانم هست، بیشتر شده بود. این نه تنها در مورد پول، که در مورد همهٔ منابع ما صدق می‌کند. لازم است کسی بارها شادیِ بخشیدن را به ما یادآوری کند، و برای اینکار چه کسی بهتر از آنانی که از روی تجربهٔ شخصی سخن می‌گویند.

حاشیهٔ مالی زندگی خود را تعیین کنید. برای سخاوتمند بودن، باید *حاشیه* (مازاد) به‌وجود بیاوریم. برای بخشیدن، باید اول چیزی برای دادن داشته باشیم. «حاشیه» یعنی اینکه دخل از خرج بیشتر باشد، تا امکان بخشیدن برای ما فراهم شود. اکثر آمریکایی‌ها هیچ حاشیه‌ای، اعم از مالی و غیرمالی ندارند. وقتی آنها در چنین وضعیتی قرار دارند، گفتن اینکه «تو باید وقت و پول بیشتری به نیازمندان بدهی» غیرمنصفانه است. آنها اول باید حاشیهٔ لازم را به‌وجود بیاورند. بهترین راه برای ایجاد حاشیه، صرفه‌جویی است. من می‌دانم که این واژه برای خیلی‌ها مفهومی منفی دارد، اما باید این مفهوم را از آن بزداییم. صرفه‌جویی بر زندگی مسئولانه، و به‌وجود آوردنِ حد و مرزهای درست دلالت می‌کند.

صرفه‌جویی مستلزم دقت زیاد در صرف وقت و منابع است. صرفه‌جویی با خسیس بودن یکی نیست. به معنای ارزان‌طلبی هم نیست. کسانی که صرفه‌جویی می‌کنند، مجبور نیستند ارزان‌ترین‌ها را بخرند. صرفه‌جویی یعنی خریدن چیزی که بدان نیاز داریم، و نه ضرورتاً چیزی که دلمان می‌خواهد. به‌قول دالاس ویلارد: «صرفه‌جویی یعنی ماندن

---
1. Jerry Vogt

در محــدودهٔ آنچه که قضاوت صحیح برای زندگی خداپسـندانه اقتضا می‌کنـد.» صرفه‌جویانه خرج کردن از بدهی می‌کاهد و ما را به سـمت ایجاد حاشیهٔ مالی سوق می‌دهد. صرفه‌جویی در وقت یعنی آموختنِ نه گفتن به برخی چیزها، تا بتوانیم به چیزهای دیگر آری بگوییم. مادامی که حاشیهٔ مالی نداشته باشیم، سخاوتمندی امری محال خواهد بود.

آیا موافقید که روایت‌های این فصل به شما در صرفه‌جویی کمک می‌کنند؟ چرا؟

راه‌های بخشـیدن را یاد بگیرید. خیلی‌هــا نمی‌دانند که کجا، کی و چگونه ببخشـند. ما باید راه‌های متعدد بخشـیدن را به مردم بیاموزیم. یکی از کلیسـاهایی که من می‌شناسـم، به‌طور پیوسـته اعضایش را در جریــان فرصت‌هایی که بــرای خدمت کردن با وقت‌شــان دارند، قرار می‌دهــد. برای مثال، آنهــا برای والدین بچه‌های معلــول، دو بار در ماه «روز فراغــت والدین» دارند. و هر شــنبه هزینهٔ خوراک بی‌خانمان‌ها را می‌پردازنـد. آنها همچنین وقت و پول خود را روی منطقه‌ای محروم در شهر سرمایه‌گذاری می‌کنند. آنها در خلال جلسهٔ پرستشی خود به مردم اطلاع می‌دهند که چه نیازهایی وجود دارد و ایشان چگونه می‌توانند در این خدمات مشارکت داشته باشند.

مرد توانگر و ایلعازر: تنها فرصت

ما فقط در *طول عمرمان روی زمین* می‌توانیم مباشران منابع‌مان باشیم. لحظه‌ای که بمیریم، دیگــر هیچ فرصتی برای تقدیم هدایا، اعم از وقت، اسـتعدادها، توانایی‌ها یا دارایی‌مان نداریم. یکی از مَثَل‌های به‌یادماندنیِ عیسـی داسـتان مرد ثروتمند و ایلعازر فقیر (که با ایلعازر دیگری که از مردگان برخاسـت، فرق دارد) اسـت. اگرچه این مَثَل طولانی است، اما ارزش بازخوانی دقیق را دارد:

«توانگری بود که جامه از ارغوان و کتان لطیف به تن می‌کرد
و همه روزه به خوشگذرانی مشغول بود. فقیری ایلعازر نام

را بر در خانهٔ او می‌نهادند که بدنش پوشیده از جراحت بود. ایلعازر آرزو داشت با خرده‌های غذا که از سفرهٔ آن توانگر فرومی‌افتاد، خود را سیر کند. حتی سگان نیز می‌آمدند و زخم‌هایش را می‌لیسیدند. باری، آن فقیر مرد و فرشتگان او را به جوار ابراهیم بردند. توانگر نیز مرد و او را دفن کردند. اما چون چشم در جهان مردگان گشود، خود را در عذاب یافت. از دور، ابراهیم را دید و ایلعازر را در جوارش. پس با صدای بلند گفت: "ای پدر من ابراهیم، بر من ترحم کن و ایلعازر را بفرست تا نوک انگشت خود را در آب تر کند و زبانم را خنک سازد، زیرا در این آتش عذاب می‌کشم." اما ابراهیم پاسخ داد: "ای فرزند، به یاد آر که تو در زندگی، از هر چیز خوب بهره‌مند شدی، حال آنکه چیزهای بد نصیب ایلعازر شد. اکنون او اینجا در آسایش است و تو در عذاب. از این گذشته، بین ما و شما پرتگاهی هست؛ آنان که بخواهند از اینجا نزد تو آیند نتوانند، و آنان نیز که آنجایند نتوانند نزد ما آیند."» (لوقا ۱۶:۱۹-۲۶)

یکی از نکات آموزندهٔ مَثَل این است که ما نمی‌توانیم از درون گور به دیگران کمکی بکنیم. مرد ثروتمند هر روز از کنار ایلعازر رد می‌شد و از قرار معلوم هیچ توجهی به او نمی‌کرد. در زندگی پس از مرگ بود که متوجه شد چقدر بی‌سخاوت است، اما دیگر خیلی دیر شده بود.

عیسی در مَثَل گوسفندان و بزها نیز همین نکته را تعلیم می‌دهد (متی ۲۵:۳۲-۴۶). وقتی عیسی در جلال بازگردد مردمان را به دو گروه تقسیم می‌کند، یک گروه کسانی هستند که به نیازهای دیگران اهمیت می‌دهند، و گروهی که اهمیت نمی‌دهند. پس وقتی مجال کمک به دیگران سر برسد، آنچه را که کاشته‌ایم درو خواهیم کرد. این مَثَل‌ها را نباید همچون دعوتی برای اعمال پارسایی خواند. کارهای نیک نمی‌توانند ما را نجات بدهند. ولی ایمان ما باید در اعمال‌مان ظهور یابد و متبلور شود، و فیض باید الهام‌بخش ما برای خدمت باشد. اگر زندگی

ما حاکی از حمد و ستایش و قدرشناسی و شکرگزاری به‌خاطر نعمات باشد، به‌طور طبیعی از وقت، استعداد و اموال‌مان به نیازمندان خواهیم داد. شاید این واقعیت که زمان ما برای سخاوتمند بودن محدود است، باعث شود درنگ نکنیم.

یک تماس تلفنی غیرمنتظره

تقریباً یک سال از زمانی که من به جوان گرسنهٔ مذکور در آغاز این فصل کمک کردم، می‌گذشت که زنگ تلفنم به صدا درآمد. صدایی گفت: «برادر اسمیت؟»، و بعد خودش را معرفی کرد. همان جوانی بود که کمکش کرده بودم. بعد تعریف کرد که از آن روز که من پول شامش را پرداختم، زندگی‌اش چگونه تغییر کرده بود. در گاراژی کاری پیدا کرده بود و توانسته بود آن‌قدر پس‌انداز کند که آپارتمانی اجاره کند. بعد از آن حتی شغل بهتری پیدا کرده بود. دوست‌دخترش توانسته بود از آلمان به ایالات متحده بیاید، و حالا با هم نامزد کرده بودند. او پیشنهاد کرد که پول شام آن شب را به من برگرداند، اما من قبول نکردم. او گفت: «بسیار خوب، ولی خواهش می‌کنم بدانید که وقتی من محتاج بودم، شما به من کمک کردید. و من همیشه قدردان خواهم بود.»

با وجودی که این داستان پایان خوشی داشت، اما سخاوتمندی همیشه هم به این‌گونه نتایج ختم نمی‌شود. پولس گفته معروفی دارد: «هر کس همان قدر بدهد که در دل قصد کرده است، نه با اکراه و اجبار، زیرا خدا بخشندهٔ شادمان را دوست می‌دارد» (دوم قرنتیان ۷:۹). می‌خواهم بی‌پرده بگویم: من زمانی که برای مرد جوان شام می‌خریدم، عملم اصلاً با شادمانی همراه نبود. در عین‌حال که خدا بخشیدنِ شادمان را دوست دارد، اما حتی بخشش‌های توأم با اکراه هم می‌توانند موجب برکت شوند. من این مطلب را از همین مرد جوان یاد گرفتم که حتی یک هدیهٔ کوچک، که با مضایقه هم داده شود، می‌تواند تغییر ایجاد کند. در پایان، شخصی که آن شب بیش از همه کمک دریافت کرد، من بودم.

پرورش روح

مباشرت منابع

یکی از اصول این فصل این است که *صرفه‌جویی حاشیه (مازاد) ایجاد می‌کند و حاشیه هم توانایی سخاوتمندی به‌وجود می‌آورد*. این امر در مورد هر پنج حیطهٔ مباشرت (روح، جسم، وقت، استعداد، دارایی) صدق می‌کند. وقتی صرفه‌جو- نه خسیس، بلکه حکیم- هستیم، می‌توانیم منابع بیشتری را ببخشیم و سخاوتمند باشیم. از آنجا که یافتن راه‌هایی برای صرفه‌جو بودن در روح و جسم دشوارتر است (هرچند در زندگی روحانی اهمیت بسیاری دارند)، این هفته از شما می‌خواهم که در وقت، استعداد و دارایی‌تان صرفه‌جو، و سخاوتمند باشید. سعی کنید هر سه تمرین را انجام دهید. (یک تمرین اضافی چهارم هم وجود دارد که می‌تواند در هرجا برای‌تان مفید باشد.) با وجود این، مطابق همیشه در این مورد که این هفته باید چند تمرین و کدام‌ها را انجام دهید، دعا کنید. و به یاد داشته باشید که یک قاعدهٔ تجربی خوب پرسیدن این سؤال است که اکنون محبت‌آمیزترین کاری که می‌توانم بکنم، چیست؟

در وقت صرفه‌جو، و سخاوتمند بودن

صرفه‌جو بودن. این هفته راه‌هایی پیدا کنید و از سروته برخی از فعالیت‌های‌تان بزنید. این کار ممکن است چالش‌انگیز باشد: شاید برنامهٔ روزانه شما با کار، خانواده و مراقبت از دیگران پر باشد. اما شاید بشود راه‌هایی پیدا کرد و قدری از سروته این فعالیت‌ها زد. برای مثال، یک فرد آمریکایی به‌طور میانگین در هفته بیست‌وهشت ساعت تلویزیون تماشا می‌کند، و روزانه یکی دو ساعت هم در اینترنت می‌گردد. اگر این در مورد شما هم صدق می‌کند، شاید بتوانید با یک یا دو ساعت محدود کردن این قبیل فعالیت‌ها در روز، برای انجام برخی فعالیت‌های دیگر که از آنها غافل مانده‌اید، وقت آزاد پیدا کنید.

سخاوتمند بودن. اگر قدری زمان حاشیه‌ای (مازاد) به‌دست آورده‌اید، در مورد راه‌هایی که می‌توانید با وقت‌تان دیگران را برکت بدهید، فکر کنید. شاید بتوانید با یکی از دوستان یا یکی از اعضای خانواده که در دل‌تان است، وقت بیشتری بگذرانید. به شخص مورد نظرتان پیشنهاد پیاده‌روی یا نوشیدن قهوه یا ملاقاتی ساده در خانهٔ خودتان بدهید و خلاصه با او باشید. همین‌طور می‌توانید یکی از همین ساعات را صرف رفتن به سرپناه یا سالن غذاخوری افراد بی‌خانمان کنید، یا مشغول یکی از فعالیت‌هایی شوید که از سوی کلیسای‌تان حمایت می‌شوند.

در استعداد صرفه‌جو، و سخاوتمند بودن

صرفه‌جو بودن. وقتی نوبت به استعدادهامان می‌رسد، خیلی از ما بیش از اندازه از خود کار می‌کشیم. من کسانی را می‌شناسم که به دلیل معضل "نه نگفتن" در آستانهٔ از پا درآمدن هستند. در نتیجه، چیز زیادی برای دادن ندارند و احساس می‌کنند که مورد بهره‌کشی قرار گرفته‌اند، زیرا هیچ حاشیه‌ای ندارند. این هفته سعی کنید بگویید: «نه، من در حال حاضر توانایی انجامش را ندارم.» اگر شما تاکنون با روایت "هرگز به هیچ درخواستی پاسخ منفی نده" زندگی کرده باشید، با گفتن این جمله احساس گناه خواهید کرد. اما در حقیقت شما باید حاشیه به‌وجود بیاورید، وگرنه نخواهید توانست سخاوتمند باشید. شما نمی‌توانید به همهٔ دوستان‌تان کمک کنید، در همهٔ کمیته‌ها شرکت کنید یا در همهٔ گروه‌های پرستشی سرود بخوانید. در خصوص عطایای‌تان، راه‌هایی برای ایجاد حاشیه پیدا کنید تا بتوانید در مکان و زمانی که هدایت می‌شوید، آنها آزادانه به‌کار بگیرید. البته با این فرض که شما زمانی را هم صرف تشخیص می‌کنید.

سخاوتمند بودن. اگر توانسته‌اید برای استعدادهای خود حاشیه‌ای به‌وجود آورید، پس در موقعیتی قرار دارید که می‌توانید برای خدا انتظار بکشید تا از عطایای شما به طریقی متعادل استفاده کند. آمادهٔ هدایت و تمیز باشید، و خود را در اختیار خدا قرار دهید تا از عطایایی که دارید به روش‌های جدید استفاده کند.

در دارایی‌ها صرفه‌جو، و سخاوتمند بودن

صرفه‌جو بودن. برای صرفه‌جویی در منابع مالی راه‌های زیادی وجود دارد، اما شاید آسان‌ترین آنها کمتر خرج کردن یا حتی در موارد غیرضروری، خرج نکردن باشد. برای مثال، یکی از دوستانم تصمیم گرفت برای مدتی طولانی هیچ چیز غیرضروری (مانند لباس، سی دی، لوازم الکترونیکی و غیره) نخرد. او فقط مواد غذایی و مورد نیازش را می‌خرید، اما تصمیم گرفت برای مدتی از هر خرید تازه چشم‌پوشی کند، و با اینکار به مبلغی که باید می‌بخشید، بیفزاید. راه دیگر این است که برای یک هفته خریدهای‌تان را ارزیابی کنید و تنها چیزهایی را بخرید که ضروری هستند. قدم‌های کوچک در زمینهٔ صرفه‌جویی می‌توانند حاشیهٔ مالی لازم برای سخاوتمند بودن را به‌وجود بیاورند.

سخاوتمند بودن. همان دوستی که گفتم از خرید کالاهای غیرضروری دست کشید، توانست به دو نفر که به‌طور غیرمنتظره دچار مشکل مالی شده بودند، کمک کند. آنها از او درخواست پول نکرده بودند، ولی او بعد از اینکه به نیاز آنها پی برد در موردش دعا کرد و بعد پول را برای کمک به آنها داد. اگر او صرفه‌جویی نکرده بود، نمی‌توانست سخاوتمند باشد.

راه‌های دیگر بسیاری برای صرفه‌جویی در وقت، استعداد و دارایی وجود دارد که باید آنها را کشف کنید. در نتیجهٔ این کار، خدا به شما فرصت‌هایی برای سخاوتمند بودن می‌دهد که قبل از این هرگز نمی‌توانستید به آنها پاسخ بدهید.

اجتماع سخاوتمند شما

در این فصل من در مورد خدمت مخدوم شدن نوشتم و کسانی را در زندگی خودم نام بردم که با محبت، حمایت، حفاظت، حکمت و تشویق خود سخاوتمندند. شاید یک تمرین دیگر که می‌تواند برای شما مفید باشد، نوشتن یک یا دو پاراگراف شبیه آن چیزی باشد که من نوشتم، و در آن افراد خاصی را که در زندگی شما حضور دارند و به طریقی برکت‌تان

می‌دهند، نام ببرید. شما می‌توانید با نوشتن یادداشت تشکر، فرستادن کارت‌پستال یا ای‌میل به این افراد، از آنها به‌خاطر حضور مبارکی که در زندگی شما دارند، قدردانی کنید.

فصل هشتم

اجتماع پرستنده

من خیلی زود یاد گرفتم که یکی از وظایف شبانان در سدۀ بیست‌ویکم، انجام کارهایی است که باید انجام شوند، اما هیچ‌کس حاضر به انجام‌شان نیست. در اولین انتصابم بعد از اتمام کالج الاهیات بود که خودم را در چنین وضعیتی یافتم. شبان ارشد نگران این بود که فهرست اعضای کلیسا از تعداد کسانی که روزهای یکشنبه در جلسه کلیسایی شرکت می‌کردند، خیلی بیشتر بود، و این یعنی اینکه خیلی‌ها با وجودی که مدتی طولانی غیبت داشتند، هنوز جزو اعضا تلقی می‌شدند. وظیفه‌ای که به من محول کردند این بود که با تک تک "عضوهایی" که سه سال یا بیشتر از غیبت‌شان در پرستش کلیسایی می‌گذشت تماس بگیرم. من هم لیست اعضا را برداشتم و به دفترم رفتم و شروع کردم به تلفن زدن. بعضی از اعضا نقل مکان کرده بودند؛ بعضی دیگر مرده بودند. از آنهایی که هنوز در شهر بودند می‌پرسیدم که آیا مایل‌اند به دیدن‌شان بروم. طی یک‌صد تماس، تنها چهار نفر برای ملاقات با من ابراز علاقه کردند. از این چهار نفر، دو خانواده به کلیسا برگشتند، و یک نفر تصمیم گرفت به کلیسایی دیگر ملحق شود.

تماس چهارم بیش از همه مـرا تحت تأثیر قرار داد: مادری مطلقه با بچه‌هایی بزرگ. طی دیدار کوتاه‌مان، او خیلی کم حرف زد، اما گفت که دوست دارد مرا به صرف چای دعوت کند. او با پرسیدن سؤالات بسیار در مورد زندگی روحانی شخصی من، ابتکار عمل را در دست گرفت. در نهایت من هم همان پرسش‌ها را از او کردم، و او خیلی بسیار برانگیخته شد. او گفت: «خب، برای من رابطه‌ام با خدا یعنی همه چیز. من هر روز صبح یک ســاعت را به دعا و تعمق اختصــاص می‌دهم و همین کار را یک ساعت هم قبل از خواب تکرار می‌کنم. دوست داری ببینی من کجا دعــا می‌کنم؟» او مرا به اتاقی در خانه‌اش برد. دیوارها از تصاویر مذهبی پوشیده شــده بودند- صلیب‌ها، شمایل‌ها و نقاشی شخصیت‌های دینی. در گوشهٔ اتاق چیزی شبیه محراب با نیمکتی برای زانو زدن قرار داشت. او با خوشرویی گفت: «اینجا جایی اســت که من با خدا ارتباط برقرار می‌کنم.»

آیا تاکنون با شــخصی روبه‌رو شده‌اید که از پرستش دسته‌جمعی اجتناب کند؟ در آن موقع به او چه گفته‌اید؟ الآن به او چه خواهید گفت؟

ما در اتاق نشــیمن و در حین نوشیدن فنجان دوم چای، گفتگوی‌مان را ادامه دادیم. ســرانجام از او پرسیدم: «دوست دارم بدانم که آیا در یکی از یکشــنبه‌ها شما را در جلسه پرستشی خواهیم دید یا نه؟» او بلافاصله جواب داد: «آه، نه. کلیسا به درد من نمی‌خــورد. من هرآنچه به آن نیاز دارم، در اتاق دعای خودم دارم. پرســتش دسته‌جمعی خیلی مرا دلسرد می‌کند. اوضاع من روبه‌راه اســت. اما ممنون از اینکه مرا دعوت کردید. به گمانم باید نام مرا از لیست اعضای خودتان خط بزنید.» برای لحظه‌ای زبانم بند آمده بود، و داشــتم در ذهنم دنبال کلامی حکیمانه می‌گشتم تا بگویم، ولی تنها چیزی که به خاطرم رســید، این بود: «آیا مطمئن هستید کــه نمی‌خواهید برگردید؟» او باز مؤدبانــه جوابم را داد: «ممنون جناب کشــیش. ولی جواب من منفی اســت. همان‌طور که گفتم، خودم همهٔ

چیزهای لازم را اینجا دارم. اما متشـــکرم که آمدید و از من دیدار کردید. از شنیدن سفر ایمانی شما خیلی خوشم آمد.»

در راه بازگشـــت به کلیسا به‌شدت ســـرخورده بودم. سال‌ها از عمرم را صرف خدمت در کلیسای محلی کرده بودم، و با وجود این، وقتی کسی به من گفت که به کلیسا نیازی ندارد و همین‌طوری بدون کلیسا خوش است، برایش هیچ جوابی نداشـــتم. سردرگم بودم که *نکند حق با او باشد؟ آیا یک مسیحی می‌تواند بدون اجتماع پرستنده زندگی کند؟* هیچ پاسخی نداشتم، چون خودم در رابطه با کلیسا و پرستش دسته‌جمعی گرفتار چند روایت نادرست بودم.

روایت‌های درست و نادرست در مورد پرستش

زنی که در خانهٔ خودش و به‌صورت خصوصی پرســـتش می‌کرد، مرا تحـــت تأثیر قرار داد. او وقف‌شـــده و متعهد بود، و روشـــی هم که برای پرستش خدا برگزیده بود، ظاهرا تأثیر مثبتی بر زندگی‌اش گذاشته بود. من به‌عنوان یک آدم درونگرا و اهل تفکر کاملاً می‌فهمیدم که این نوع پرستش تا حدی می‌تواند پرمعنا و دگرگون‌کننده باشد. تجربهٔ خود من این را تأیید می‌کرد. ســـال‌ها بود که خود من هر روز صبح را با یک ساعت، یا بیشتر، خلوت‌گزیدن، دعا، سکوت، خواندن کتاب‌مقدس و نوشتن یادداشت‌های روزانه آغاز- و با روشن کردن شمع تکمیل- می‌کردم. آنها ساعات پرباری برای من بودند و به رابطهٔ من با خدا عمق می‌بخشـــیدند. اکراه و بی‌میلی او به شرکت در پرســـتش دسته‌جمعی را هم درک می‌کردم. خودم متوجه شـــده بودم که در کلیسا حواس آدم پرت می‌شود و به‌سختی می‌توان روی خدا متمرکز شد. من اکنون نیز پرستش روزانهٔ خصوصیِ چنین شخصی را تأیید می‌کنم. با این‌حال، تشویقش می‌کنم تا به پرستش عمومی با اجتماع ایمانداران هم مبادرت ورزد. اجازه بدهید دلیلش را برای‌تان توضیح بدهم.

او هم مانند خود من- سال‌ها- با روایتی ناقص زندگی کرده بود.

روایت نادرســـت: پرستش موضوعی شـــخصی است و هدف از آن الهام‌بخشیدن به فرد می‌باشد. برای آن زن، پرستش امری صرفاً خصوصی

اســـت، و هدفش ایجاد شور احساسی می‌باشـــد. تنها چیزی که او نیاز دارد، یک اتاق خلوت اســـت. در عین حال که می‌توانیم (و باید) به‌طور خصوصی پرســـتش کنیم، و می‌توانیم (و باید) الهام بیابیم، اما این دلیل اصلی برای پرســـتش گروهی نیســـت؛ بحث الهام فردی در میان نیست، بلکه موضوع دگرگونی *درونیِ* شخص، *به‌وسیلهٔ*، و *برای*، اجتماع مسیحی است.

مردم می‌گویند: «من به کلیسا می‌روم تا الهام بگیرم.» من فکر می‌کنم که این می‌تواند نیتی شایسته، و حتی خداپسندانه، باشد. ما تشنهٔ زندگی عمیق با خدا هســـتیم، و در پرســـتش می‌توانیم احساس کنیم ارتباط‌مان با خدا برقرار شـــده است. گناه نیســـت اگر به‌دنبال چنین چیزی باشیم. اما نگرانی وقتی آغاز می‌شـــود که این نیاز شـــخصی و فردی بر نیاز به مشارکت در جمع سایه می‌افکند، خواه مشارکت جمعی احساس خوبی در فرد ایجاد کند خواه نکند. اگرچه کلیســـا نباید خسته‌کننده باشد، قرار هم نیست که فقط به ما احساس خوب منتقل سازد. خیلی وقت‌ها کلیسا سعی می‌کند با برنامه‌های سرگرم‌کنندهٔ دنیوی رقابت کند، و در بسیاری از مواقع هم کارش به تقلیدهای آبکی می‌کشـــد (مثلاً اعلام ده مورد برتر از بالای منبر). اگرچه الهام‌گرفتن محصول جانبی پرســـتش اســـت، اما هدف اصلی آن به‌شمار نمی‌رود.

روایت درست: پرستش یک فعالیت گروهی است که هدفش آموزش دادن به مردم می‌باشـــد. از ریشـــه‌های ایمانداران در عهدعتیق گرفته، تا قدیمی‌ترین اظهارشان به‌عنوان *اکلسیای* مسیح، پرستش همواره فعالیتی دســـته‌جمعی بوده است. ما پرستش می‌کنیم چون قوم خاصی هستیم که ریشه در آینده داریم. در حضور دیگر پیروان مسیح است که ما داستان‌مان را بازگو می‌کنیم، زبان‌مان را می‌آموزیم و زندگی‌مان را پیدا می‌کنیم. ما به کلیســـا نمی‌رویم که سرگرم شویم، بلکه تا تعلیم یابیم. کلیسا تنها مکانی است که در آن ما داستان حقیقی در مورد هویت خدا، هویت خودمان و ماهیت کلی زندگی‌مان را می‌شنویم.

وقتی به فصل هفتم فکر می‌کنید، آیا متوجه می‌شوید که چطور دیگران را برکت می‌دهید و چطور دیگران هم شما را برکت می‌دهند؟ به‌عنوان یک بدن چگونه به‌صورت گروهی برای بنای یکدیگر اقدام می‌کنید؟ افکار خود را با گروه‌تان در میان بگذارید.

روایت نادرست دیگر، درست برخلاف روایتِ اول است، ولی می‌تواند به همان اندازه مخرب باشد.

روایت نادرست: پرستش، تکلیف و ادای دِین ما به خدا است. یکی از روایت‌های متداول این است که ما مکلف به پرستش خدا هستیم. معمولاً این روایت را در برانگیختن مردم برای رفتن کلیسا، به‌کار می‌برند. خدا به پرستش ما احتیاجی ندارد. خدا بدون پرستش ما نیز کامل است. این ما هستیم که به پرستش نیاز داریم. وقتی پرستش می‌کنیم، با حقیقت هم‌تراز می‌شویم، و وقتی در حقیقت غوطه‌ور می‌شویم، روح‌مان درست عمل می‌کند.

روایت درست: پرستش دعوتی است از جانب خدا. پرستش، به دور از هر *تکلیف*، *دعوتنامه‌ای است* از سوی خدای فیاض. پرستش واکنش ما به کاری است که خدا برای‌مان انجام داده و می‌دهد. پرستش دعوتی است از جانب خدایی فیاض که ما را فرامی‌خواند تا بیاییم و از زیبایی و خوبی او لذت ببریم. سرایندهٔ مزمور می‌نویسد:

زیرا یک روز در صحن‌های تو بهتر است
از هزار در هر جای دیگر؛
دربانی خانه خدایم را ترجیح می‌دهم
بر سکونت در خیمه‌های شرارت. (مزمور ۸۴:۱۰)

پرستش، و از جمله اعمالی که آن را تشکیل می‌دهند، وسیله‌ای قدرتمند برای شکل دادن به قوم خدا از طریق زبان و آدابی منحصربه‌فرد است.

پرستش، هدیه و برکت است، چیزی است که وقتی به‌راستی آن را تجربه کنیم، مشتاقش می‌شویم. آلفرد نورث وایتهد[1] سخن معروفی دارد مبنی بر اینکه: «دین چیزی است که فرد در خلوت خود انجام می‌دهد.» مشکل اصلی من با این روایت نادرست، این است که می‌گوید: پرستش عملی دینی است. مسیحیت دین نیست، بلکه شکل دادنِ قومی از طریق انجیل است- خبری خوش مبنی بر اینکه خدا در مسیح با جهان آشتی کرده است. دین جستجوی انسان برای یافتن خدا است؛ مسیحیت جستجوی خدا برای یافتن انسان است. ما پرستش نمی‌کنیم، بلکه به خدا واکنش نشان می‌دهیم. «ما به‌واسطهٔ مسیح و در روح‌القدس است که به محبت خدای پدر واکنش نشان می‌دهیم. این الگوی اصلی پرستش مسیحی است.»

نگریستن، ورای زیبایی‌شناسی

روزی که من با آن زن- که به‌طور خصوصی پرستش می‌کرد- دیدار کردم، روز دردناکی بود چون نمی‌دانستم چگونه باید به او جواب بدهم. سال‌ها بعد، و پس از خواندن نوشته‌های سی. اس. لوئیس بود که پاسخی عالی برای او پیدا کردم. لوئیس به یکی از دوستانش می‌نویسد:

> آن اوایل که من تازه مسیحی شده بودم، یعنی حدود چهارده سال پیش، فکر می‌کردم که می‌توانم به تنهایی و با خزیدن به کنج اتاقم و خواندن الاهیات مسیحی باشم، و دیگر لازم نیست به کلیسا و تالارهای وعظ انجیل بروم؛... من زیاد از سرودهاشان خوشم نمی‌آمد، چون متوجه شده بودم که اشعار دست‌پنجم را روی موسیقی دست‌ششم می‌گذارند. اما کمی که گذشت به ارزش و اهمیت آن پی بردم. به آدم‌هایی با ظاهر کاملاً متفاوت و نیز تحصیلات متفاوت برخوردم، و بعد به‌تدریج غرور و خودبینی‌ام از بین رفت. متوجه شدم

1. Alfred North Whitehead

> که سرودها (یعنی همان موسیقی‌های دست‌ششم) با همهٔ کاستی‌هاشان، با وقف و سرسپردگی توسط قدیس پیری، چکمهٔ لاستیکی به‌پا در نیمکت کناری، خوانده می‌شوند؛ بعد دریافتم که اصلاً شایسته نیستم که حتی چکمه‌هایش را تمیز کنم. این ما را از خودبینیِ فردگرایانه بیرون می‌کشد.

از دیدگاه‌های لوئیس خیلی چیزها می‌توانیم بیاموزیم. لوئیس فکر می‌کرد که می‌تواند با خواندن کتاب‌های الاهیات در کنج اتاق مطالعه‌اش زندگی مسیحی داشته باشد. وی بعدها یاد گرفت که این اصلاً کافی نیست.

دوم، موسیقی کلیسایی در مقایسه با آثار آهنگسازان بزرگ، جلوهٔ چندانی نداشت. هرچند، بعدها لوئیس توانست از سطح به ژرفای دل پرستنده، که نه با اجرای زیبایی‌شناسانه، بلکه با محبت تپندهٔ خدا به جنبش درآمده بود، راه پیدا کند. وقتی او «به قدیس پیری که چکمهٔ لاستیکی به پا داشت» نگریست، که زمانی او را به‌خاطر کم‌سوادی مورد داوری قرار داده بود، کسی را دید که حتی لایق نبود چکمه‌هایش را پاک کند، زیرا این قدیس پیر برای برقراری ارتباط با خدا از شور و سرسپردگی بسیار برخوردار بود.

به گفته لوئیس، خودبینیِ فردگرایانه‌اش او را از ارتباط با قوم خدا بازداشته بود. *فردگرایانه* بود چون او با خودش فکر می‌کرد که می‌تواند به تنهایی انجامش دهد، و *خودبینانه* چون فکر می‌کرد پرستش مسیحی ارزش آن را ندارد که او در آن شرکت کند. اما وقتی خدا پا به میان گذارد و به او روایتی تازه آموخت، لوئیس توانست به ارزش بی‌مانند پرستش دسته‌جمعی پی ببرد. خیلی خوب است که این را به خاطر بسپاریم. ما به‌رغم همهٔ تفاوت‌ها، به یکدیگر نیازمندیم. در پرستش، کیفیت اجرا نیست که اهمیت دارد، بلکه مهم قلب کسانی است که پرستش می‌کنند. پرستش موضوع «اقناع فردی» نیست، بلکه موضوع «تشکل یک قوم است».

دیدگاه لوئیس در باب کلیسا شما را به یاد چه تجربه‌ای می‌اندازد؟

پرستش می‌تواند خسته‌کننده باشد

در کلیسای ما جای یک گروه از مردم خالی است. آنها حداقل به‌لحاظ سنی، گروهی بسیار خاص هستند. منظورم گروه سنیِ هجده تا بیست‌ونه سال است. برخی از متخصصان کلیسا اینها را «سال‌های گمشده» نامیده‌اند. نوجوان به محض اینکه به سن هجده‌سالگی می‌رسد، معمولاً دیگر پایش را به کلیسا نمی‌گذارد. اما دوازده سال بعد همچون پرستوهای کاپیسترانو[1] به کلیسا بازمی‌گردند، و اغلب به این دلیل که می‌خواهند ازدواج کنند یا فرزند اول‌شان به دنیا آمده، و کلیسا رفتن را انتخاب مناسبی برای این دوره از زندگی می‌بینند. ولی چرا جوانان در هجده‌سالگی کلیسا را ترک می‌کنند؟ من به‌عنوان پدر یک پسر هفده‌ساله که در کلیسا بزرگ شده، فکر می‌کردم چقدر خوب می‌شود اگر بفهمم او در مورد پرستش کلیسایی چه فکر می‌کند. بنابراین، یک بعدازظهر شنبه نشستیم و در مورد اینکه از چه چیزهایی در پرستش یکشنبه‌ها خوشش می‌آید یا نمی‌آید، گفتگو کردیم.

پرسیدم: «جیک، تو از چه چیز کلیسا خوشت می‌آید؟»

او جواب داد: «گاهی اوقات موعظه‌ها قسمت دلخواه من هستند. نه همهٔ آنها، فقط آنهایی که می‌توانم ربطی میان خودم و آنها پیدا کنم، مثل موعظه‌های تشویق‌آمیز.»

با این پرسش دنبال حرفش را گرفتم: «آن قسمتی که از همه کمتر خوشت می‌آید، کدام است؟»

«از سرود خواندن خوشم نمی‌آید. خب، دوست دارم سرود خواندن مردم را گوش کنم، اما دوست ندارم با صدای بلند با آنها بخوانم. به نظر نمی‌رسد چیز مهمی باشد.»

«همه سرودها؟»

---

۱. Capistrano – شهری در ایتالیا. م.

او جواب داد: «نه، سرودهای قدیمی را دوست دارم. مشکل من این است که نمی‌توانم میان خدا و یک گروه نوازندهٔ راک ارتباطی پیدا کنم- تصور عیسی در حال نواختن گیتار کار سختی است. من اوقاتی را که به جلسه کلیسای ارتودکس می‌رفتیم، دوست داشتم- سرودهای روحانی آنها عالی بودند. اما خود جلسه خیلی طولانی بود، و من دلم نمی‌خواست تمام مدت سرپا بایستم. من زیاد اهل ایستادن نیستم.»

پرسیدم: «دیگر از کدام قسمت‌های پرستش لذت می‌بری، یا از آن چیزی عایدت می‌شود؟»

او گفت: «دعا را دوست دارم. اما گاهی اوقات شبانان خیلی طولانی دعا می‌کنند. همین‌طور دوست دارم به قرائت کتاب‌مقدس گوش کنم، یا با همدیگر و با صدای بلند بخوانیم. همچنین وقتی اعتقادنامهٔ رسولان را تکرار می‌کنیم، جالب است، چون با همدیگر آن را یاد می‌گیریم.»

«در مورد کارهایی که به‌صورت گروهی انجام می‌دهیم، مثل تعمید دادن مردم یا انجام مراسم عشای ربانی، چه نظری داری؟»

«تماشای تعمید گرفتن یکی دیگر، خوب است. من دوستش دارم. از عشای ربانی هم خیلی خوشم می‌آید- اما ای کاش به‌جای ویفر از نان واقعی استفاده می‌کردیم. ویفرها مزهٔ بدی دارند.»

پس از تأملی چند در دفتر یادداشت‌های روزانه خودتان بنویسید که چه چیز پرستش کلیسای‌تان را می‌پسندید. چه چیزی شما را جذب می‌کند؟ چه تغییری را ترجیح می‌دهید؟ از چیزهایی که تغییرش می‌دادید، چه می‌توانستید یاد بگیرید؟

پرسیدم: «خود تو در همین کلیسایی تعمید گرفتی که ما هنوز در آن حضور داریم. تو با این اجتماع بزرگ شده‌ای. وقتی به جماعت فکر می‌کنی، چه چیزی به ذهنت خطور می‌کند؟»

گفت: «کلیسای ما رشد زیادی داشته، برای همین من همه را نمی‌شناسم، اما دیدن کسانی که مرا می‌شناسند، که می‌گویند: "جیکاب، من یادم هست وقتی پنج‌ساله بودی و در راهرو میان نیمکت‌ها

می‌دویدی" برایم جالب است. من سالمندان را دوست دارم؛ آنها از همه مهربان‌ترند.»

از همین مکالمهٔ کوتاه خیلی چیزها دستگیرم شد. برایم تعجب‌آور بود که جیک از شنیدن سرودهای قدیمی لذت می‌برد، و حتی بیشتر شگفت‌زده شدم وقتی فهمیدم که گروه نوازندگان راک را دوست ندارد. نسل ما برعکس بود؛ ما از سرودهای قدیمی گریزان بودیم و عاشق داشتن گیتار الکتریک در پرستش. شاید چیزی تغییر کرده، یا شاید فقط جیک این‌طوری است. برایم خیلی جالب بود که جیک از چیزهایی لذت می‌برد که در دنیایی که او در آن زندگی می‌کند، کمترین طرفدار را دارند. در زندگی روزمره خارج از کلیسا، کسی از اعتقادنامه، موعظه در مورد عیسی یا شرکت در عشای ربانی حرفی نمی‌زند. باید قدری صبر کنم و ببینم که آیا او هم مانند خیلی‌ها دورهٔ کناره‌گیری دوازده‌ساله از کلیسا را انتخاب خواهد کرد یا نه.

می‌توانم صدای عده‌ای را بشنوم که می‌گویند: «حتی اگر هجده سالش شده باشد، تو باید او را *وادار* به کلیسا رفتن بکنی.» این کاملاً برخلاف درک من از طبیعت پادشاهی خدا و قلب انسان است. من ترجیح می‌دهم به نیکویی خدا، که طی سال‌ها خود را به جیک‌اب شناسانید، اعتماد کنم. بذر آن موعظه‌ها در زمین بد نیفتاده‌اند. عشای ربانی، گوش سپردن به کتاب‌مقدس و دعا کردن با مردم، بیهوده تلف نخواهند شد. به‌جای وادار کردن او برای رفتن به کلیسا، شاید از او بخواهم که بخش زیر از این فصل را بخواند. به‌جای برانگیختن احساس گناه در مردم به‌خاطر نرفتن به کلیسا، من ترجیح می‌دهم آنها را دربارهٔ فرصتی به هیجان بیاورم که تنها زمانی اتفاق می‌افتد که ما واقعاً مفهوم پرستش را بفهمیم.

پرستش کار ارزشمندی است

بیایید از نزدیک به آداب پرستش نگاهی بیندازیم، چون این کار به ما کمک می‌کند تا بر روایت‌های نادرستِ "امر شخصی" یا "تکلیف الاهی" غلبه کنیم، و مشتاق حضور در خانهٔ خدا باشیم.

نخستین مسیحیان از زمینهٔ یهودیت آمده بودند. آنان در پرتو ایمان جدیدشان، در آداب و مراسم پرستش یهودی تغییراتی به‌وجود آوردند. پرستش مسیحی طی سده‌ها شکلی منسجم به خود گرفته است. اگرچه برخی از ایمانداران اعتقاد دارند که ما باید از آداب مسیحیان اولیه تقلید کنیم، اما من بر این باورم که شکل‌گیری پرستش طی سده‌ها، نشانهٔ حرکت خدا در میان قومش می‌باشد.

عهدجدید هیچ شکل واحدی را برای پرستش ارائه نمی‌کند تا همهٔ مسیحیان در طول همهٔ اعصار از آن پیروی کنند. تنوع و آزادی بسیاری در شکل و نحوهٔ پرستش وجود دارد. در واقع، در سبک‌ها و آداب پرستش طی سده‌ها تغییراتی به‌وجود آمده تا به ایجاد ارتباط نسل جدید با حقایق ایمان کمک بیشتری بشود. برای مثال، نغمه‌های مقدس[1] جای خود را به سرودهای قدیمی[2] دادند، و سرودهای قدیمی تبدیل به پرستش جمعی[3] شدند.

اگرچه شیوهٔ پرستش دارای اهمیت محوری نیست، اما چندان هم بی‌اهمیت نمی‌باشد. شکل و فرم اهمیت دارد. پرستش مسیحی دارای عناصری اصلی است که در عمق بخشیدن به رابطهٔ ما با خدا و دیگران مفیدند. اگرچه همهٔ گروه‌های مسیحی همهٔ این عناصر پرستشی را اقتباس نمی‌کنند، اما گروه‌های بسیاری، برخی یا همهٔ این عناصر و آداب را در پرستش به‌کار می‌برند. ما به‌صورت خلاصه به آنها نگاهی خواهیم انداخت تا توضیح دهیم که چطور این عناصر روحانیت ما را شکل می‌دهند. من این بخش را به‌گونه‌ای می‌نویسم که انگار خطاب به پسرم است و دارم برای او تشریح می‌کنم که چرا پرستش کردن کاری ارزشمند است.

نامه‌ای به پسرم در باب اینکه چه چیز در پرستش اهمیت دارد

جیکاب عزیزم،
حتی با وجودی که از کودکی هر یکشنبه به کلیسا رفته‌ای، اما

---

1. Chant; 2. Hymn; 3. Praise Choruses

روزی خواهد رسید که خودت برای رفتن یا نرفتن به کلیسا تصمیم خواهی گرفت. من و مادرت تو را مجبور نخواهیم کرد، و اگر نرفتن به کلیسا را انتخاب کردی، من تمام تلاشم را خواهم کرد که هیچ احساس گناه نکنی. اما دوست دارم کمی در مورد آنچه که ما به هنگام پرستش انجام می‌دهیم، فکر کنی، چیزهایی که به اعتقاد من برای زندگیِ غنی و شاد به آنها نیاز داری. می‌دانم که کلیسا ممکن است بسیار خسته‌کننده باشد، و وقتی کسی می‌گوید که در آسمان جلسهٔ پرستشی بی‌پایان برقرار خواهد بود، اغلب ماهیچه‌های بدنم منقبض می‌شوند. زبانم لال. اما به‌راستی باور دارم که پرستش دسته‌جمعی ما امری است خاص، مقدس و ضروری. بگذار با صبحت کردن دربارهٔ عناصر رایج در پرستش مسیحی، برایت توضیح بدهم که چرا این‌گونه است.

سلام و تحیت. هروقت که ما جمع می‌شویم، با یکدیگر سلام و احوال‌پرسی می‌کنیم. مسیحیان اولیه این کار را با «بوسهٔ مقدس» انجام می‌دادند، اما این کار به دلایلی آشکار منسوخ شد. نکتهٔ مهم در سلام و تحیت اذعان به حضور یکدیگر است. ما همه دوست داریم که بشناسیم و شناخته شویم؛ به‌قول یک سریال قدیمی تلویزیونی، ما همه می‌خواهیم جایی برویم که همه ما را به نام بشناسند. دنیا می‌تواند جایی سرد و بی‌رحم باشد. بیرون از پادشاهی خدا دنیایی بی‌رحم و خودخواه به کمین نشسته است. پس، رفتن به جایی که واقعاً تو را می‌خواهند موجب احساس خوشایندی است- مردی که با لبخند به تو خوشامد بگوید، بانویی مهربان که به تو قهوه تعارف کند. فرقی نمی‌کند از کدام ایالت یا کشور آمده باشی، اگر به پرستش مسیحی بروی، کسی هست که سلامت کند و به تو خوشامد بگوید، و تو احساس می‌کنی که در خانهٔ خودت هستی. که البته همین‌طور هم هست.

اعتراف و بخشایش. جیک، تو اگرچه تمام تلاشت را می‌کنی، اما نمی‌توانی زندگی کاملی داشته باشی، و به موقعش خرابکاری هم خواهی کرد؛ آن‌وقت به جایی نیاز داری که در آن در مورد احساست کاری بکنی. اگر با خدا و با خودمان روراست باشیم، به زمان و مکانی برای اعتراف کردن به شکست احتیاج داریم. بعضی کلیساها این کار را به‌صورت رسمی انجام می‌دهند، و از روی دعاهای مکتوب، بعد از شبان تکرار می‌کنند و هم‌صدا می‌گویند: «ای خدای رحیم، ما به گناهانی که در فکر، زبان و عمل علیه تو مرتکب شده‌ایم اعتراف می‌کنیم؛ به آنچه کرده‌ایم و به آنچه می‌بایست اما نکرده‌ایم.» بعد، شبان کلام تسلی‌بخش را بر زبان جاری می‌سازد: «خبر خوش را بشنو؛ آن زمان که ما گناهکار بودیم، مسیح به‌خاطر ما مرد؛ این محبت خدا را نسبت به ما اثبات می‌کند. به نام عیسای مسیح، ما بخشوده می‌شویم! آمین!» بعضی گروه‌ها هم این کار را به‌طور غیررسمی انجام می‌دهند، این عمل به ما کمک می‌کند که روراست باشیم، میل ما را برای سلوک در تقدس شکل می‌دهد و به شاگردی دیگر فرصت می‌دهد که کلام تسلی را اعلام کند. گناه حرف آخر نیست؛ کلام آخر، بخشایش است. بخشایش چیزی است که تو عمیقاً نیاز داری تجربه‌اش کنی.

اعتقادنامه‌ها، فرمان‌ها و دعای ربانی. مسیحیان اولیه از اعتقادنامه (Creed- از واژهٔ لاتین credo به معنای "من به این اعتقاد دارم") به‌عنوان طریقی برای تشریح فراروایت به‌شکلی موجز، استفاده می‌کردند. از اعتقادنامهٔ رسولان تا اعتقادنامهٔ نیقیه، پیروان مسیح این متن پربار را همچون وسیلهٔ حفظ باورهاشان، و نیز نشانهٔ رد باورهای بدعت‌آمیز، قرائت کرده‌اند. بازخوانی اعتقادنامه‌ها ما مسیحیان را استوار می‌سازد و با بدن مسیح طی اعصار پیوند می‌دهد. با اینکه

همهٔ اجتماعات مسیحی اعتقادنامه‌ها را بازخوانی نمی‌کنند، اما برای بسیاری از آنها اعتقادنامه‌ها راهی برای روایتِ داستان ایمانند، آن‌هم به روشی که برای همگان قابل فهم باشد. دعای ربانی و ده فرمان را هم می‌توان به همین ترتیب به کار برد.

تو این چیزها را زمانی آموختی که هنوز بچه بودی. ما ده فرمان، دعای ربانی و اعتقادنامهٔ رسولان را بالای تخت تو نصب کردیم. تو از همان موقع آنها را از بَر کردی، که مرا سخت تحت تأثیر قرار داد. هر شب، وقتی بچه بودی، ما با همدیگر آنها را می‌خواندیم و دربارهٔ معنای‌شان حرف می‌زدیم. تو اول ده فرمان را از بَر کردی. ما در مورد اینکه "خدایان غیر" چه معنایی دارد، "شبات" چیست و چرا نباید شهادت دروغ بدهیم، با هم گفتگو می‌کردیم. ما همین کار را در مورد دعای ربانی و اعتقادنامه رسولان هم انجام دادیم. ایدهٔ این کار از من نبود! اینها جزو تعالیم بنیادین مسیحی (کاتولیک و پروتستان) هستند و قرن‌ها قدمت دارند. آنها شالوده‌هایی هستند که کلیسا بر بنیادشان بنا شده است. در دنیایی که به تو می‌گوید درست و غلط اموری ذهنی هستند، و اینکه اعتقاد صرفاً موضوعی شخصی است، آنها پاسخ‌هایی قاطع ارائه می‌دهند.

کتاب‌مقدس و موعظه. زندگی انسان یک داستان است. مسیحیان در پرستش و عبادت، کتاب‌مقدس را قرائت و موعظه می‌کنند تا از این طریق داستان خودشان بازگو کنند؛ این داستان خود تو هم هست، داستانی که تو در آن تعمید یافتی. کل کلیسای ما متعهد شدند که تو را در ایمان مسیحی پرورش دهند، داستانی که همهٔ ما را به یکدیگر پیوند می‌دهد. بعضی جماعت‌های مسیحی کلام را در متن موعظه می‌شنوند، که می‌تواند برای تشریح و کاربرد متن باشد.

کتاب‌مقدس متن مشترک ما است. این کتاب ما را با هم متحد می‌سازد. موعظه، مخصوصاً زمانی که از کلام خدا سرچشمه گرفته باشد، حقایق عظیم ایمان ما را اعلام می‌کند و ابزار فیض است که به موجب آن خدا قوم خود را تسلی می‌بخشد یا ملزم می‌سازد- و گاه برمی‌افرازد.

من در زندگی خود در چندین مورد شاهد بوده‌ام که واعظی به قوت روح طوری برانگیخته شده که من از ترس سر جایم میخکوب شده‌ام. دوست و همکارم بیل وسویگ[1] یکی از ملایم‌ترین واعظانی است که من تا به حال وعظشان را شنیده‌ام. مواقعی بوده که او چنان قلب و فکر مرا بال داده و به جاهایی برده که حتی خوابش را هم نمی‌دیدم. تعجب ندارد وقتی کتاب‌مقدس می‌گوید: «چه زیباست پاهای کسانی که بشارت می‌آورند.» (رومیان ۱۰:۱۵؛ اشعیا ۵۲:۷)

امیدوارم فراموش نکنی که به‌خاطر همهٔ کسانی که در میان ما هستند و آنانی که با پاهای زیبا بشارت می‌آورند، شکرگزار باشی. هیچ جای دیگری روی زمین نیست که بتواند داستان تو را روایت کند.

عشای ربانی یا شام خداوند. ما در اعمال رسولان می‌خوانیم که نخستین مسیحیان با یکدیگر همسفره بودند و با هم جمع می‌شدند: «آنان خود را وقف تعلیم یافتن از رسولان و رفاقت و پاره کردن نان و دعا کردند» (اعمال ۲:۴۲). در خصوص شام خداوند می‌دانیم که وقتی پولس کلیساهایی را در میان غیریهودیان تأسیس کرد، این ضیافت جزو پرستش ایمانداران بوده است (اول قرنتیان ۱۱:۲۳-۲۶). شام به یادآوری مرگ عیسی و همهٔ تعابیر ضمنی مبارکش تبدیل شد. در واقع، عمل عشای ربانی نماد همهٔ آن چیزهایی است که من در مورد اجتماع مسیحی دوست دارم.

1. Bill Vaswig

اول، شام به ایشان یادآوری می‌کرد که آنها /اجتماعی ابدی هستند، چون با مسیح ابدی شراکت دارند (اول قرنتیان ۱۰:۱۶). نان و جام به وسایلی تبدیل شدند که ذهن آنان را به آنچه در بالا است معطوف می‌کردند، چون آنها هم با مسیح مرده بودند و زندگی‌شان با مسیح در خدا پنهان بود (کولسیان ۳:۱-۴). آنها معجزهٔ تصلیب و رستاخیز با مسیح را با نان و جام- که نمونه‌ای از بدن و خون عیسی بودند- تجربه می‌کردند.

دوم، مسیحیان ایثارگری و سخاوتمندی را به‌طور جمعی تجربه می‌کردند. شام خداوند به آنها اطمینان می‌بخشید که همه به اندازهٔ کافی خوردنی و نوشیدنی دارند. وقتی از این امر غفلت کردند (برخی زیاد می‌خوردند و می‌نوشیدند) پولس ایشان را سرزنش کرد (اول قرنتیان ۱۱:۲۰-۲۲ و ۳۳-۳۴). پولس این شیوهٔ شرکت در عشای ربانی را «ناشایست» می‌خواند (اول قرنتیان ۱۱:۲۷)، نه آنچنان که خیلی‌ها تصور می‌کنند، شرکت کردن در شام خداوند با گناهان اعتراف‌نشده.

سوم، شام نشان‌دهندهٔ این بود که آنها /اجتماعی متحدند. پولس برای یادآوری این نکته که آنها یک بدن هستند، از استعارهٔ نان استفاده کرد: «از آنجا که نان یکی است، ما نیز که بسیاریم، یک بدن هستیم، زیرا همه از یک نان بهره می‌یابیم» (اول قرنتیان ۱۰:۱۷). با وجودی که آنها مردمانی مختلف بودند (یهودی و غیریهودی، مرد و زن، برده و آزاد)، اما همه در مسیح یک به حساب می‌آمدند، و نماد این اتحاد همان نانی است که همگی در آن شرکت می‌کردند. نان مشترک و جام مشترک، برای آنها یادآور زندگی مشترک بود.

چهارم، جام به آنها خاطرنشان می‌ساخت که /اجتماعی آشتی‌جو هستند. عیسی فرمود: «این است خون من برای عهد [جدید] که به‌خاطر بسیاری به جهت آمرزش گناهان

ریخته می‌شود» (متی ۲۶:۲۸). شام یادآور آمرزش ایشان بود، که بخشیدن یکدیگر را هم ممکن و هم ضروری می‌ساخت. آنها که مسیح به‌واسطهٔ این شام در درون‌شان مسکن گزیده بود، به یاد می‌آوردند که *اجتماعی مقدس* هم می‌باشند و برای انجام کارهای نیکو جدا شده‌اند. شامی ساده، متشکل از نان و شراب، داستان‌شان را برای آنها بازگو می‌کرد و به یادشان می‌آورد کِه هستند و برای چه خوانده شده‌اند. عناصری معمولی نظیر نان و شراب- که به‌وسیلهٔ خدا آفریده شده‌اند- به چیزی جدید ارتقاع می‌یابند.

در این باره که نان و جام واقعاً چه هستند یا نماد چه هستند، بحث‌ها، دعواها و حتی اختلافات زیادی وجود دارد. از قضا همان نانی که قرار بود باعث اتحاد شود، اغلب ما را از هم جدا کرده است. مهم نیست که تو در کدام کلیسا به پرستش و عبادت می‌پردازی، امیدوارم که آن‌قدر رشد کنی که این آیین باستانی مسیحی را ارج بگذاری.

سرود خواندن. می‌دانم که سرود خواندن قسمت مورد علاقه تو در پرستش نیست، ولی مهم است. مسیحیان اولیه علاوه بر پاره کردن نان (در عشای ربانی)، سرود هم می‌خواندند: «کلام مسیح به دولتمندی در شما ساکن شود؛ و با مزامیر، سرودها و نغمه‌هایی که از روح است، با کمال حکمت یکدیگر را پند و تعلیم دهید؛ و با شکرگزاری و از صمیم دل برای خدا بسرایید.» (کولسیان ۳:۱۶)

«با مزامیر، سرودها و نغمه‌هایی که از روح است با یکدیگر گفتگو کنید و از صمیم دل برای خداوند بسرایید و ترنم نمایید.» (افسسیان ۵:۱۹)

در سراسر تاریخ کلیسا، سرود خواندن یکی از آیین‌های مهم و زندگی‌بخش بوده است. ما به‌واسطهٔ سرودن، داستان‌مان را بازگو می‌کنیم، تسبیحات خود را تقدیم و وجدی را تجربه

می‌کنیم که تنها می‌تواند از طریق موسیقی حاصل شود. خدا ما را چنان خلق کرده که نغمه و آوا به ما الهام می‌بخشد و ما را برمی‌انگیزاند. موسیقی در جسم و احساس ما تأثیر می‌گذارد، و وقتی برای تقدیم ستایش به خدا به کار برده می‌شود، به‌گونه‌ای ما را با خدای تثلیث و یکدیگر متصل می‌سازد که از تعلیم و موعظه ساخته نیست. سرود خواندن مستلزم بهره‌گرفتن از همهٔ بدن است- شکم، گوش‌ها، شش‌ها و حتی دست‌ها، وقتی کف می‌زنیم یا آنها را به‌سوی آسمان بلند می‌کنیم. با این تعبیر، پرستش عملی جامع است.

سکوت. ما در دنیایی پرهیاهو زندگی می‌کنیم، و اگر روح تو می‌خواهد آرامش را تجربه کند یا با خدا ارتباط برقرار کند، به فضایی برای سکوت نیاز داری. بسیاری از کلیساها سکوت را در برنامهٔ خود گنجانده‌اند، و من این را خیلی می‌پسندم. تنها زمانی که آرام و قرار می‌گیریم می‌توانیم هدایت روح‌القدس را احساس کنیم. ما در دنیای‌مان کمبود سکوت داریم، و به‌شدت نیازمندیم به روح‌مان رسیدگی کنیم. سکوت در پرستش یکی دیگر از نشانه‌های خاص بودن است. سکوت، یا دستِ‌کم ایجاد وقفه‌های کوتاه برای تعمق، تنها راهی است که ما می‌توانیم کلام خدا را در اعماق دل و ذهن‌مان جذب کنیم. من امیدوارم که تو کلیسایی را پیدا کنی که برای سکوت ارزش قایل باشد.

تقدیم هدایا. وقتی کودک بودی، ما پاکت هدایا را به تو می‌دادیم تا به جعبهٔ هدایا بیندازی و گاهی هم خودت پول خرد خودت را هدیه می‌دادی. بعضی‌ها فکر می‌کنند که پول در پرستش هیچ جایگاهی ندارد. اما دارد. هدیه دادن عملی عبادی است. این با پول دادن برای کسب تأیید فرق می‌کند. ما هدایای خودمان را به خدا تقدیم می‌کنیم. دنیا

به ما می‌گوید که باید مراقب خودمان باشیم. هدیه دادن به ما کمک می‌کند بی‌نیاز از مال‌اندوزی زندگی کنیم. من امید دارم که تو لذت هدیه دادن را تجربه کنی، و این حقیقت را بیاموزی که آنچه ما برای پیشبرد کار پادشاهی خدا هدیه می‌دهیم، هیچ‌وقت گم نمی‌شود.

دعای برکت و روانه کردن. اغلب، آخرین مرحله در پرستش و عبادت دعای اختتام است. این کار اغلب دعای برکت[1] نامیده می‌شود. معمولاً شبان یا رهبر جلسه قطعه‌ای از کلام را برای تشویق جماعت می‌خواند و با آن قطعه ایشان را همراه با برکت خدا روانه می‌کند. برای مثال، «یهوه تو را برکت دهد و تو را محافظت نماید. یهوه روی خود را بر تو تابان سازد و بر تو رحمت کند. یهوه روی خود را بر تو برافرازد و تو را سلامتی بخشد.» این به ما یادآوری می‌کند که قرار است برای دنیای تاریک، نور باشیم. همان‌گونه که برای پرستش کردن فراخوانده شدیم، اکنون روانهٔ دنیا می‌گردیم. به‌عنوان پدری که زندگی‌اش به‌وسیلهٔ عیسی دگرگون شده، بیش از این چیزی برای تو نمی‌خواهم. من این را بیش از آرزوی موفقیت یا شهرت برای تو، خواهانم. دوست دارم روزی این را بشنوم: «بابا، من این شغل خوب را به‌دست آوردم و واقعاً دوستش دارم. آنها پول خوبی بابتش می‌پردازند.» اما بیشتر از آن دوست دارم که از تو بشنوم: «بابا، من یک کلیسای خوب پیدا کرده‌ام. اعضایش مهربانند، و موعظه‌ها من را به چالش می‌کشند و الهام‌بخشند. پرستش منشأ قوت من است، و کل زندگی‌ام را شکل می‌دهد. ممنونم از اینکه مرا در کلیسا بزرگ کردی.» آه که آن روز چه روز فرخنده‌ای خواهد بود.

---

1. Benediction

۲۲۲ فصل هشتم

نگاهی گذرا به ابدیت در شرایط عادی

وندل بری[1] در رمان شاهکارش جِیبر کرو[2] داستان مردی را تعریف می‌کند که به دعوتش برای خادم شدن پشت پا می‌زند و به‌جای آن آرایشگر می‌شود. با این‌حال، جیبر هرگز عشقش را نسبت به کلیسا فراموش نمی‌کند. یک روز، در حین جارو کردن کلیسای خالی‌ای که در آن بزرگ شده، رویایی می‌بیند که باعث می‌شود بُعد ابدی کلیسای در حال پرستش را درک کند. الکساندر شممان[3] می‌گفت پرستش تجلیِ آسمانیِ دنیا است. در چشمان جیبر کرو، کلیسا در همهٔ اَشکال زمینی، انسانی، شکسته و پرمباهاتش از چشم‌انداز ابدیت قابل مشاهده است.

> یک روز وقتی برای کار کردن به آنجا رفته بودم، مغلوب خواب شدم و پشت نیمکت آخر روی زمین دراز کشیدم تا چرتی بزنم. نمی‌دانم خواب بودم یا بیدار (درست نمی‌دانم)، همهٔ مردمی را که تا آن زمان به آنجا آمده بودند دیدم که گرد هم جمع شده‌اند. من آنها را از همان نیمکت آخر می‌دیدم، درست همان جایی که با عمو اوتی[4] (که جلوتر نمی‌آمد) می‌نشستیم، و عمه کردی[5] در دستهٔ سرایندگان می‌خواند، و من آنها را همان جوری که روزهای یکشنبه (از نیمکت آخر) می‌دیدم، مشاهده کردم. من آنها را از گذشته تا حال می‌دیدم، همه به‌نوعی در زمان خودشان و نیز در همهٔ زمان‌ها و فارغ از زمان بودند: زنانی که شادمانه کار می‌کردند و سرود می‌خواندند، مردانی که آرام یا بی‌رغبت یا خجالتی، خسته یا روحاً آشفته بودند، بیماران، لنگان، نومیدان، آدم‌های در حال مرگ، بچه‌های کوچکی که کنار بزرگترها نشسته و با پا به نیمکت جلویی فشار می‌آوردند، زوج‌های نوبخت و پر از رویا، پیرمردانی با رویاهاشان، والدینِ فرزندان مغرور،

---

1. Wendell Berry; 2. Jayber Crow; 3. Alexander Schmemann; 4. Othy; 5. Cordie

پدربزرگ‌ها و مادربزرگ‌هایی با چشم‌های اشک‌بار، عشاق جوانی که فقط حواس‌شان به همدیگر است و در دنیایی دیگر سیر می‌کنند، بیوه‌های محزون و مردان زن‌مردۀ غمگین، مادران و پدران کودکانی که به‌تازگی مرده‌اند، متکبران، فروتنان، حواس‌جمع‌ها، حواس‌پرت‌ها- من همه را دیدم. من چین و چروک پس گردن مردان و دستان پینه‌بسته‌شان را دیدم، نیز لباس‌های یکشنبه را که رنگ و روشان از فرط شستن رفته بود. همه درست همان‌جا بودند. نه آنها چیزی می‌گفتند نه من. انگار من همه‌شان را با محبتِ خودم دوست داشتم چون مرا هم دربرگرفته بود. وقتی باز به خودم آمدم، صورتم از اشک پوشیده شده بود.

من این داستان را خیلی دوست دارم، چون به من یادآوری می‌کند که کلیسا هم زمینی است (آدم‌های بی‌رغبت، آشفته، حواس‌پرت) و هم جاودانی. من این فصل را با یک پرسش آغاز کردم: آیا ما می‌توانیم فارغ از اجتماعی پرستنده، زندگی مسیحی داشته باشیم؟ پاسخ من این است که بله، امکان دارد- برای خدا همه چیز ممکن است. اما پرسش بهتر این است که: چرا حتی بخواهیم چنین انتخابی بکنیم؟

فصل هشتم

پرورش روح
پرستش

تمرینــی که برای این هفته در نظر گرفته‌ام، رفتن به کلیســا با چیزی است که ریچارد فاســتر آن را «انتظار مقدس» می‌نامد. برای خیلی از ما، حضور یافتن در کلیسا سرشار از سرخوردگی و پریشانی است: «بجنب، دارد دیرمان می‌شود!» یا «آه نه، یکی سر جای من نشسته است» یا «باورم نمی‌شــود که او این لباس را پوشــیده باشــد!» یا «موعظۀ امروز خیلی طولانی بود.» در این فصل من ســعی کرده‌ام بر روایت‌های درست در مورد پرســتش تمرکز کنم: پرستش، دعوت است (نه تکلیف)، و هدف آن هم بیش از برآوردنِ نیازها، شکل دادن به روحمان می‌باشد. همچنین به برخی از عناصر بنیادین پرستش نگاهی انداختیم، و روی معنی و تأثیر آنها قدری متمرکز شدیم.

به همین دلیل، دوست دارم شــما با چند عمل مقدماتی، به پرستش جمعی خود معنای بیشتری بدهید. در زیر چند دستور کار، نه قانون، ارائه شده که با کمک آنها می‌توانید اعجاب پرستش را تجربه کنید.

شرکت در پرستش و عبادت غنی

۱/ از طریق ایجاد حاشیه (وقت مازاد) آماده شــوید. ساده و درست پرستش کردن برای بســیاری از ما یک چالش است. اشــکال از کمبود اشتیاق ما نیســت، بلکه از نبود حاشیه است. رویکرد صحیح برای پرستش را نمی‌تــوان در ده ثانیه و حین گذر از دهلیز ورودی کلیســا، به‌وجــود آورد. ما باید از خیلی پیش‌تر خودمان را برای پرســتش آماده کنیم. یکی از راه‌ها این است که شــب پیش از پرستش و عبادت، زودتر به رختخواب برویم. این کمک می‌کند که فردا زودتر بیدار شــویم، و قدری حاشیۀ زمانی به‌وجود می‌آورد. ما به چند ساعتی جهت خوردن

و پوشیدن و آماده کردن قلب‌مان برای پرستش نیاز داریم. بدین‌ترتیب، برای به‌وجود آوردنِ حاشیهٔ *قلبی*، داشتن حاشیهٔ *زمانی* ضروری است.

۲) زودتر به مقصد برسید. یکی از راه‌های ساده اما مؤثر برای تمرکز در پرستش این است که پیش از شروع جلسه به کلیسا برسید تا حضور کامل پیدا کنید. ریچارد فاستر این پند را می‌دهد: «ده دقیقه زودتر وارد جلسه بشوید. دل خود را با تمجید پادشاه جلال برافرازید.» این کار به من کمک کرده تا بیشتر قدر پرستش را بدانم و از حواس‌پرتی ناشی از دیر رسیدن بکاهم.

۳) با انتظار مقدس بیایید. همان‌طور که قبلاً هم اشاره کردم، فاستر حس "انتظار مقدس" را در میان پرستندگان تشویق می‌کند. این کار را می‌توان با یک دعای ساده انجام داد: «روح‌القدس، با من سخن بگو. عیسی تعلیمم ده. پدر بگذار محبت و قدرتت را تجربه کنم.» من ایمان دارم که این دعایی است که خدا دوست دارد اجابت کند. و این دعایی است که اشتیاق را در درون شما بیدار می‌کند.

۴) این هفته روی یکی از جنبه‌های پرستش تمرکز کنید. در جلسهٔ پرستش و عبادت خیلی کارها انجام می‌شود (مثلاً موعظه، قرائت کتاب‌مقدس، سرود خواندن، عشای ربانی). این هفته روی یک عنصر خاص از پرستش متمرکز شوید. برای مثال، اگر سرود خواندن را انتخاب می‌کنید، به بدن خودتان، به صداها و به کلماتی که سروده می‌شوند، توجه کنید. روی معنایش تعمق کنید- چرا ما سرود می‌خوانیم؟ وقتی ما در مقام اجتماع مسیحی سرود می‌خوانیم، چه اتفاقی می‌افتد؟ می‌توانید هر هفته یک جنبهٔ متفاوت را انتخاب کنید. اگر هر هفته این کار را بکنید، طی یک دورهٔ چندماهه تقریباً روی همهٔ جنبه‌های پرستش تعمق کرده‌اید، و بدین‌ترتیب کل جلسهٔ پرستشی به نیایشی تمام‌عیار تبدیل می‌شود.

۵) یک چیز *را به کار ببندید*. پرستش ما را دگرگون می‌سازد و به‌سوی طریق‌های جدید زندگی رهنمون می‌شود. فاستر خردمندانه می‌نویسد: «همان‌گونه که پرستش با "انتظار مقدس" آغاز می‌شود با "اطاعت مقدس" هم پایان می‌یابد.» این هفته به آنچه ممکن است خدا از شما بخواهد، توجه کنید. آیا باید با کسی صحبت کنید؟ آیا باید در خودتان تغییری به‌وجود بیاورید؟ آیا برای سلوک با خدا باید تمرین تازه‌ای شروع کنید؟ موضوع را پیچیده نکنید و سعی کنید آن یک چیزی را که خدا از شما می‌خواهد، تشخیص دهید. آن‌وقت برای تحقق بخشیدن به آن در این هفته، تلاش کنید.

فصل نهم

برنامه‌نویسی برای پرورش روح

گاهی اوقات پایان راه، تازه سرآغاز است. من به تجربه دریافته‌ام که وقتی به پایان یک دوره از مطالعهٔ کتاب‌مقدس، کلاس کالج یا استراحت که برایم مفید هم بوده، می‌رسم، اغلب انگار چیزی را گم کرده‌ام. خب حالا چکار کنم؟ حالا چطوری می‌توانم به تداوم کارهای خوبی که خدا در وجود من آغاز کرده، کمک کنم؟ اکنون که داریم به انتهای این مجموعه کتاب‌ها می‌رسیم، ممکن است برخی از خوانندگان سؤال کنند، حالا چکار کنم؟ پاسخ اول این است که، در همهٔ طریق‌های خود با خدا باشید و بگذارید تعالیم عیسی ذهن و فکرتان را شکل دهند.

یک تمرین آخر هم مانده که من انجامش را به شما توصیه می‌کنم، و آن ایجاد طرحی برای رشد مداوم رابطهٔ شما با خدا، و دیگران است. این کار حتمی‌الاجرا نیست، بلکه برای زندگی خود شما خوب است و آن را به مرور زمان تغییر می‌دهد.

من دریافته‌ام که داشتن استراتژی، و نیز وجود اجتماعی که انسان را پشتیبانی کند، بسیار مفید است. و با این‌حال، کاری است که مسیحیان

معدودی انجامش می‌دهند. چرا؟ به‌خاطر دو روایت نادرست که مردم در مورد ایجاد طرح و پیوستن به دیگران دارند: ۱) به طرح و نقشه نیاز نیست، و ۲) خودم به تنهایی می‌توانم انجامش بدهم.

به دلایلی، ما فکر می‌کنیم که زندگی‌مان با خدا نیازی به تلاش و برنامه‌ریزی ندارد؛ همه چیز خود به خود اتفاق می‌افتد. اما اصلاً این‌طور نیست. در خصوص روایت نادرست اول، اگر برنامه‌ریزی نکنید، در واقع دارید برای شکست *برنامه‌ریزی می‌کنید*. در زندگی هیچ چیز بدون برنامه‌ریزی و استراتژی اتفاق نمی‌افتد. اگر می‌خواهید باغچه درست کنید، وزن کم کنید یا زبان اسپانیایی یاد بگیرید، به برنامه نیاز دارید. در مورد شکل‌گیری روحانی نیز همین امر صدق می‌کند.

در خصوص روایت نادرست دوم، *شما به تنهایی نمی‌توانید طرح را انجام دهید*، و حتی انتظار نمی‌رود تلاشی از خود نشان دهید. ما برای زندگی کردن در انزوا خلق نشده‌ایم. دیگران می‌توانند ما را پشتیبانی و تشویق کنند، حکمت و تشخیص خودشان را در اختیار ما قرار دهند. هدف از زندگی مسیحی این است که شما در اجتماع، و با مردمی که از روی میل و اراده با شما و حامی‌تان هستند و برای پرورش ایمان‌تان از هیچ کاری فروگذار نمی‌کنند، زندگی کنید. خیلی‌ها هستند که می‌خواهند با شما همراهی کنند. شاید همین حالا هم چنین گروهی را دارید. اگر ندارید، از یک کلیسای محلی کمک بگیرید یا سعی کنید مجموعه درس‌های شاگردی را به‌صورت آنلاین مطالعه نمایید (www.apprenticeofjesus.org). شاید بتوانید در ناحیه خودتان یک گروه شاگری یا یک کلیسا پیدا کنید که از این برنامهٔ درسی استفاده می‌کند و از قبل گروه‌های «شاگردانِ واقعی»[1] را تشکیل داده‌اند و شما می‌توانید به آنها ملحق شوید.

چگونه می‌توانید به این راه ادامه بدهید؟ من شما را تشویق می‌کنم که دو کار بکنید: اول، برای حفظ روایت‌های اصلی عیسی و تداوم تمرین‌های روحانی که این روایت‌ها به همراه دارند، برنامه‌ریزی کنید.

---

1. Apprentices for Life

دوم، کسانی را پیدا کنید که حاضرند در این تلاش با شما همراه شوند، از شما به روشی محبت‌آمیز حساب و کتاب بخواهند و برای ادامه دادن تشویق‌تان کنند.

یک تمرین قدیمی

اجتماعات اولیهٔ مسیحی برای توصیف استراتژی رشدشان از واژهٔ حکم (Rule) استفاده می‌کردند. حکم، برگرفته از واژهٔ رگولا[1] در زبان لاتین است، که به فرمان یا عهدی دلالت می‌کند که بیانگر قصد و نیت است. اولین *رگولا* یک سند مسیحی است، موسوم به *دیداکه*.[2] این کتاب احتمالاً در اوایل سدهٔ دوم نوشته شده است. دیداکه جزئیات شیوهٔ زندگی را برای مسیحیان شرح می‌داد. حکم دیگری توسط سنت آگوستین[3] در سدهٔ پنجم نوشته شد. محبوب‌ترین و ماندگارترین رگولا را سنت بندیکت[4] در سدهٔ ششم به رشتهٔ تحریر درآورد. طی قرون، حکم‌های دیگر بسیاری برای اجتماعات مسیحی، اعم از کاتولیک و پروتستان، نوشته شدند. جنبش متدیست هم برای انجمن‌ها، کلاس‌ها و دسته‌های خود حکم‌هایی داشت، که حاوی برنامه‌ها و انتظارات مسیحیانِ متدیست بود. واژهٔ حکم شاید شریعت‌گرایانه و محدودکننده به نظر برسد، به همین‌خاطر من واژه‌های برنامه و استراتژی را مفیدتر یافته‌ام.

اما کارکرد استراتژی چیست؟ استراتژی الگویی متعادل و جامع است که به ما کمک می‌کند از نحوهٔ زندگی مورد نظرمان تعریفی ارائه دهیم. استراتژی پیوسته به ما یادآوری می‌کند که چگونه می‌خواهیم زندگی کنیم. می‌تواند به ما کمک کند پا را فراتر از حُسن نیت صِرف گذاشته، وارد عمل شویم. استراتژی مجموعه‌ای از قوانین، یا سندی نیست که احساس گناه را در انسان‌ها برانگیزد روزگارشان را سیاه کند.

من همچون سنت آگوستین یا سنت بندیکت، حکم معیاری برای همهٔ اعضای گروه شاگردی توصیه نمی‌کنم. در عوض، برای اینکه بتوانید

---

1. Regula; 2. Didache; 3. Saint Augustine; 4. Saint Benedict

برنامهٔ متعادل خودتان را برای زندگی به‌عنوان شاگردان عیسی تدوین کنید، راهکاری‌هایی پیشنهاد خواهم کرد. بعد به شما پیشنهاد می‌کنم که برنامهٔ خودتان را با یک گروه در میان بگذارید- ترجیحاً با گروهی که در حال گذراندن این دوره هستند، (زیرا از واژگان مشترک استفاده می‌کنند و مشغول انجام تمرین‌هایی مشابهند). لطفاً توجه داشته باشید که استراتژی پیشنهادی من مجموعه‌ای از قوانین نیست، بلکه نوعی ضرب‌آهنگ برای زندگی است. اگرچه استراتژی مزبور مجموعه‌ای از تمرین‌های سخت‌گیرانه نیست، لیکن حکمی با پیشنهادهای صِرف هم نیست که بتوانیم آنها را نادیده بگیریم- حداقل اگر مایل به ادامه رشد هستیم.

۱. برنامه‌ای برای پرورش روح بنویسید- یک رگولا برای زندگی

وقتی از عیسی در مورد بزرگترین فرمان پرسیدند، او در جواب فرمود:

> «"خداوند خدای خود را با تمامی دل و با تمامی جان و با تمامی فکر خود محبت نما." این نخستین و بزرگترین حکم است. دومین حکم نیز همچون حکم نخستین، مهم است: "همسایه‌ات را همچون خویشتن محبت نما." این دو حکم، اساس تمامی شریعت موسی و نوشته‌های پیامبران است.» (متی ۲۲:۳۷-۴۰)

اولین و بزرگترین فرمان این است که ما خدا را با همهٔ وجودمان محبت کنیم: با دل و جان و فکر. دومین فرمان آن است که همسایه خود را همچون خویشتن محبت نماییم. محبت، بنا بر تعریفی که در این مجموعه از آن به عمل آمده، «خوبی دیگری را خواستن» است. ما باید برای مراقبت از خودمان و یکدیگر زحمت بکشیم.

«خدا را محبت کنید و مراقب خودتان و یکدیگر باشید» می‌تواند چکیدهٔ پیام باشد. اگر این بزرگترین وظیفهٔ ماست، پس در این صورت به برنامه، به استراتژی، نیاز داریم تا از هر جهت اطمینان یابیم که نهایت تلاش‌مان را می‌کنیم. یک شیوهٔ مفید برای این کار تمرین راه‌هایی است که به ما امکان انجام هر سه را می‌دهند. تمرین‌های پرورش روح را که در پایان هر فصل از کتاب‌های سری شاگردی ارائه شده‌اند، می‌توان به سه حیطه تقسیم‌بندی کرد: راه‌هایی که ما محبت‌مان را نسبت به خدا افزایش دهیم، راه‌هایی که از یکدیگر مراقبت کنیم، و راه‌هایی که در جهت خیریت دیگران عمل کنیم. در زیر سی‌وسه تمرین پرورش روح ذکر شده، که در این مجموعه دروس انجام‌شان توصیه شده است. این تمرین‌ها را در سه دستهٔ خدا، خویشتن و دیگران تقسیم‌بندی کرده‌ام.

خدا

- سکوت و هوشیاری نسبت به آفرینش
- شمردن برکات
- دعای مزمور ۲۳
- Lectio Divina[۱]
- خواندن انجیل یوحنا
- خلوت‌گزینی
- نوشتن نامه‌ای خطاب به خدا
- یک روز با حمد و پرستش زندگی کردن
- خواندن یک اثر عبادیِ کلاسیک
- خواندن کتاب‌مقدس طی اوقات فراغت
- دو ساعت با خدا
- پرستش

۱. قرائت روحانی

خویشتن
- خوابیدن
- سکوت
- ایجاد حاشیه (مازاد)
- کاستن از سرعت
- بازی
- نگاه داشتن روز شبات
- روزه (کناره‌گیری) از وسایل ارتباط جمعی و غیره
- سکوت
- یافتن یک دوست مسئول
- تمرین‌های بخشش

دیگران
- میهمان‌نوازی
- دعا کردن برای موفقیت رقیبان
- خدمت مخفیانه
- پرهیز از مال‌اندوزی
- دعا
- پرهیز از غیبت
- چهار عمل خاص
- در میان گذاشتنِ ایمان با دیگران
- ارزشمند شمردنِ گنج‌هایمان
- محبت کردن به مخالفان
- مباشرت منابع

به فهرست نگاهی بیندازید و از تجربیات خودتان در مورد تمرین‌های مزبور یادداشت ذهنی بردارید. حتی می‌توانید جلوی بعضی از آنها ستاره بگذارید، یا بر اساس میزان تأثیرگذاری‌شان، به آنها از یک تا ده امتیاز بدهید.

گام ۱: انتخاب از روی فهرست. گام اول در نوشتن برنامه، انتخاب چند (پنج تا ده) تمرین پرورش روح از روی فهرست بالا است که به‌طور خاص در دگرگونی شما تأثیر داشته‌اند. فقط آنهایی را که دوست دارید، انتخاب نکنید؛ مواردی را انتخاب کنید که بیشترین کمک را به رشد شما در زندگی‌تان با خدا داشته‌اند. برای مثال، چهل‌وهشت ساعت روزه/ کناره‌گیری از وسایل ارتباط جمعی ممکن است خوشایند نباشد، اما مفید و کارساز باشد. سعی کنید فهرست را حول و حوش شش یا هفت تمرین محدود کنید. برای شروع، بهترین کار همین است. یکی از موارد کلیدی در ارتباط با نوشتن برنامه این است که با اهداف کوچک و عملی آغاز کنید. یکی از اشتباهات رایج این است که مردم می‌خواهند خیلی کارها بکنند و به همین‌خاطر در انجام برنامهٔ خود شکست می‌خورند. من به شما پیشنهاد می‌کنم که سعی کنید از هر گروه، حداقل دو تمرین را در برنامهٔ خود بگنجانید.

گام ۲: افزودن تمرین‌هایی که در فهرست نیستند. تمرین‌های مذکور، تنها راه‌هایی نیستند که مردم می‌توانند با کمک آنها زندگی‌شان را با خدا پرورش دهند. تمرین‌های روحانی بسیار دیگری نیز وجود دارند که مردم آنها را پربار می‌یابند. برای مثال، من دوست دارم موعظه‌های جان وسلی، مارتین لوتر و جورج مک‌دانلد را بخوانم، چون به من الهام می‌بخشند و بر محبت و سرسپردگی‌ام به خدا می‌افزایند. من از برنامهٔ عبادی و روزانهٔ *"بالاخانه"* [1] هم لذت می‌برم.

علاوه بر تمرین‌های روحانی، تمرین‌های پرورشی دیگری هم هستند که شما می‌توانید گه‌گاه آنها را انجام دهید. این تمرین‌ها معمولاً جزو دستهٔ دوم، یعنی مراقبت از خویشتن قرار می‌گیرند. من واقعاً از اسب‌سواری، بیرون بردن سگم و خواندن رمان‌های قدیمی لذت می‌برم. من دوستانی دارم که عاشق قایقرانی هستند. یک‌بار یکی از شاگردانم به من گفت که تماشای فیلم‌های قدیمی را دوست دارد. با چند چیز

---

1. Daily devotional The Upper Room

عملی که معمولاً انجام نمی‌دهید، شروع کنید. شاید آنها «روحانی» به نظر نرسند، اما اگر در سلامت شما تأثیر مثبت دارند، پس روحانی هستند.

با این سه تا پنج تمرین اضافی که به فهرست اولیهٔ مجموعهٔ شاگردی افزوده‌اید، فهرست شما باید شامل ده تا دوازده تمرینی باشد که به افزایش محبت‌تان نسبت به خدا، خودتان و دیگران کمک می‌کنند.

گام ۳: زمان‌بندی و تناوب. گام بعدی تعیین کردن این است که هر چند وقت یک‌بار و به چه مدتی می‌خواهید این تمرین‌ها را انجام دهید. برای مثال، بیایید فرض کنیم که شما خواندن کتاب‌مقدس را به‌عنوان یک تمرین مفید انتخاب کرده‌اید. به این فکر کنید که چه مدت در هفته می‌خواهید برای خواندن کتاب‌مقدس وقت بگذارید: شاید هر روز یا شاید هفته‌ای دو تا سه بار. بعد تعیین کنید که چه مدت (پانزده دقیقه یا نیم‌ساعت؟) یا مقدار از کتاب‌مقدس (یک، دو یا پنج فصل؟) را قرار است بخوانید. مثال دیگر: آیا هر هفته اسب‌سواری می‌کنید یا ماهی یک‌بار؟ در مورد اینکه تا چه اندازه باید به این تمرین‌ها بپردازید، فکر کنید تا بدون لغو برنامه یا دلسرد شدن و کنار کشیدن، بیشترین بهره را از آنها ببرید.

گام ۴: به‌وجود آوردن برنامه‌ای متعادل و ملایم. وقتی به فهرست‌تان نگاه می‌کنید، دوست دارم دو ضابطه را از نظر دور ندارید. اول، آیا برنامه‌ای که به‌وجود آورده‌اید متعادل است، یعنی تعداد درستی از تمرین‌های هر سه دسته (خدا، خویشتن، دیگران) در آن گنجانده شده است؟ دوم، آیا حکم (اقدام) مزبور دست‌یافتنی است؟ اگر می‌خواهید رشد کنید برنامه‌تان باید *متعادل* باشد، و اگر می‌خواهید تداوم یابد، باید *دست‌یافتنی* باشد. شاید بلافاصله نتوانید به این پرسش پاسخ بدهید. اولین برنامه‌ای که من نوشتم، نه متعادل بود نه دست‌یافتنی. من تمرین‌های زیادی در برنامه گنجانده بودم، و روی تمرین‌هایی که رابطهٔ من را با خدا ارتقا می‌داد، بیش از اندازه متمرکز شده بودم. تناوب و تکرار هم زیاد بود. من باید می‌فهمیدم که وقتی می‌نویسم: «روزی سه ساعت زمان خلوت با خدا»، چنین برنامه‌ای محکوم به شکست است. با توجه به برنامهٔ روزانهٔ من، چنین تمرینی تقریباً غیرممکن بود، و در آن حیطهٔ

خاص نیز بیش از حد نیازم بود. تا پیش از دست به‌کار شدن، فهمیدن اینکه یک تمرین را چگونه انجام می‌دهید، کار سختی است. اما چیزی که به شما کمک می‌کند این است که به دیگران اجازه دهید برنامه‌تان را بازبینی کنند و راهنمایی‌های لازم را به شما ارائه دهند.

شکل ۱.۹ نمونه‌ای است از برنامه‌ای که دوست و همشاگردی‌ام جنیفر هینز[1] نوشته است. این یک نمونهٔ خوب از تعادل و اعتدال در توجه کردن به خدا، خویشتن و دیگران می‌باشد.

برنامهٔ جنیفر عالی است. او ذاتاً شخص بخشنده‌ای است، از این‌رو جالب بود که دیدم دوخت و دوز (چیزی که روحش را تغذیه می‌کند) و حاشیه را در برنامه‌اش گنجانده است. جنیفر می‌توانست رگولای خود را برای مدتی طولانی حفظ کند، چون زندگی‌بخش بود و بدون اینکه سخت باشد، او را به چالش می‌کشید.

- هر یکشنبه پیش از آنکه به رختخواب بروم، برکاتم را بشمارم.
- سه بار در ماه دوخت و دوز کنم.
- هر روز صبح دعایم را با مزمور ۲۳ آغاز کنم.
- هر یکشنبه خانواده‌ام را برای خوردن بستنی بیرون ببرم.
- هر آخر هفته برای خودم حاشیه به‌وجود بیاورم.
- دو بار در ماه با دوستانم شام بخورم.
- هر شب پیش از خواب برای رقیبانم دعا کنم.
- هفته‌ای یک بار با خانواده‌ام پیاده‌روی کنیم.
- میهمان‌نوازی- ماهی دو بار به دیگران خدمت کنم.
- ماهی دو بار خانواده و دوستان را برای شام به خانه دعوت کنم.

تصویر ۱.۹. برنامهٔ جنیفر برای زندگی

---

1. Jennifer Hinz

شکل ۲.۹ برنامهٔ همکارم مت جانسن است. مت، همان‌گونه که با نگاه کردن به برنامه‌اش احتمالاً حدس خواهید زد، شخصی اهل تفکر است که از اوقاتش با خدا نهایت لذت و بهره را می‌برد.

همچنان که می‌بینید، برنامهٔ مت شامل چندین نوبت دعای خصوصی و خلوت‌گزینی است. رگولای او دربرگیرندهٔ پانزده دقیقه در روز تمرین حضور خدا، یک ساعت کامل دعا در دوشنبه صبح، دو بار lecio divina در هفته، و یک ساعت وقت فراغت مقدس، سه بار در ماه، است. اینها تمرین‌های روحانی بسیار نیرومندی هستند، اما در عین حال افرادی را که زیاد به تنهایی و عزلت عادت ندارند، به چالش می‌کشند.

با وجودی که برنامهٔ مت برای پرورش رابطه‌اش با خدا کمی سنگین است، اما من به او نمی‌گویم که قدری از سروته تمرین‌هایش بزند، چون می‌دانم که او از این تمرین‌ها بهرهٔ بسیار می‌برد. به نظر من برنامهٔ او تعادل دارد، چون به اندازه مراقبت از خود (باغبانی، نواختن گیتار، قرار گذاشتن با همسرش و هدایت روحانی) به خدمت کردن به دیگران (هر روز ظرف شستن، سه خدمت در هفته) هم پرداخته است. یکی از بهترین چیزهایی که مت به دنبالش رفته این است که او هر ماه با یک راهنمای روحانی کار می‌کند. راهنمای روحانی این توانایی را دارد که به او در تشخیص سودمند بودن برنامه‌اش کمک کند و در صورت لزوم آن را تغییر دهد.

- روزی دو بار شستن ظرف‌ها به مدت پانزده دقیقه (صبح و شب)
- تمرین روزانهٔ حضور خدا- ۶:۴۵ تا ۷:۰۰ صبح
- سه بار در هفته باغبانی/ کار کردن در بیرون از خانه به مدت سی دقیقه- دوشنبه، سه‌شنبه و پنج‌شنبه- ۷:۰۰ تا ۷:۳۰ صبح.
- چهار بار در هفته نواختن گیتار به مدت بیست دقیقه- دوشنبه تا پنج‌شنبه- ۹:۲۰- ۹:۴۰ صبح.
- هفته‌ای یک‌بار دعای همراه با تفکر/ دعای شفاعتی- دوشنبه‌ها صبح

- دو بار در هفته *lecio divina* در روزهای سه‌شنبه و پنج‌شنبه.
- هفته‌ای یک‌بار خلوت‌گزینی به مدت دو ساعت در روزهای چهارشنبه- ۷:۲۰ تا ۹:۲۰ صبح.
- دعای توأم با تأمل برای موارد خاص- هفته‌ای یک بار مرور تمرین در روزهای پنج‌شنبه- ۸:۳۰ صبح.
- هفته‌ای یک بار بیرون رفتن با کاترین- هر پنج‌شـــنبه شب یک ساعت.
- سه بار در ماه شبات در روزهای جمعه تا شنبه.
- خدمت- سه خدمت در هفته.
- ماهی یک بار هدایت روحانی طبق برنامهٔ زمانی.
- تصویر ۲.۹. برنامه مت

تصویر ۲.۹. برنامهٔ مت

۲. به دیگران اجازه دهید برنامهٔ شما را شکل دهند

من متوجه شده‌ام که خیلی مفید است که من به شاگردان دیگر عیسی اجازه می‌دهم به رگولای من نگاهی بیندازند و پیشنهادهای خود را به‌ویژه در جهت حفظ تعادل و دســت‌یافتنی بودن بیان کنند. ما همیشه عینی و دقیق نیســتیم و دیگران می‌توانند زوایایی را که از دید ما مخفی مانده‌اند، ببینند. من یک‌بار به برنامهٔ شــخصی که هم‌گروهم بود نگاهی انداختم و فوراً متوجه شدم که نامتعادل است. در برنامهٔ او دو تمرین برای پرورش زندگی با خدا گنجانده شــده بود، اما از تمرین‌های مراقبت از خویشتن خبری نبود، و ده تمرین هم با هدف کمک به دیگران وجود داشــت. این شخص، انسان بخشــنده و مهربانی است که برای خدمت کردن زندگی می‌کند. اما من توانســتم روی نامتعادل بودن برنامــه، که خودش اصلاً متوجه آن نبود، انگشــت بگذارم. این یکی از اَشــکال هدایت روحانی اســت. ما به دیگران اجازه می‌دهیم به تمرین‌های‌مان نگاهی بیندازند و دیدگاه‌های خودشان را که موهبتی است گران‌بها، با ما در میان بگذارند.

گزینه دیگر آن است که همهٔ برنامه‌های‌تان را گرد بیاورید و یک برنامهٔ عمومی بنویسید که همه حاضرند برای مدتی از آن پیروی کنند. یکی از دوستان من این کار را با یک گروه هشت نفره، که دورهٔ شاگردی را با هم می‌گذراندند، انجام داد. آنها وقتی دوره را به پایان رساندند، یک ماه کناره گرفتند تا برنامه‌های خودشان را بنویسند. بعد دور هم جمع شدند و هرآنچه را نوشته بودند با یکدیگر در میان گذاشتند. در نهایت با هم به یک برنامهٔ واحد، حاوی چندین تمرین رسیدند که باید با توافق همگی به مدت یک ماه انجامش می‌دادند (نگاه کنید به شکل ۳.۹). گروه هر دو هفته یک‌بار جمع می‌شدند تا آنچه را که انجام داده بودند، با یکدیگر در میان بگذارند. در خلال این مدت هم از طریق ای‌میل از حال هم باخبر می‌شدند، اینکه چکار می‌کنند و در کجا دچار مشکل شده‌اند. اینها را جهت راهنمایی گفتم تا تصویر واضح‌تری از نحوهٔ عملکرد آنها به‌دست آورید.

توجه داشته باشید که تمرین‌هایی که آنها بر سرش توافق کرده بودند، و همچنین تناوب و تکرار آن تمرین‌ها، همگی انتخاب خودشان بود. برای مثال، روز شبات تقریباً برای همه آنها اهمیت داشت، اما این را هم می‌دانستند که هر هفته نگاه داشتن شبات برای همه ممکن است دشوار باشد. پس تصمیم گرفتند سومین یکشنبهٔ هر ماه را با هم شبات داشته باشند. این باعث شد آنها به آمادگی یکدیگر برای آن روز کمک کنند، و ایده‌هایی را که به دردشان خورده بود با هم در میان بگذارند. در واقع، به این نتیجه رسیدند که نگاه داشتن شبات در یک روز واحد برای همگی، دشوار است.

- رعایت شبات در سومین یکشنبهٔ هر ماه
- خواندن انجیل یوحنا در یک نشست، در طول ماه
- مطالعهٔ روزانه موعظهٔ بالای کوه- تقریباً پانزده دقیقه در روز در خلال روزهای هفته
- ده تا بیست دقیقه سکوت در هر روز

- کاستن از سرعت: به‌ویژه هنگام رانندگی در محدودهٔ سرعت معین، و آگاه بودن از حضور خدا؛ برکت طلبیدن برای هر راننده به هنگام عبور
- حداقل یک‌بار دوست شدن با شخصی جدید در هفته، یا تحکیم دوستی‌های قدیم با نوشتن یادداشت، فرستادن ای‌میل یا گرفتن تماس تلفنی
- هر روزه دعا کردن برای یکدیگر

تصویر ۳.۹. یک برنامهٔ گروهی

برنامهٔ گروهی آنان از بسیاری جهات دست‌یافتنی است، اما مطالعهٔ *روزانهٔ* موعظهٔ بالای کوه به‌خاطر برنامهٔ کاری آنها، چالش‌انگیز شد. برای بعضی از آنها آسان بود، خصوصاً آنهایی که در وقت ناهار برای مطالعه نیز زمان کافی داشتند. آنها از تأثیری که دیگر فعالیت‌های مندرج در فهرست داشت، شگفت‌زده شده بودند. برای مثال، رانندگی در محدودهٔ سرعت معین (که جزو مقررات است) بر کل گروه تأثیری عمیق گذاشت. ده تا بیست دقیقه سکوت در هر روز هم خیلی مفید بود، هرچند بعضی از اعضای گروه مجبور بودند روی این تمرین بیشتر کار کنند و اول از روزی پنج دقیقه شروع کردند، و بعد کم کم به ده و پانزده دقیقه رسیدند.

این سه برنامه اهمیت تعادل و اعتدال را آشکار می‌کنند. من امیدوارم که شما از آنها به‌عنوان راهنما استفاده کنید، نه اینکه برده‌وار از آنها تقلید نمایید. باز یادآور می‌شوم که انجام تمرین‌های کسانی که از ما مجرب‌ترند، کاری ارزشمند است- حتی اگر سرمشق‌گرفتن برای مدتی معین باشد. پولس خطاب به قرنتیان نوشت:

> حتی اگر در مسیح هزاران معلم داشته باشید، اما پدران بسیار ندارید، چرا که من به واسطه انجیل در مسیح عیسی پدر شما شدم. پس از شما تمنا دارم از من سرمشق بگیرید. (اول قرنتیان ۴:۱۵-۱۶)

پولس به آنان گفت که از او سرمشق بگیرند، نه چون نمونهٔ کاملی است، بلکه چون تنها نمونه‌ای بود که داشتند. خوب است که وقتی شروع می‌کنیم، بکوشیم از تجربیات شاگردان کارکشته، سرمشق بگیریم.

من این درس را از زمانی که با ریچارد فاستر و دالاس ویلارد بودم، یاد گرفتم. زندگی مبتنی بر دعای ریچارد به‌طور خاص الهام‌بخش من بود، و من دعا کردن را با مشاهدهٔ دعا کردن او آموختم. من حتی از حالت نشستن او روی صندلی، و نحوهٔ قرار دادن دستانش بر روی زانوها تقلید می‌کردم. وقتی با دالاس ویلارد زندگی و کار می‌کردم، مشاهدهٔ اینکه او بیشتر قسمت‌های کتاب‌مقدس را از بَر بود، مرا سخت تحت تأثیر قرار داد. من می‌دیدم که او پیش از بازنشستگی تا پاسی از شب سرگرم از بَر کردنِ کتاب‌مقدس است. روش او به من الهام بخشید تا خودم هم شروع به از بَر کردنِ کلام خدا بکنم. اما به مرور زمان یاد گرفتم که تمرین‌هایم را متناسب با هویت و نیاز خودم شکل بدهم و تعدیل کنم. و این تغییرات در طول زمان انجام گرفتند. از این‌رو برنامه‌های مذکور در بالا را به‌عنوان ایده‌هایی درخور تأمل به شما ارائه کردم. در این مورد دعا کنید و در نظر داشته باشید که در زندگی خودتان چگونه می‌توانید برنامه‌ای را پیاده نمایید.

۳. زندگی در اجتماع طبق برنامه

به مجردی که به برنامه‌ای متعادل دست یافتید، نوبت اجرای آن فرامی‌رسد. صِرف داشتنِ برنامه، فایده‌ای به حال شما نخواهد داشت؛ باید آن را عملی کنید. این یعنی آنکه، پیش از هر چیز، تمرین‌های خود را مرور کنید و زمان انجامشان را برنامه‌ریزی نمایید. این یک گام بسیار مهم در روند کار است و خیلی‌ها از همین جا ضربه می‌خورند و با شکست مواجه می‌شوند زیرا هیچ‌وقت تمرین‌ها را در برنامهٔ کاری روزانهٔ خود نمی‌گنجانند، پس هیچ‌وقت هم انجام نمی‌شوند. برای مثال، اگر قرار است یک شبات هفتگی داشته باشید، باید آن را در دفتر قرارهای خودتان یادداشت کنید و طبق آن برنامه‌ریزی نمایید. دوم، پیش چشم نگاه داشتن

برنامه به خودِ من خیلی کمک کرده است. از آن چند رونوشت تهیه کنید و یکی را روی در یخچال بزنید و دیگری را به آینهٔ دستشویی، زیرا «از دل برود، هر آنچه از دیده برفت!» قابل رویت کردن برنامه باعث می‌شود که مدام آن را به خود یادآوری کنید.

بعد، چند نفر را که می‌توانند به‌طور مرتب از شــما بپرســند: «برنامه چطور پیش می‌رود؟» پیدا کنید. چنین پاســخ‌گویی، ارزش فراوان دارد. بررسی‌ها نشان داده‌اند کسانی که به دیگران پاسخ‌گو هستند، برای رسیدن به اهدافشان توانایی بیشــتری کسب می‌کنند. شاید برای یکی دو هفتهٔ اول که شور و شــوق بالایی دارید، نیازی به آن نباشد، اما به مرور زمان برای ادامهٔ راه لازم اســت به کسی پاسخ‌گو باشید. من برای برآورد تأثیر برنامه‌تان و کشــف اینکه در کجا مشکل و نیاز به تغییر دارید، استفاده از پرسش‌های تحلیلی را هم پیشــنهاد می‌کنم. برای کمک به تحلیل نحوهٔ عملکرد خدا در برنامهٔ پرورش روحانی خود، می‌توانید از پرســش‌های زیر استفاده کنید.

بررسی برای افراد
۱) در کاری که انجام می‌دهم، چگونه خدا را در کار می‌بینم.

۲) از چه تمرین‌هایی بیش از همه لذت می‌برم؟

۳) چه چیزهایی باید در برنامه من تعدیل شود یا تغییر پیدا کند؟

بررسی برای گروه‌ها
۱) از آخرین باری که با هم جمع شــده‌اید، با چه روایت‌های نادرست قدیمی دست و پنجه نرم کرده‌اید؟

۲) با برنامه‌تان چطور پیش می‌روید؟

۳) خدا از طریق تمرین‌های برنامه‌تان، چه چیزی به شما تعلیم می‌دهد؟

۴) ما چگونه می‌تونیم از شما حمایت کنیم؟

ارزش‌های شاگرد عیسی که در زیر می‌آیند، برگرفته از مجموعه درس‌های شاگردی هستند. آنها از آن دسته ارزش‌ها هستند که همهٔ پیروان عیسی باید بکوشند طبق آنها زندگی کنند. گروه شاگردان باید با هم این فهرست را مرور کنند تا ببینند اوضاع و احوال شخصی و گروهی‌شان چگونه است.

ارزش‌های شاگرد عیسی
- عدم همکاری با کار خطا
- حساسیت در خدمت به دیگران
- دعای همیشگی برای همهٔ مردم و در همهٔ سطوح زندگی‌ام
- عدم تلافی‌جویی در مواقعی که دیگران سعی می‌کنند به من آسیب بزنند
- خودداری از تسلیم شدن به سلطهٔ زیاده‌خواهی یا میل جنسی
- استفاده از منابعی که در اختیار دارم در جهت سرمایه‌گذاری در گنج‌های آسمانی
- خودداری از غیبت یا داوری کردن دیگران
- هوشیاری و وظیفه‌شناسی نسبت به نیازمندان
- آگاهانه سخنان تشویق‌آمیز گفتن
- زحمت کشیدن برای درست انجام دادن همهٔ کارهایی که منجر به جلال پدر آسمانی‌ام می‌شوند

کلام تشویق آمیز آخر

اگر تا اینجای کار- خواندن هر سه کتاب و به‌کار بستن این تمرین‌ها- پیش آمده‌اید، پس کار خیلی خاصی انجام داده‌اید. من که ده سال گذشته را صرف کار کردن روی این کتاب‌ها نموده‌ام و هدایت صدها نفر را در مطالعهٔ این دروس در قالب گروه‌های کوچک بر عهده داشته‌ام، خوب می‌دانم که این کار تا چه اندازه چالش‌انگیز است. اما نکتهٔ جالب اینجا است که ثمربخش است. اگر هنوز مشغول خواندن این کلمات هستید، می‌دانم که به احتمال زیاد حرف‌هایم را تأیید می‌کنید. امروزه آن‌قدر کتاب‌های خوب و برنامه‌های درسی زیادی- از *همراهان در مسیح*[1] گرفته تا *ضروریات شاگردی برای شاگردان: شاگرد شدن از طریق بررسی کتاب‌مقدس*[2]- در دسترس ما قرار دارند که دیگر نمی‌توانیم بگوییم کمبود منابع یا توانایی داریم. واقعیت موضوع از این قرار است: آیا ما این کار را خواهیم کرد؟ آیا پایبند می‌مانیم؟ آیا به کار عمق بخشیدن به محبت‌مان نسبت به خدا، مراقبت از خودمان و محبت کردن به همسایه‌مان ادامه خواهیم داد؟ دعای من این است که به اندازهٔ کافی ایده و تمرین به‌دست آورده باشید که بتوانید در فیض و شناخت خداوند ما عیسای مسیح به رشد ادامه دهید.

---

1. Companions in Christ
2. Discipleship Essentials to Disciple: Becoming Disciples Through Bible Study

پیوست

راهنمای بحث در گروه‌های کوچک

متیو جانسن، به همراهی کریستوفر جیسن فاکس

این کتاب از بطن حقیقتی متولد شد که بسیاری از ما به سبب سفر روحانی خودمان با آن آشنا هستیم: ما به اجتماع مسیحی نیاز داریم. این نوشته در بطن همین اجتماع مسیحی شکل گرفته است. در اجتماع مسیحی است که ما می‌توانیم هیجان کشف عملکرد پادشاهی خدا را در زندگی با هم قسمت کنیم. در اجتماع مسیحی است که می‌توانیم از خواندن این مطالب به بینشی تازه دست پیدا کنیم و نیز ایده‌های نگارنده را به چالش بکشیم. در اجتماع مسیحی است که ما هدایایی را که خدا به ما و برادران و خواهران‌مان در مسیح بخشیده، درک می‌کنیم. همچنین در اجتماع مسیحی است که زخم‌ها و گرفتاری‌هایی را که در نور روح‌القدس آشکار شده‌اند، کشف می‌کنیم.

به‌راستی که اجتماع مسیحی چه موهبت شگفت‌انگیزی است!

و بــاز طبق روال گذشــته در دو کتاب قبلی مجموعه شــاگردی، ما راهنمایی برای گروه‌های کوچک فراهـــم کرده‌ایم تا همچون ابزاری در جهت تبدیـــل کردن افراد به اجتماع عمل کنـــد. در این راهنما برای هر فصل یک بخـــش را اختصاص داده‌ایم. هر بخش هم به قســـمت‌هایی تقسیم می‌شود. از این قســـمت‌ها به صلاح‌دید خود استفاده کنید. شاید لازم ببینید که بعضی از قســـمت‌ها یا پرســـش‌ها را حذف کنید، یا شاید بخواهید پرسش‌ها یا فعالیت‌هایی را به آن اضافه کنید. از این گذشـــته، شاید بخواهید به‌صورت گروهی زمانی را صرف بازبینی سؤالاتی بکنید که در حاشیهٔ هر فصل آورده شده‌اند.

بسته به تعداد اعضای گروه، بخش‌های این راهنما می‌توانند از شصت تا نود دقیقه وقت بگیرند. ما برای هر قســـمت زمانی را برآورد کرده‌ایم. اگر گروه شما بیش از شـــش نفر عضو دارد، انتظارش را داشته باشید که هر جلسه نود دقیقه طول بکشد.

اگر شـــما رهبر گروه هستید، برای مطالب بیشـــتر در مورد راهنمای رهبری گروه از وب‌سایت www.apprenticeofjesus.org دیدن کنید و از منابع صوتی[1] مقالات، ویدیوها و دیگر منابع و اطلاعات استفاده نمایید.

باشد که در مسیر طلبیدن پادشاهی خدا در میان‌تان، به برکت داشتن اجتماعی بامحبت و خاص هم نایل گردید.

متیو جانسن

---

1. Podcasts

فصل ۱ : اجتماع خاص

دعای آغاز جلسه [۵ دقیقه]

با پنج دقیقه سکوت آغاز کرده به گروه اجازه دهید تا روی لحظهٔ حال متمرکز شوند و از فکر کار و تنش‌های زندگی آزاد شوند. در پی آن سکوت، شخصی دعای کوتاهی بکند، و به آرامی آمین بگویید.

پرورش روح [۱۰-۲۰ دقیقه]

اگر در گروهی هستید که شش عضو یا بیشتر دارد، آنها را به گروه‌های کوچکتر سه یا چهار نفره تقسیم کنید. از پرسش‌های زیر برای بحث و گفتگو در مورد تجربیات خودتان از دو ساعت خلوت‌گزینی با خدا و انجام چهار کار خاص استفاده کنید.

دو ساعت با خدا

۱) اگر راحت هستید با گروه در میان بگذارید که دو ساعت با خدا را چگونه گذراندید (در دو ساعت پشت‌سر هم، هشت تا پانزده دقیقه؛ شاید هم با یک ساعت پرستش؟).

۲) هشت گام نگارنده در مورد زمان سکوت را چگونه به‌کار بردید؟ اگر گامی را از قلم انداخته‌اید، بگویید که چرا حذفش کردید؟

۳) در هنگام سپری کردن دو ساعت با خدا، با چه چالش‌هایی روبه‌رو شدید؟

۴) زمانی که با خدا گذراندید، چه تأثیری بر شما گذاشت؟

چهار کار خاص
۱) چهار کار خاصی که انجام دادید، چه تأثیری بر شما داشت؟

۲) در انجام تمرین پرورش روح چه چالش‌هایی را تجربه کردید؟

۳) کارهای خاصی که کردید، از چه جهت بیانگر خاص بودن خدا هستند؟

۴) آیا اعمال «ناسازگار» شما تا به حال این حس را در وجودتان برانگیخته که شهروند دنیایی دیگر (پادشاهی خدا) هستید؟ تجربهٔ خود را توضیح بدهید.

پرداختن به مطالب فصل [۳۰-۴۰ دقیقه]

اگر برای بحث در مورد تمرین پرورش روح به چند زیرگروه تقسیم شده‌اید، می‌توانید دوباره دور هم جمع شوید تا بحث در مورد مطالب فصل را از سر بگیرید. اگر زمان محدود است، از روی پرسش‌های زیر بخوانید و توجه بکنید که می‌خواهید به‌طور ویژه در مورد کدامیک بحث کنید، و بعد با همان پرسش‌ها آغاز نمایید.

۱) اولین خاطرهٔ شما از کلیسا چیست؟ این خاطره در شکل‌گیری درک شما از خدا و در میان گذاشتن زندگی با دیگران، چه نقشی داشت؟

۲) آیا می‌توانید زمانی را به یاد بیاورید که با یک اجتماع خوب و زیبا روبه‌رو شدید؟ اگر پاسخ مثبت است، تجربهٔ خودتان را شرح دهید و بگویید آن گروه چه خصوصیاتی داشت.

۳) قول آتناگوراس را از روی صفحات ۳۵-۳۶ با صدای بلند بخوانید. چه نکته‌ای از توصیف او در مورد مسیحیان بیش از همه توجه شما را به خود جلب کرد؟ اگر او در اجتماع شما حضور داشت، در مورد مسیحیان چه می‌نوشت؟

۴) نگارنده این توصیف را از قوم خاص خدا ارائه می‌دهد:

برای مثال، اگر من (به قدرت روح‌القدس) در زندگی خودم راست‌گویی را آغاز کنم، موجود عجیبی خواهم شد. اگر بتوانم یاد بگیرم کمتر عجله کنم، فارغ از تسلط خشم زندگی کنم و واقعاً برای کسانی که سعی در کوبیدنم دارند دعا کنم، غیرعادی جلوه خواهم کرد.

سپس کورنل وست در مورد نحوهٔ ناسازگار بودنِ ما نسبت به طریق‌های دنیا، این توصیف را ارائه می‌دهد: «همواره مسیحیانی بوده‌اند که به‌خوبی با طمع، ترس و تعصب سازگار شده‌اند» (ص. ۴۳). همچنین می‌افزاید: «همهٔ مسیحیان باید با چیزهایی از قبیل بی‌عدالتی، طمع، مادی‌گرایی و نژادپرستی ناسازگار باشند.»

- آیا موافق هستید که مسیحیان باید «خاص» و «ناسازگار» باشند؟ چرا؟

- نگارنده در فصل اول می‌نویسد: «خدایی که عیسی آشکار می‌سازد، خاص است.» واکنش شما به این جمله چیست؟

۵) چهار پاراگراف اولِ قسمتِ «به هدایت روح‌القدس اعتماد کنید» را دوباره بخوانید.
- از پاسخ جورج فاکس به ویلیام پن در ارتباط با شمشیر به کمر بستن، چه نکتهٔ حکیمانه‌ای می‌آموزید؟

- آیا در زندگی شما حیطه‌ای وجود دارد که دوست داشته باشید در آن زمینه کسی به شما بگوید چکار کنید؟ چگونه می‌توانید اصل فاکس را به‌کار ببندید؟

پرداختن به کلام [۱۰-۱۵ دقیقه]

از یک داوطلب بخواهید رومیان ۱۲:۱-۲ را با صدای بلند بخواند، سپس پرسش‌های زیر را به بحث بگذارید:

۱) در گروه‌تان، از کلمات و عباراتی که در این دو آیه به خاص بودن مسیحیان دلالت می‌کنند، فهرستی تهیه کنید. توضیح دهید چرا آن کلمات را انتخاب کرده‌اید.

۲) عبارت «با نو شدن ذهن خود دگرگون شوید» چه معنایی دارد؟ ما چگونه این کار را انجام می‌دهیم؟

۳) چرا نو شدن ذهن ما به «همشکل نشدن با این جهان» منجر می‌گردد؟

جمع‌بندی [۵ دقیقه]

جلسهٔ خود را بدین‌ترتیب جمع‌بندی کنید که از یکی از اعضا بخواهید با صدای بلند عبارات زیر را از نامهٔ اول یوحنا بخواند.
ای عزیزان، یکدیگر را محبت کنیم، زیرا محبت از خداست و هر که محبت می‌کند، از خدا زاده شده است و خدا را می‌شناسد. آن که محبت نمی‌کند، خدا را نشناخته است، زیرا خدا محبت است. محبت خدا این‌چنین در میان ما آشکار شد که خدا پسر یگانه خود را به جهان فرستاد تا به واسطه او حیات بیابیم. محبت همین است، نه آنکه ما خدا را محبت کردیم، بلکه او ما را محبت کرد و پسر خود را فرستاد تا

کفاره گناهان ما باشـد. ای عزیـزان، اگر خدا ما را این چنین محبت کـرد، ما نیز باید یکدیگـر را محبت کنیم. هیچ‌کس هرگز خدا را ندیده اسـت؛ اما اگـر یکدیگر را محبت کنیم، خدا در ما سـاکن اسـت و محبت او در ما به کمال رسیده است. (اول یوحنا ۴:۷-۱۲)

قاعده روشن است: خدا هرطور که هست، قومش نیز باید همان‌طور باشـند. اگر محبت نکنیم، پس حتماً خدا را نشـناخته‌ایم. چون «محبت خدا در شخص عیسی در میان ما آشکار شد تا ما هم به‌واسطهٔ او زندگی کنیم.»

هفته بعد

در فصل بعد منبع امید اجتماع مسیحی را مورد بررسی قرار خواهیم داد. تمرین پرورش روح برای هفته آینده در میان گذاشـتن ایمان‌تان با دیگران اسـت. نویسنده برای انجام این امر گام‌های سازنده‌ای را معرفی می‌کند. با این‌حال، لازم است از همان اوایل هفته کارتان را شروع کنید تا بتوانید پیش از گردهمایی بعدی، تأثیر این گام‌ها را ببینید.

فصل ۲: اجتماع امیدوار

دعای آغاز جلسه [۵ دقیقه]

با پنج دقیقه سـکوت آغاز کرده به گروه اجـازه دهید تا روی لحظهٔ حال متمرکز شوند و از فکر کار و تنش‌های زندگی آزاد شوند. در پی آن سکوت، شخصی دعای کوتاهی بکند، و به آرامی آمین بگوید.

پرورش روح [۱۰-۲۰ دقیقه]

اگر در گروهی هستید که شش عضو یا بیشتر دارد، آنها را به گروه‌های کوچک‌تر سـه یا چهار نفره تقسیم کنید. از پرسش‌های زیر برای بحث و

گفتگو در مورد تجربیات خودتان از دو ساعت خلوت‌گزینی با خدا و انجام چهار کار خاص استفاده کنید.

۱) آیا پیش از خواندن این فصل، هفت گام را تمرین کردید؟ این تمرین چگونه شما را دلگرم به دانستن این نکته می‌کند که شما همین حالا هم در رسیدگی به دیگران نقش مهمی بر عهده دارید؟

۲) از هفت فعالیت نامبرده کدامیک بیش از همه برای‌تان مفید بود؟ چرا؟

۳) هنگامی که مشغول انجام هفت گام بودید، به چه مشکلاتی برخوردید؟ از این مشکلات چه چیزهایی آموختید؟

۴) این گام‌ها را در ورای مطالعهٔ خود، چگونه می‌توانید به کار ببرید؟

۵) از طریق این تمرین‌ها چه چیزی در مورد خدا، خودتان یا دیگران آموختید؟

پرداختن به مطالب فصل [۳۰-۴۰ دقیقه]

اگر برای بحث در مورد تمرین پرورش روح به چند زیرگروه تقسیم شده‌اید، می‌توانید دوباره دور هم جمع شوید تا بحث در مورد مطالب فصل را از سر بگیرید. اگر زمان محدود است، از روی پرسش‌های زیر بخوانید و توجه کنید که می‌خواهید به‌طور خاص در مورد کدامیک بحث کنید، و بعد با همان پرسش‌ها آغاز نمایید.

۱) در ارتباط با شهادت دادن، بشارت دادن یا در میان گذاشتن ایمان مسیحی با دیگران چه تجربیاتی به دست آورده‌اید؟

۲) از شش بهانه‌ای که برای شهادت ندادن ذکر شده (ص. ۵۷)، شما به کدامیک متمایل‌تر هستید و به بهانهٔ آن از در میان گذاشتن ایمان‌تان با دیگران خودداری می‌کنید؟ چرا؟

۳) جان زیزیولاس می‌نویسد که اجتماع مسیحی «ریشه در آینده دارد و شاخه در زمان حال». این گفته و تفسیری که نویسندهٔ این کتاب از گفته مزبور ارائه می‌دهد چقدر باعث شده که شما آینده و حال را بیشتر احساس کنید؟

۴) قسمت «داستان چهار-قسمتی امید». را مرور کنید. در این بخش چه ایدهٔ تازه یا چالش‌انگیزی یافتید؟ وقتی خودتان را در متن فراروایت قرار می‌دهید، چه احساسی پیدا می‌کنید؟

۵) وقتی داستان مسیح داستان خود ما می‌شود، هویتی تازه پیدا می‌کنیم که شالودهٔ رفتار ما را شکل می‌دهد، ولی ما به‌طور معمول این‌گونه نمی‌اندیشیم. نویسنده توضیح می‌دهد:

> ما تقریباً همیشه برعکس آن را انجام می‌دهیم: ما هویت را بر اساس رفتار تعریف می‌کنیم؛ به مردم می‌گوییم که چه باید بکنند (امری) تا معلوم شود کِه هستند (اخباری). پولس عکس این را انجام می‌دهد: او به کولسیان می‌گوید کِه هستند و بعد از آن چگونه باید رفتار کنند. هرچه در درون داستان بیشتر رشد می‌کنیم، داستان هم بیشتر در درون ما رشد می‌کند.

هویت شما در مسیح چگونه به ایجاد تغییرات در رفتارتان منتهی شده است؟

۶) نگارنده خاطرنشان می‌سازد که زندگی‌های ما در مسیح، خودْ شهادتی هستند:

> وقتی حقیقت را با اینکه سخت است می‌گوییم، وقتی با یکی از دوستان که آسیب دیده و زخمی شده در اتاق انتظار پزشک می‌نشینیم تا معاینه انجام شود، وقتی تلاش می‌کنیم با مردمی که با ما مخالفند در آرامش به‌سر ببریم، وقتی برای کمتر خرج کردن و بیشتر هدیه دادن راهی پیدا می‌کنیم، وقتی کسی را که لعن و نفرین‌مان می‌کند برکت می‌دهیم، رایحهٔ خوش عیسی، که در ما و از طریق ما زندگی می‌کند، پدیدار می‌شود.

چند دقیقه‌ای را در سکوت به تأمل بپردازید. به هفته گذشته فکر کنید و زمانی را در نظر آورید که رایحهٔ خوش عیسی در زندگی شما یا کس دیگری که می‌شناسید، پدیدار شده است. اگر مایلید، دیدگاه خود را با دیگران در میان بگذارید.

۷) نگارنده ما را دعوت می‌کند که وقتی شخصی آمادگی شنیدن را دارد، ما هم آماده باشیم تا با نرمی و احترام دلیل امیدِ خودمان را برایش بازگو کنیم. این رویکرد چه تأثیری بر اشتیاق شما برای در میان گذاشتن ایمان‌تان با دیگران می‌گذارد؟

پرداختن به کلام [۱۰-۲۰ دقیقه]

از یــک داوطلب بخواهید متن زیــر را از کتاب‌مقدس با صدای بلند بخواند، سپس پرسش‌های زیر را به بحث بگذارید:

> ما همواره به هنگام دعا برای شما، خدا، پدر خداوندمان عیسای مسیح را شکر می‌گزاریم، زیرا وصف ایمان شما به مسیح عیسی و محبتی را که به همهٔ مقدسان دارید، شنیده‌ایم.

اینها از امیدی سرچشـــمه می‌گیرد که در آســـمان برای شما محفوظ است و پیشتر درباره‌اش از پیام حقیقت یعنی انجیل شنیده‌اید، انجیلی که به شما رسیده است. (کولسیان ۱:۳-۶)

۱) در زندگی خودتـــان، چه زمانی بوده که امید ایمان و محبت به بار آورده است؟

۲) اگر امیـــد اطمینان به آینده‌ای خوب اســـت، در این‌صورت چگونه سطح امید خودتان را توصیف می‌کنید؟

۳) چه حقایقی در مورد خدا و پادشـــاهی خدا وجود دارند که امیدواری شما را به آینده‌ای خوب افزایش می‌دهند؟

جمع‌بندی [۵ دقیقه]

جلســـهٔ خود را بدین‌ترتیـــب جمع‌بندی کنید کـــه از یکی از اعضا بخواهید با صدای بلند عبارات زیر را از روی کتاب بخواند.

ریشه‌داشتن در آینده یعنی ریشه‌داشتن در رستاخیز، ریشه در پیروزی ابدیِ عیسی، که استوار در زندگی جاودان جای دارد، ریشـــه‌ای که تنه و شاخه‌ها را می‌پرورد، و در نهایت میوه‌ای به بار می‌آورد که دیگران را به‌ســـوی داستان جذب می‌کند. رایت چنین نتیجه می‌گیرد: «اگر به راستی می‌خواهیم در این مأموریت تأثیرگذار باشـــیم، باید به معنای واقعی و با شادی در احیای الاهی ریشه داشته باشیم.» ما برای خوشحال بودن دلیلی واقعی داریم. هرچه بیشتر داستان را بدانیم، شادمان‌تر خواهیم بود.

هفته بعد

در فصل بعد نقش ایثار در اجتماع مسیحی را مورد بررسی قرار خواهیم داد. تمرین پرورش روح برای هفتهٔ آینده، ایثار در زمینه‌های گوناگون زندگی ما است.

فصل ۳: اجتماع خدمتگزار

دعای آغاز جلسه [۵ دقیقه]

با پنج دقیقه سکوت آغاز کرده به گروه اجازه دهید تا روی لحظهٔ حال متمرکز شوند و از فکر کار و تنش‌های زندگی آزاد شوند. در پی آن سکوت، شخصی دعای کوتاهی بکند، و به آرامی آمین بگویید.

پرورش روح [۱۰-۲۰ دقیقه]

اگر در گروهی هستید که شش عضو یا بیشتر دارد، آنها را به گروه‌های کوچکتر سه یا چهار نفره تقسیم کنید. تمرین پرورش روح این فصل ما را به داشتن زندگی ایثارگرانه در زمینه‌های گوناگون دعوت می‌کند. از پرسش‌های زیر برای به بحث گذاشتن تجربیات خودتان در هنگام تعامل با دیگران استفاده کنید.

۱) از حیطه‌های زیر دو تا را انتخاب کرده، تعریف کنید که در مورد زندگی ایثارگرانه چه چیزهایی آموخته‌اید:

- خانواده
- کار
- کلیسا
- زندگی روزمره

۲) سخت‌ترین جنبه از زندگی عاری از خودخواهی چه بود؟

۳) هنگامی که ایثارگرانه زندگی می‌کردید، چه چیزی در مورد دیگران آموختید؟

۴) آیا از طریق این تمرین، بر توانایی شما در ارزش قایل شدن برای دیگران افزوده شد؟

پرداختن به مطالب فصل [۳۰-۴۰ دقیقه]

اگر برای بحث در مورد تمرین پرورش روح به چند زیرگروه تقسیم شـــده‌اید، می‌توانید دوباره دور هم جمع شوید تا بحث در مورد مطالب فصل را از ســر بگیرید. اگر زمان محدود است، از روی پرسش‌های زیر بخوانید و توجه کنید که می‌خواهید به‌طور ویژه در مورد کدامیک بحث کنید، و بعد با همان پرسش‌ها آغاز نمایید.

۱) نویسنده، فصل سوم را با داستان جلسهٔ کمیتهٔ کلیسایی آغاز می‌کند. شـــما چه روایت‌هایی پیرامـــون خود-محوری یا ایثار رایج در داخل و خارج کلیسا شنیده‌اید؟ ثمرهٔ این قبیل جلسات چه بوده است؟

۲) در بررسی روایت‌های نادرست و درست، نویسنده کلیسای دگر-محور را در برابر کلیسای خود-محور قرار می‌دهد. این دو فهرست به شما چه می‌گویند؟

۳) نگارنده می‌نویسد: «ارزش کلیسا به دیرپایی‌اش نیست، بلکه به محبتی است که ابراز می‌کند. موفقیت یک کلیسا به بزرگی‌اش نیســت، بلکه به خدمتی است که به مردم و به اجتماع می‌کند.» آیا کلیساها به‌جای تمرکز بر محبت، روی دوام و بقا، و به‌جای

خدمت، روی جذب اعضای بیشـــتر تقلا می‌کنند؟ در این تقلا چه فاکتورهایی دست به دست هم می‌دهند؟

۴) واکنش شما به نظر نویسنده در مورد «ارزش قائل شدن برای گنج‌هامان» چه بود؟ چرا؟

۵) در مورد گفتهٔ دالاس ویلارد چه احساسی دارید: «مهمترین وظیفه‌ای که ما داریم، مخصوصاً رهبران کلیســـا، این است که برای موفقیت کلیساهای همسایه دعا کنیم»؟

۶) آیا می‌توانید به موقعی فکر کنید که به خودتان «مجال فیض» داده‌اید؟ اگر داده‌اید، این مجال چه تأثیری بر موقعیت گذاشـــته است؟

پرداختن به کلام [۱۰-۲۰ دقیقه]

از یک داوطلب بخواهیـــد فیلیپیان ۲:۳-۱۱ را با صدای بلند بخواند. سپس پرسش‌های زیر را به بحث بگذارید:

۱) این آیات به شما در مورد روایت‌های عیسی چه می‌گویند؟

۲) فراروایتِ این متن (داســـتان بزرگتـــر) را چگونه توصیف می‌کنید؟

۳) به‌عنوان گروه، فهرســـتی تهیه کنید از راه‌های ملموســـی که می‌توانید به‌وسیلهٔ آنها از سرمشـــق عیسی، که خود را به‌خاطر فروتن ســـاخت، پیروی نمایید. به‌طور انفرادی روی این قضیه تمرکز کنید که این هفته چه مواردی را می‌توانید انجام دهید.

جمع‌بندی [۵ دقیقه]

جلسهٔ خود را بدین‌ترتیب جمع‌بندی کنید که از یکی از اعضا بخواهید با صدای بلند عبارات زیر را از کتاب بخواند:

اجتماع زمانی دگر-محور می‌شود که از روایت پادشاهی خدا لبریز گردد. اعضای آن می‌دانند که اجتماعشان یکی از پایگاه‌های پادشاهی خداست، مکانی که در آن تا هر وقت لازم باشد از فیض می‌گویند و فیض را زندگی می‌کنند.

باشد که اجتماع مسیحی شما چنین جمعی شود.

هفتهٔ بعد

در فصل بعد این نکته را مورد بررسی قرار خواهیم داد که چه چیزی اجتماع مسیحی را متحد می‌سازد. تمرین پرورش روح برای هفته آینده ابراز محبت نسبت به کسانی که با ما مخالف هستند، می‌باشد. برای این تمرین پرورش روح پیشنهادهای عملی وجود دارد، اما برای به انجام رساندن آنها یک هفته تمام لازم است.

فصل ۴: اجتماع مسیح-محور

دعای آغاز جلسه [۵ دقیقه]

با پنج دقیقه سکوت آغاز کرده به گروه اجازه دهید تا روی لحظهٔ حال متمرکز شوند و از فکر کار و تنش‌های زندگی آزاد شوند. در پی آن سکوت، شخصی دعای کوتاهی بکند، و به آرامی آمین بگوید.

پرورش روح [۱۰-۲۰ دقیقه]

اگر در گروهی هستید که شش عضو یا بیشتر دارد، آنها را به گروه‌های کوچکتر سه یا چهار نفره تقسیم کنید. از پرسش‌های زیر برای به بحث

گذاشتن تجربیات خودتان از محبت کردن به کسانی که با شما مخالفند، استفاده کنید.

۱) برای ابراز محبت خود نسبت به کسانی که با شما مخالفند، چه قدم‌های ملموسی برداشته‌اید؟

۲) چگونه تعامل موجب تغییر در دیدگاه شما شد؟

۳) از پنج تمرین جان وسلی، کدامیک سخت‌تر از بقیه به نظر می‌رسد؟ چرا فکر می‌کنید که چنین است؟

۴) دو تمرین اضافی شامل دعا کردن برای اتحاد کلیساها و نیز اتحاد شبانان و رهبران می‌شود. وقتی این دعاها را کردید، چگونه مرکز توجه‌تان دستخوش تغییر شد؟

پرداختن به مطالب فصل [۳۰-۴۰ دقیقه]

اگر برای بحث در مورد تمرین پرورش روح به چند زیرگروه تقسیم شده‌اید، می‌توانید دوباره دور هم جمع شوید تا بحث در مورد مطالب فصل را از سر بگیرید. اگر زمان محدود است، از روی پرسش‌های زیر بخوانید و توجه کنید که می‌خواهید به‌طور خاص در مورد کدامیک بحث کنید، و بعد با همان پرسش‌ها آغاز نمایید.

۱) نویسندهٔ کتاب، این فصل را با داستان رانده شدنش از سوی مخاطبان، به دلیل اختلاف در اصطلاحات الاهیاتی، آغاز می‌کند. در مورد زمانی گفتگو کنید که خودتان طرد شدن از سوی مسیحیان دیگر را تجربه کرده‌اید. این طردشدگی در شما چه احساسی به‌وجود آورد؟

۲) روایت درست این فصل از کتاب این است: «اگر شما شبیه من نیستید یا مثل من رفتار یا پرستش نمی‌کنید یا مثل من عقیده ندارید، اما دل‌تان در محبت عیسی می‌تپد، پس ما صرف‌نظر از تفاوت‌ها، می‌توانیم و باید با یکدیگر مشارکت داشته باشیم.» در زندگی شما چه روابطی وجود دارد که مثالی از این روایت درست باشد؟

۳) در فصل چهارم نگارنده تجربهٔ خدمت در مراسم عشای ربانی را بازگو می‌کند که طی آن متوجه دست‌هایی مختلف شده بود که در بدن مسیح یک شده بودند. از این داستان چه چیزی دستگیرتان شد؟

۴) نگارنده الهام‌گرفته از حکمت جان وسلی، می‌نویسد: «ما می‌توانیم در نحوهٔ تفکر، در سبک پرستش، و شیوهٔ تعمید مورد تأییدمان، با دیگر مسیحیان تفاوت داشته باشیم، و خواهیم داشت. اما هیچ‌یک از اینها اصل نیستند. تنها چیزی که اهمیت دارد این است که دل‌هامان به عشق عیسی بتپند. اگر این را داشته باشیم، یک هستیم.» اگر مردم چنین باوری داشتند، امروز کلیسا چه شکلی به نظر می‌رسید؟

۵) در مورد تجربیات مثبت خود از پرستش با کسانی گفتگو کنید که پیشینه متفاوتی از شما دارند. این کار بر بازشدن دیدگاه شما نسبت به فرصت‌هایی که در آینده برای پرستش‌های مشابه پیش خواهد آمد، چه تأثیری دارد؟

۶) از یک داوطلب بخواهید رویای ریچارد فاستر را با صدای بلند بخواند، و بعد درباره پرسش‌های زیر بحث کنید.

• این متن دربارهٔ رویای خدا برای کلیسا چه می‌گوید؟

• چه چیزی را در درون شما برمی‌انگیزد؟ دوست دارید چگونه به آن واکنش نشان بدهید؟

پرداختن به کلام [۱۰-۲۰ دقیقه]

برای این فصل، با استفاده از تمرین *lecio divina* کتاب‌مقدس را مورد بررسی قرار خواهیم داد. یکی از اعضای گروه باید نقش هدایت‌کننده را بازی کند و نشان دهد که چه زمانی موقع برداشتن گام بعدی است. به‌صورت گروهی گام‌های زیر را بردارید.

• با چند دقیقه سکوت آغاز کنید. سپس از یکی بخواهید با صدای بلند یوحنا ۱۷:۲۰-۲۱ را برای گروه بخواند.

درخواست من تنها برای آنها نیست، بلکه همچنین برای کسانی است که به‌واسطهٔ پیام آنها به من ایمان خواهند آورد، تا همه یک باشند، همان‌گونه که تو ای پدر در من هستی و من در تو. چنان کن که آنها نیز در ما باشند، تا جهان ایمان آورد که تو مرا فرستاده‌ای. (یوحنا ۱۷:۲۰-۲۱)

• چند دقیقه‌ای اجازه دهید این آیات با همهٔ وسعت‌شان در ذهن شما رسوخ کنند. روی آنچه که عیسی در این آیات می‌گوید، تعمق کنید.

• از یک داوطلب دیگر بخواهید عبارت مزبور را برای بار دوم با صدای آهسته بخواند. در هنگامی که متن خوانده می‌شود، به کلمات یا عباراتی که توجه‌تان را جلب می‌کنند، توجه کنید. چند دقیقه‌ای را در سکوت سپری نموده، روی آن کلمه یا عبارت تفکر کنید.

• پیش از خواندن آیات برای بار سوم، همهٔ اعضای گروه باید آن کلمه یا عبارتی را که در سکوت رویش تفکر کرده‌اند، با

دیگران در میان بگذارند. (در مورد کلمه‌ها هیچ توضیحی ندهید.)
- از داوطلب سوم بخواهید بار دیگر آیات را با صدایی آهسته بخواند. در حالی که خواندن او را دنبال می‌کنید، زمان بیشتری را صرف گفتگو با خدا نمایید، و از او بپرسید که چرا توجه شما را به آن کلمه یا عبارت جلب کرده است. توجه داشته باشید که خدا شما را به شناختن یا انجام دادن آن کلمه فراخوانده است.
- پس از سکوت، کسانی که مایلند می‌توانند یکی دو جمله در وصف احساس‌شان نسبت به آنچه که خدا آنها را بدان فراخوانده، با گروه در میان بگذارند.
- از داوطلب چهارم بخواهید برای آخرین بار آیات را بخواند. در پی خواندن، وارد زمان سکوت بشوید و فقط در حضور پرمحبت خدا آرام بگیرید. پس از پنج تا ده دقیقه از یک داوطلب بخواهید با یک دعای ساده برای این وقت دعا از خدا تشکر کند.

جمع‌بندی [۵ دقیقه]

جلسه را بدین‌ترتیب جمع‌بندی کنید که از یکی از اعضا بخواهید با صدای بلند عبارات زیر را از کتاب بخواند:

چگونه می‌توانیم با کسانی توافق داشته باشیم که با ما موافق نیستند؟ چطور می‌توانیم «در فکر و رأی یکی باشیم» وقتی بر سر یک نکته، به‌وضوح توافق نداریم؟ آیا باید به‌سادگی دست از نظرات، عقاید یا آموزه‌های خودمان بشوییم؟ ما هیچ‌وقت بر سر همه چیز به توافق نخواهیم رسید، اما می‌توانیم و باید بر سر یک چیز توافق داشته باشیم: عیسی خداوند است. آمین!

هفته بعد

در فصل بعد آشتی و بخشـــایش در اجتماع مسیحی را مورد بررسی قرار خواهیم داد. تمرین پرورش روح هفتهٔ آینده ســـه گزینه برای تمرین کردن بخشـــایش در اختیار شـــما قرار می‌دهد. به‌صورت گروهی به سه تمرین فهرست شـــده در فصل چهارم نگاهی بیندازید. آیا کسی هست که بخواهد گزینهٔ یک را تمرین کند، یعنی به دیگران اجازه دهد از طرف او دیگران را ببخشـــند؟ اگر چنین است آیا در میان گروه کسی هست که بخواهد بار نابخشودگی را بر دوش بکشد و موقعیت مزبور را در دعا به حضـــور خدا بلند کند؟ هفتهٔ دیگر که اعضای گروه دوباره دور هم جمع می‌شوند، خواهید توانســـت تجربیات خودتان را در مورد این تمرین با هـــم در میان بگذارید. گزینه‌های دیگـــر را می‌توانید به صورت انفرادی تمرین کنید.

فصل ۵: اجتماع صلح‌جو

دعای آغاز جلسه [۵ دقیقه]

با پنج دقیقه ســـکوت آغاز کرده به گروه اجـــازه دهید تا روی لحظهٔ حال متمرکز شوند و از فکر کار و تنش‌های زندگی آزاد شوند. در پی آن سکوت، شخصی دعای کوتاهی بکند، و به آرامی آمین بگویید.

پرورش روح [۱۰-۲۰ دقیقه]

تمرین‌های پرورش روح مستلزم برداشتن گام‌های مختلف به جلو و راه‌هایی برای تجربه کردن بخشـــایش هستند. هر یک از سه پرسش زیر با یکی از تمرین‌های پرورش روح در ارتباط اســـت؛ در گروه‌های سه یا چهار نفره به پرسش‌هایی که به کارتان می‌آیند، پاسخ بدهید.

۱) اگر به دیگران اجازه می‌دهید که از طرف شما ببخشایند، در مورد راه‌هایی تأثیرگذاری این تمرین بر خودتان بحث کنید. اگر قبلاً پیش آمده که شما بار نابخشودگی شخص دیگری را متحمل شوید، تجربهٔ دعای روزانهٔ خودتان را شرح دهید و بگویید که چه تغییری در شما به‌وجود آمد.

۲) نگارنده از دو گام به‌سوی بخشیدن کسی که به شما آسیب رسانده، سخن می‌گوید: «هویت» و «دیدگاه». اگر روی هر یک از این دو گام متمرکز شده‌اید، به اتفاق گروه به بررسی چگونگی مفید بودن آنها و نیز چالش‌هایی که ممکن است با آنها مواجه شوید، بپردازید.

۳) تمرین سوم مشاهدهٔ چیزی تازه در شام خداوند بود. اگر این تمرین را انجام داده‌اید، روی چیزی که برای اولین بار در شام خداوند نظرتان را جلب کرد، و ارتباط آن با بخشایش و آشتی تعمق کنید.

پرداختن به مطالب فصل [۳۰-۴۰ دقیقه]

اگر برای بحث در مورد تمرین پرورش روح به چند زیرگروه تقسیم شده‌اید، می‌توانید دوباره دور هم جمع شوید تا بحث در مورد مطالب فصل را از سر بگیرید. اگر زمان محدود است، از روی پرسش‌های زیر بخوانید و توجه کنید که می‌خواهید به‌طور ویژه در مورد کدامیک بحث کنید، و بعد با همان پرسش‌ها آغاز نمایید.

۱) نگارنده این فصل را با داستان استن شروع می‌کند. خواندن این داستان چه احساسی در شما به‌وجود آورد؟ روایت‌ها، اجتماع و تمرین پرورش روح در دگرگونی و شفای او چه نقشی ایفا کردند؟

۲) روایت نادرســـتی که در این فصل مطرح شـــد، این است: «فقط زمانی که می‌بخشیم، بخشوده خواهیم شد و شفا خواهیم یافت»، اما روایت درســـت از این قرار اســـت: «وقوف به اینکه بخشیده شده‌ایم، به شفا و بخشایش منجر می‌گردد.» به‌صورت گروهی، دربارهٔ موافقت یا مخالفت‌تان با این نظرات بحث کنید. روی قســـمت‌هایی از این روایت‌ها که با آنها موافق یا مخالف هستید، تأمل نمایید.

۳) در داستان بخشایش عیسی در فصل ۱۸ انجیل متی، بیش از همه با چه کسی همذات‌پنداری می‌کنید؟ توضیح دهید.

۴) نگارنده در ضمن شفاف‌ســـازی در این رابطه که بخشایش مخصول نیروی ارادهٔ خودمان نیســـت، چنین توضیح می‌دهد: «عیســـی... هم *الگو* و هم *قدرت* بخشایش و آشتی است.» چه زمانی قدرت عیسی را که به شما امکان داده کسی را ببخشایید، تجربـــه کرده‌اید؟ در مورد این تجربه بـــا اعضای گروه بحث و گفتگو کنید.

۵) نگارنـــده تجربهٔ خود را از اعتراف به ریچارد فاســـتر بازگو می‌کند. به‌صورت گروهی تجربیات خود را در ارتباط با اعتراف نام ببرید. چه زمانی بوده که به‌واسطهٔ اعتراف به گناهان و تأیید آمرزش خدا، اعتمادی ژرف را در وجود خود تجربه کرده‌اید؟

۶) دو قســـمت زیر عنوان «رعایت حدود بخشش» و «کمینگاه بخشـــش» را مرور کنید. این قســـمت‌ها از چه نظر مفیدند؟ در رابطه با بخشـــش چه سؤالات سختی هنوز در ذهن شما وجود دارد؟

پرداختن به کلام [۱۰-۲۰ دقیقه]

از یک داوطلب بخواهید آیات زیر را از روی کتاب‌مقدس با صدای بلند بخواند:

> اینها همه از خداست که به‌واسطهٔ مسیح ما را با خود آشتی داده و خدمت آشتی را به ما سپرده است. به دیگر سخن، خدا در مسیح جهان را با خود آشتی می‌داد و گناهان مردم را به حساب‌شان نمی‌گذاشت، و پیام آشتی را به ما سپرد. (دوم قرنتیان ۵:۱۸-۱۹)

نگارنده در واکنش به این آیات می‌نویسد:

> این شرحی است آشکار از قطعیت و غایت‌مندیِ صلیب. خدا- در مسیح- گناهان ما را علیه خودمان نمی‌شمارد. او دست از شمردن برداشته و از قرار معلوم هرگز آنها را به حساب نخواهد آورد. خدا دیگر با ما نه بر مبنای گناهان‌مان، که بر پایهٔ ایمان‌مان برخورد می‌کند. عیسی برای همهٔ گناهان همهٔ مردم، در همهٔ زمان‌ها مرد- و این شامل شما هم می‌شود. آیا این را می‌دانید؟ آیا درک این واقعیت به شما آرامش خاطر می‌دهد؟ آیا از دانستن اینکه خدا علیه‌تان چیزی اقامه نخواهد کرد، خوشحال هستید؟

۱) به‌صورت گروهی در مورد مواقعی بحث کنید که قطعیت صلیب را تجربه کرده‌اید و این پیام موجب شادمانی شما شده است.

۲) وقوف به بخشایش خدا چگونه برای خدمت آشتی با دیگران به شما نیرو می‌بخشد؟

جمع‌بندی [۵ دقیقه]

جلسه را بدین‌ترتیب جمع‌بندی کنید که دو به دو برای همدیگر دعا کنید با این هدف که به روشی عمیق‌تر به شناخت بخشش و آشتی خدا نایل گردید.

هفتهٔ بعد

در فصل بعد تشویق و پاسخ‌گویی در اجتماع مسیحی را مورد بررسی قرار خواهیم داد. تمرین پرورش روح برای هفتهٔ آینده دیدار با یک دوست مسئولیت‌پذیر است. لازم است از همان اوایل هفته جزئیات کارتان را شروع کنید.

فصل ۶: اجتماع مشوق

دعای آغاز جلسه [۵ دقیقه]

با پنج دقیقه سکوت آغاز کرده به گروه اجازه دهید تا روی لحظهٔ حال متمرکز شوند و از فکر کار و تنش‌های زندگی آزاد شوند. در پی آن سکوت، شخصی دعای کوتاهی بکند، و به آرامی آمین بگوید.

پرورش روح [۱۰-۲۰ دقیقه]

اگر در گروهی هستید که شش عضو یا بیشتر دارد، آنها را به گروه‌های کوچک‌تر سه یا چهار نفره تقسیم کنید. از پرسش‌های زیر برای بحث و گفتگو دربارهٔ تجربیات خودتان از دیدار با یک دوست مسئولیت‌پذیر استفاده کنید.

۱) آیا توانستید یک دوست مسئولیت‌پذیر پیدا کنید؟

۲) زمان مکالمه با این شخص چه تأثیری بر شما گذاشت؟

۳) آیا در گذشته تجربه‌ای با یک دوست (یا گروه) مسئولیت‌پذیر داشته‌اید؟

۴) برای داشـــتن یک دوســـت مســـئولیت‌پذیر چه موانعی را احساس می‌کنید؟

پرداختن به مطالب فصل [۳۰-۴۰ دقیقه]

اگر برای بحث در مورد تمرین پرورش روح به چند زیرگروه تقسیم شـــده‌اید، می‌توانید دوباره دور هم جمع شوید تا بحث در مورد مطالب فصل را از ســـر بگیرید. اگر زمان محدود است، از روی پرسش‌های زیر بخوانید و توجـــه کنید که می‌خواهید به‌طور خـــاص در مورد کدامیک بحث کنید، و بعد با همان پرسش‌ها آغاز نمایید.

۱) نویســـندهٔ کتاب، این فصل را با داستان کلیسای کلِی‌پات و شبان‌شـــان، تام اســـمیت آغاز می‌کند. چه قسمتی از این بخش آغازین برای شما الهام‌بخش بود یا به چالش‌تان کشید؟

۲) هنگام بحث در مورد روایت نادرســـت، نگارنده به بررسی این موضوع می‌پردازد که چطور کلیســـاها ســـطح انتظارات و تعهد خود را پایین می‌آورند، آن‌هم به بهای کاســـتن از تحولی عمیق و اصیل. از کلیساهای مختلفی که تا به حال در آنها حضور یافته‌اید، چه ســـطح تعهدی را انتظار داشته‌اید. این سطح تعهد چه تأثیری بر شما گذاشته است؟ آیا تا به حال شده که در جایی تعهدی بالاتر، که به دگرگونیِ حقیقی منجر شود مشاهده کنید؟

۳) نگارنده به هنگام تشـــریح روایت درســـت می‌نویسد: «من اجتماعـــی می‌خواهم که هویتـــم را به من یـــادآوری کند و با محبت- با آرامش و هشـــدار- بر من نظارت نماید، تا بتوانم به

شایستگی دعوتی که از من به عمل آمده زندگی کنم.» آیا شما هم چنین اجتماعی را برای خودتان آرزو می‌کنید؟ چه چیزی شما را به این حیطه جذب می‌کند، و در مورد این‌گونه اجتماعات مسیحی چه مواردی وجود دارد که باعث بی‌رغبتی شما می‌شود؟

۴) در آن روز یکشنبه که نگارنده نمی‌خواست به کلیسا برود، در نهایت به یاد هویتش افتاد. او می‌نویسد: «من می‌دانم کیستم: محبوب، بخشوده، پاک‌شده، زنده‌شده و مقدرشده برای شادی ابدی. هنگامی که سرود می‌خوانیم، اجتماع مسیحی به من یادآوری می‌کند که کیستم.» در مورد اوقاتی بحث کنید که اجتماعی که بدان تعلق دارید، هویت‌تان را به شما یادآوری کرده است.

۵) آیا در زندگی شما شخص یا گروهی بوده که شما را به محبت کردن و انجام کارهای نیکو برانگیزد؟ اگر پاسخ مثبت است، لطفاً توضیح دهید که چه اتفاقی افتاد.

۶) نگارنده به ما می‌گوید: «پند دادن یعنی هشدار دادن، مراقب بودن و راهنمایی کردنِ دیگران.» چرا فکر می‌کنید که ما نسبت به پند دادنِ یکدیگر این‌قدر بی‌رغبت هستیم؟ این دغدغه‌ها را چطور می‌توان بیان کرد؟

۷) آیا با نظر دالاس ویلارد موافقید که اگر ما به ۱۰ درصد از اعضای کلیسا که آماده و خواهان رشد هستند، خوب آموزش بدهیم، آنان رشد می‌کنند و دگرگونی‌شان به بروز تغییر در دیگران منجر خواهد شد؟ چرا؟

پرداختن به کلام [۱۰-۲۰ دقیقه]

از یک داوطلب بخواهید اول تسالونیکیان ۱۴:۵ را با صدای بلند بخواند. توجه داشته باشید که عطایای خاصی هستند که به افرادی با نیازهای خاص داده می‌شوند. برای مثال، به افراد تنبل نهیب و به افراد ترسو دلگرمی داده می‌شود.

۱) آیا زمانی بوده که کسی در اجتماع مسیحی شما تشویق‌تان کرده باشد؟ توضیح بدهید.

۲) آیا تا به حال کسی را دیده‌اید که عطایی را به اشتباه در خصوص شخصی نامتناسب با آن به‌کار بگیرد (مثلاً به ضعیفان هشدار بدهد، یا کاهلان را به صبر دعوت کند)؟

۳) چگونه ما تشخیص می‌دهیم که شخصی که کنارمان ایستاده و یا با ما قدم می‌زند، نیازمند است؟

۴) از موقعیت‌هایی که در این هفته می‌توانید در آن صبر را تمرین کنید، مثال‌های مشخص ارائه دهید.

جمع‌بندی [۵ دقیقه]

جلسه را بدین‌ترتیب جمع‌بندی کنید که از یکی از اعضا بخواهید نقل‌قول زیر را بخواند:

> من اجتماعی می‌خواهم که برای تبدیل شدنم به خودِ واقعی‌ام، مرا به چالش وادارد: کسی که مسیح در او مسکن گزیده است، نوری برای جهان، نمکی برای زمین، رایحهٔ خوش مسیح برای دنیای در حال مرگ. من اجتماعی می‌خواهم که هویتم را به من یادآوری کند و با محبت- با

آرامش و هشدار- بر من نظارت نماید، تا بتوانم به شایستگی دعوتی که از من به عمل آمده زندگی کنم.

هفتهٔ بعد

در فصل بعد روی موضوع سخاوتمندی متمرکز خواهیم شد. تمرین پرورش روح برای هفتهٔ آینده به‌کار بستن صرفه‌جویی در وقت، دارایی‌ها و استعدادها، به منظور ایجاد حاشیه (مازاد) و سپس سخاوتمندتر بودن، است.

فصل ۷: اجتماع سخاوتمند

دعای آغاز جلسه [۵ دقیقه]

با پنج دقیقه سکوت آغاز کرده به گروه اجازه دهید تا روی لحظهٔ حال متمرکز شوند و از فکر کار و تنش‌های زندگی آزاد شوند. در پی آن سکوت، شخصی دعای کوتاهی بکند، و به آرامی آمین بگویید.

پرورش روح [۱۰-۲۰ دقیقه]

اگر در گروهی هستید که شش عضو یا بیشتر دارد، آنها را به گروه‌های کوچکتر سه یا چهار نفره تقسیم کنید. از پرسش‌های زیر برای بحث و گفتگو دربارهٔ تجربیات خودتان از صرفه‌جویی کردن در وقت، استعداد و دارایی، به منظور ایجاد توانایی برای سخاوتمند بودن، استفاده کنید.

۱) برای صرفه‌جو بودن در این سه زمینه، چه چالش‌هایی را تجربه کرده‌اید؟

۲) آیا به افزایش حاشیه (مازاد) توجه می‌کنید؟ اگر می‌کنید، چطور؟

۳) در نتیجهٔ صرفه‌جویی و افزایش حاشیه، از چه طریق‌های تازه‌ای توانستید سخاوتمند باشید؟

۴) آیا ایمان اجتماع مسیحی شما به تأکید بیشتر بر مباشرت وقت، استعدادها یا اموال تمایل دارد؟ این تأکید بر رفتارهای خود شما چه تأثیری دارند؟

۵) اگر تمرینِ نوشتن یک پاراگراف در مورد اجتماع سخاوتمند را انجام داده‌اید، برای گروه تعریف کنید که پاراگراف مزبور چه احساسی را در شما به‌وجود آورد.

پرداختن به مطالب فصل [۳۰-۴۰ دقیقه]

اگر برای بحث در مورد تمرین پرورش روح به چند زیرگروه تقسیم شده‌اید، می‌توانید دوباره دور هم جمع شوید تا بحث در مورد مطالب فصل را از سر بگیرید. اگر زمان محدود است، از روی پرسش‌های زیر بخوانید و توجه کنید که می‌خواهید به‌طور خاص در مورد کدامیک بحث کنید، و بعد با همان پرسش‌ها آغاز نمایید.

۱) نویسندهٔ کتاب، این فصل را با بازگو کردن داستان احساسات ضد و نقیضش در مورد مرد بی‌خانمانی که برای شام بیرون برده بود، آغاز می‌کند. در مورد تجربیات خودتان در رابطه با کمک به نیازمندان و احساساتی که این موقعیت‌ها به‌وجود می‌آورند، بحث و گفتگو کنید.

۲) سه روایت نادرست وجود دارند که مانع از سخاوتمندی می‌شوند: «خدا به کسانی کمک می‌کند که به خودشان کمک می‌کنند»، «اگر بذل و بخشش کنم، خودم کـم می‌آورم»، و «آنچه دارم مال خودم است و باید در جهت لذت بردنِ خودم

از آن اســتفاده کنم». از این سه روایت کدامیک در زندگی شما نیرومندتر است؟ تعریف کنید که چه باعث شد به این روایت‌ها باور پیدا کنید.

۳) نگارنده در توضیح ســومین روایت درســت که می‌گوید همه چیز از آنِ خدا اســت و ما تنها مباشر این منابع می‌باشیم، می‌نویســد: «ما مباشران هدایای خدا هســتیم؛ همه چیز از آنِ خداســت. این همه چیز را تغییر می‌دهد... این تغییر اساســی بر همهٔ تصمیمات روزانهٔ ما تأثیــر می‌گذارد.» چند دقیقه‌ای را صرف تعمــق روی تصمیماتی بکنید که هــرروزه می‌گیرید و توجه کنید که این تصمیمات چه تغییراتی به‌وجود می‌آورند. در دفتر یادداشت‌های روزانه یا حاشیهٔ کتاب‌تان بنویسید که احتمال دارد به‌خاطر این شناخت به‌طور متفاوتی رفتار کنید. اگر مایلید، یادداشــت‌های خود را با دو یا سه نفر دیگر از اعضای گروه در میان بگذارید، تا از این طریق نسبت به همدیگر پاسخ‌گو شوید.

۴) نگارنده از چندین نفر یاد می‌کند که هدایای خودشــان را با او قسمت می‌کنند، و می‌گوید که یاد گرفته با فروتنی این هدایا را بپذیرد. یک یا دو نفری را نام ببرید که عمیقاً برای شــما منشأ برکت شده‌اند. آیا می‌توانید هدایای آنان را دریافت کنید، بدون اینکه مجبور باشید آن هدایا را برگردانید؟ چرا؟

۵) سه راه برای تبدیل شدن به یک اجتماع مسیحی سخاوتمند، عبارتند از: ۱) فراگیری شادی بخشیدن، ۲) تمرین ایجاد حاشیه (مازاد) و ۳) یادگیری راه‌های بخشیدن. در اجتماع مسیحی شما کدامیک از این سه کمتر یافت می‌شود؟ چگونه می‌توانید شناخت یا مهارت خود را در این زمینه افزایش دهید؟

۶) واکنش شما به این ایده چیست که می‌گوید ما تا زنده هستیم، می‌توانیم ببخشیم و بعد از مرگ دیگر بذل و بخشش معنایی ندارد؟ اگر با این عبارت موافقید، چه تغییراتی می‌توانید در زندگی روزمرهٔ خود ایجاد کنید؟

پرداختن به کلام [۱۰-۲۰ دقیقه]

از یک داوطلب بخواهید دوم قرنتیان ۸:۱۳-۱۴ را با صدای بلند بخواند:

> زیرا خواست ما این نیست که دیگران در رفاه باشند و شما در فشار، بلکه خواهان برقراری مساواتیم، تا غنای شما در حال حاضر، کمبود آنان را برطرف کند، و روزی نیز غنای آنها کمبود شما را برطرف خواهد کرد. بدین سان مساوات برقرار خواهد شد. (دوم قرنتیان ۸:۱۳-۱۴)

۱) چه زمانی بوده که کثرت دارایی و سخاوت کسی، نیاز شما را برآورده کرده است؟

۲) چه زمانی بوده که شما به‌خاطر کثرت دارایی به یک نیازمند دیگر کمک کرده و بدین‌طریق مساوات را برقرار نموده‌اید؟

جمع‌بندی [۵ دقیقه]

جلسه را بدین‌ترتیب جمع‌بندی کنید که از یکی از اعضا بخواهید با صدای بلند نقل‌قول زیر را از روی کتاب بخواند:

> انجیل غنی را تنها می‌توان در پادشاهی خدا یافت، جایی که ما در آن به هرچه نیاز داریم، درست در وقت نیاز به‌نوعی دسترسی داریم. پادشاهی خدا مانند دستگاه خودپرداز نیست که هر وقت دلمان خواست از منابع بی‌پایانش برداشت

و مصرف کنیم. پادشـــاهی خدا همچون ناظری اســـت که منابع موجود خود را به کســـانی تقدیم می‌کند که طریق‌های پادشاهی خدا را می‌فهمند. جایی که نیازی هست و کسی هم هست که توان برطرف کردنش را دارد، موجودی هیچ‌وقت تمام نمی‌شود.

بیایید در پی پادشاهی خدا باشیم!

هفتهٔ بعد

در فصل بعد نقش پرســـتش در اجتماع مسیحی را مورد بررسی قرار خواهیـــم داد. تمرین پرورش روح برای هفتهٔ آینده پنج گام آمادگی برای پرستش را در اختیار شما قرار می‌دهد.

فصل ۸: اجتماع پرستنده

دعای آغاز جلسه [۵ دقیقه]

با پنج دقیقه ســـکوت آغاز کرده به گروه اجـــازه دهید تا روی لحظهٔ حال متمرکز شوند و از فکر کار و تنش‌های زندگی آزاد شوند. در پی آن سکوت، شخصی دعای کوتاهی بکند، و به آرامی آمین بگویید.

پرورش روح [۱۰-۲۰ دقیقه]

تمرین پرورش روح در این فصـــل از کتاب، ما را در خصوص پنج گام آمادگی برای پرســـتش آماده می‌ســـازد، و به ما کمک می‌کند که در خلال پرســـتش متمرکز بمانیم و آنچه را که خدا مـــا را به انجام آن پس پرستش فراخوانده، به‌کار ببندیم. اگر در گروهی هستید که شش عضو یا بیشتر دارد، آنها را به گروه‌های کوچکتر سه یا چهار نفره تقسیم کنید. از پرسش‌های زیر برای تمرین این پنج گام استفاده کنید.

۱) آیا توانستید از طریق ایجاد حاشــیه (مازاد)، زودتر حاضر شدن در کلیســا با انتظار مقدس، برای پرســتش آماده شوید؟ اگر توانســتید، بگویید که این گام‌ها چه تأثیری بر تجربهٔ شما از پرستش گذاشتند؟

۲) آن جنبه از پرســتش که این هفته رویش تمرکز کردید، کدام است؟ متوجه چه چیزی شدید یا از آن چه آموختید؟

۳) آن چیزی که احســاس می‌کنید خدا شــما را برای انجامش فراخوانده است، چیســت؟ آیا هیچ فرصت داشته‌اید که به آن واکنش نشان بدهید؟ اگر داشته‌اید، نتیجه چه بوده است؟

پرداختن به مطالب فصل [۳۰-۴۰ دقیقه]

اگر برای بحث در مورد تمرین پرورش روح به چند زیرگروه تقسیم شــده‌اید، می‌توانید دوباره دور هم جمع شوید تا بحث در مورد مطالب فصل را از ســر بگیرید. اگر زمان محدود است، از روی پرسش‌های زیر بخوانید و توجــه کنید که می‌خواهید به‌طور خــاص در مورد کدامیک بحث کنید، و بعد با همان پرسش‌ها آغاز نمایید.

۱) نویســندهٔ کتاب، به دو روایت نادرست و دو روایت درست اشاره می‌کند. کدامیک از این روایت‌های نادرست بیش از همه در زندگی شما عمل می‌کنند؟ از چه نظر این را می‌گویید؟ آیا با روایت‌های درست موافق هستید؟ چرا؟

۲) نگارنــده ضمن جمع‌بندی نقل‌قولی از ســی. اس. لوئیس، می‌نویســد: «ما به‌رغم همهٔ تفاوت‌ها، به یکدیگر نیازمندیم. در پرستش، کیفیت اجرا نیست که اهمیت دارد، بلکه مهم قلب

کسانی است که پرستش می‌کنند.» تفاوت‌های پرستندگان در اجتماع شما منشأ چه برکاتی برای شما بوده است؟ شما قلب اجتماع پرستندهٔ خود را چگونه توصیف می‌کنید؟

۳) نگارنده در نامه‌ای که خطاب به پسرش، جیکاب نوشته ارزش و اهمیت چند عنصر پرستش را تشریح می‌کند. از این بخش، چه قسمتی را بیش از همه مفید یافتید؟ چرا؟

۴) اگر راحت هستید، در مورد کشمکش‌ها و دشواری‌های پرستش- لطمه، سرخوردگی، دلسردی یا فرسودگی که پرستش را برای شما سخت کرده‌اند- بحث و گفتگو کنید. این وقت را با دعا برای همدیگر و برای هر کسی که یافتن مکان پرستش برایش کار شاقی است، به پایان ببرید.

۵) در فرهنگ رایج ما، تبدیل شدن به مصرف‌کننده در خصوص پرستش، سهل و آسان است. متمرکز شدن بر نقد پرستش، به‌جای نقد و تفتیش کردن دل، چه نشانه‌هایی دارد؟

۶) از روی متن جیبر کراو در فصل هشتم بخوانید. این داستان چه احساساتی در شما برمی‌انگیزد؟ دیدگاه شما را نسبت به پرستش، اجتماع مسیحی و جایگاهی که در آن اجتماع دارید، چگونه تغییر می‌دهد؟

پرداختن به کلام [۱۰-۲۰ دقیقه]

از یک داوطلب بخواهید مزمور ۹۵:۱-۳ را با صدای بلند بخواند:
۱) وقتی این مزمور را می‌خوانید، آیا در رابطه با تجربهٔ پرستش‌تان شما را دلگرم می‌کند یا دلسرد؟ چرا؟

۲) چرا ما احساس می‌کنیم که تجربهٔ پرستش‌مان باید مطابق با تجربهٔ سرایندهٔ مزمور باشد؟

۳) آیا تا به حال آن نوع خوشی را که داوود نبی توصیف می‌کند، احساس کرده‌اید؟ تجربهٔ خودتان را بازگو کنید.

۴) مطابق روایت داوود در مزمور، خدا صخره، خداوند و شاه شاهان است. در اینجا میان دیدگاه داوود در مورد خدای خوب و زیبا و واکنش او در هنگام پرستش، چه رابطه‌ای وجود دارد؟

جمع‌بندی [۵ دقیقه]

جلسهٔ خود را بدین ترتیب جمع‌بندی کنید که از یکی از اعضا بخواهید با صدای بلند این قسمت از کتاب را به‌عنوان دعای اختتام بخواند:

مسیحیت دین نیست، بلکه شکل دادنِ قومی از طریق انجیل است- خبری خوش مبنی بر اینکه خدا در مسیح با جهان آشتی کرده است. دین جستجوی انسان برای یافتن خدا است؛ مسیحیت جستجوی خدا برای یافتن انسان است. ما پرستش نمی‌کنیم، بلکه به خدا واکنش نشان می‌دهیم. «ما به‌واسطهٔ مسیح و در روح‌القدس است که به محبت خدای پدر واکنش نشان می‌دهیم. این الگوی اصلی پرستش مسیحی است.»

هفتهٔ بعد

فصل آخر کتاب، راهنمای درست کردن یک برنامهٔ پرورش روح است. جلسهٔ بعدی این فرصت را در اختیار گروه قرار خواهد داد تا روی برنامه‌های پرورشی خودشان تعمق نمایند و در صورت امکان برای کل گروه یک برنامهٔ پرورشی درست کنند.

فصل ۹: برنامه‌نویسی برای پرورش روح

مقصــود از این جلســه کمک بــه گروه‌ها برای بررســی تجربیات خودشـــان با برنامهٔ انفرادی و همچنین ارائهٔ راهنمایی جهت ایجاد یک برنامهٔ گروهی است.

دعای آغاز جلسه [۵ دقیقه]

با پنج دقیقه سـکوت آغــاز کنید و در پی آن، بــا دعایی کوتاه برای سفری که به همراه گروه داشته‌اید شکرگزاری نمایید.

پرداختن به مطالب فصل [۳۰-۴۰ دقیقه]

از پرسش‌های زیر برای بررسی روند ایجاد برنامهٔ انفرادی خودتان و آموختن از دیگر اعضای گروه استفاده کنید.

۱) روند انتخـاب تمرین‌های پرورش روح را که قرار اســت مبنای برنامهٔ شـــما باشـــند، به بحث بگذارید. درســـت کردن فهرست مزبور چه نکات سخت و آسانی داشت؟

۲) گام دوم در ایجـاد اســتراتژی پـــرورش روح، افــزودن تمرین‌هایی است که جزو تمرین‌های مجموعه دروس شاگردی نیستند. چه تمرین‌های دیگری به فهرست خود افزودید؟ آیا در موارد اضافه شده مورد غافلگیرکننده‌ای هم وجود داشت؟

۳) زمانی که به فهرســـت تمرین‌های روحانی خودتان نگاهی انداختید، آیـــا نامتعادل به نظـــر آمد؟ آیا مجبور شـــدید برای ملموس‌کردنش، در آن جرح و تعدیل کنید؟

۴) طی هفتهٔ گذشته که از روی برنامه پیش رفتید، چه تأثیری را در رابطهٔ خودتان با خدا مشاهده کردید؟

۵) تا پیش از نوشتن برنامه، تعاملات روزانه و هفتگی خود را با خدا چگونه توصیف می‌کنید؟ در سفر روحانی‌تان چه چیزی تقویت‌کننده و چه چیزی دشوار بود؟ برنامهٔ شما چگونه توانست میان این نقاط قوت و ضعف تعادل برقرار کند؟

شما باید به صورت گروهی تصمیم بگیرید که آیا می‌خواهید طبق پیشنهاد نویسندهٔ کتاب عمل کنید و برنامهٔ گروهی به‌وجود بیاورید یا نه. بهتر است روشن کنید ضرورتاً لازم نیست گروه برای بررسی تک‌تک تمرین‌های روحانی مندرج در برنامهٔ گروهی دور هم جمع شوند. اگر تصمیم گرفته‌اید که چنین برنامه‌ای به‌وجود بیاورید، در زیر گام‌ها و نکاتی ارائه می‌شود که رعایت آنها خالی از فایده نخواهد بود.

۱) هر یک از اعضای گروه یکی از تمرین‌های مذکور در فهرست را که فکر می‌کند به‌طور خاص برایش بامعنی است، روی کاغذی بنویسد. شاید انجام آن تمرین به‌طور همزمان برای بقیهٔ اعضای گروه مفید باشد.

۲) از تمرین‌های نوشته شده روی کاغذ، یک فهرست سرهم کنید.

۳) تصمیم بگیرید که هر تمرین قرار است هرچند وقت یک‌بار انجام شود. در این باره زیاد سخت‌گیر نباشید. شاید یکی آنقدر وقت داشته باشد که بتواند روزی دو ساعت را در سکوت سپری کند، اما شخص دیگر پنج دقیقه هم نداشته باشد. برای حمایت از کسی که با هر تمرینی مشکل دارد، برنامه‌ای طرح کنید. کسانی که بیشتر وقت دارند، قطعاً می‌توانند برای خودشان آن را انجام بدهند.

۴) زمانی که فهرست کامل شد، تعادل و عملی‌بودنش را بررسی کنید. آیا چیزی به‌کلی از قلم افتاده است؟ آیا میان تمرین‌های

مرتبط با خدا، خویشتن و همسایه تعادل خوبی برقرار هست؟ هر تغییری که لازم است انجام بدهید.

۵) هر عضو گروه باید برنامه را بنویسد و برای انجامش زمان‌بندی کند. شاید برای اعضا مفید باشد که برنامه را روی کاغذ بنویسند تا بتوانند آن را همراه خود داشته باشند.

ملاحظات دیگر:
- در مورد اینکه دفعه بعد که قرار است دور هم جمع شوید تا یکدیگر را تشویق و حمایت کنید، تصمیم بگیرید. (می‌تواند دو تا چهار هفته بعد باشد)

- اطمینان حاصل کنید که در فاصلهٔ زمانی میان دو گردهمایی، راه‌های دیگری برای تماس با یکدیگر دارید، خواه از طریق ای‌میل باشد خواه از طریق بلاگ و امثال آن. از این امکانات نه فقط برای بحث پیرامون تمرین‌ها، بلکه برای درخواست دعا و بیان نحوهٔ عملکرد خدا در زندگی‌تان استفاده کنید.

گردهمایی‌های بیشتر

زمانی که اعضای گروه برای تأمل روی برنامه و نحوهٔ عملکرد خدا در زندگی‌شان دور هم جمع می‌شوند، طرح کلی پیشنهاد شده را به کار ببرید.

آغاز جلسه در حضور خدا

با پنج دقیقه سکوت آغاز کرده به گروه اجازه دهید تا روی لحظهٔ حال متمرکز شوند و از فکر کار و تنش‌های زندگی آزاد شوند. در پی آن سکوت، شخصی دعای کوتاهی بکند، و به آرامی آمین بگوید.

پرسش‌های محک‌زنی برای گروه‌ها

۱) از جلسهٔ قبل تاکنون با کدام روایت‌های قدیمی و نادرست دست‌به‌گریبان بوده‌اید؟

۲) از جلسهٔ قبل تاکنون چه روایت‌های درستی در ذهن شما قوی‌تر یا روشن‌تر شده‌اند؟

۳) با برنامه‌تان چطور سر می‌کنید؟

۴) خدا از طریق تمرین‌های برنامه‌تان، چه چیزهایی به شما می‌آموزد؟

۵) گروه چگونه می‌تواند از شما حمایت و پشتیبانی کند؟

بازنگری

برنامهٔ گروه را بازنگری کنید و تمرین‌هایی را که مرتبط با سفر گروهی شما به نظر نمی‌رسند، حذف نمایید (به خاطر داشته باشید که افراد می‌توانند همچنان به انجام تمرین‌ها به‌صورت انفرادی ادامه دهند). آیا تمرین دیگری هست که باید به برنامه اضافه شود؟ به این برنامهٔ جدید شکل رسمی بدهید و تا زمان دیدار بعدی از آن استفاده کنید.

جمع‌بندی

با خواندن عبارتی از کتاب‌مقدس یا نقل‌قولی سودمند یا تکرار دعای ربانی، جلسه را خاتمه دهید.